五禮通考

〔清〕秦蕙田 撰
方向東 王鍔 點校

十九

凶禮〔一〕

中華書局

目録

五禮通考卷二百五十四　凶禮九

五禮通考卷二百四十六

凶禮一

荒禮

蕙田案：陰陽之沴，國家代有。雖堯、湯之世，不能無水旱之患。所恃者，有荒政以濟之爾。大宗伯凶禮之目，以荒禮次乎喪禮。蓋王者視天下猶一家，四海之内有匹夫不被其澤者，如疾痛疴癢之切身，必求所以安全之，所謂「吉凶與民同患」者，此也。然救之已荒，不如備之未荒，故備荒之政爲先。及災傷已成，則有檢勘及遣使存恤之令焉。大司徒「以荒政十二聚萬民」，條目精詳，鉅細畢備，後代言救荒者，大率不能外是。今據以爲綱，而以史事類附之。他如勸分、移民、通財之法，皆見於經傳而可行於後世者，故附於十二荒政之後。恤民之要，略具於此矣。

荒禮通論

周禮春官大宗伯：以荒禮哀凶札。注：荒，人、物有害也。曲禮曰：「歲凶，年穀不登，君膳不祭肺，馬不食穀，馳道不除，祭事不縣，大夫不食粱，士飲酒不樂。」札，讀爲截，謂疫癘。

天官大宰：以九式均節財用，三曰喪荒之式。注：荒，凶年也。

王氏昭禹曰：荒之禮，有散利施惠以救貧者。

小宰：以官府之六聯合邦治，三曰喪荒之聯事。注：荒，謂年穀不熟。

王氏昭禹曰：大司徒「大荒則令邦國移民通財」，而小行人「若國凶荒，令賙委之」，若此類，皆荒之聯事。

春秋襄公二十四年穀梁傳：五穀不升爲大饑。一穀不升謂之嗛，注：嗛，不足貌。二穀不升謂之饑，三穀不升謂之饉，四穀不升謂之康，注：康，虚。五穀不升謂之大侵。注：侵，傷。大侵之禮，君食不兼味，臺榭不塗，弛侯，廷道不除，百官布而不制，鬼神禱而不祀，此大侵之禮也。

逸周書糴匡解：成年，年穀足賓祭，祭以盛。大馴鍾絶，服美義淫。皂畜約制，餘子務藝。宮室城郭修爲備，供有嘉菜，於是日滿。年儉穀不足，賓祭以中盛。樂唯鐘鼓，不服美。三牧五庫補攝，凡美不修，餘子務穡，于是糺秩。年饑則勤而不賓，舉祭以薄，樂無鐘鼓。凡美禁，書不早群，車不雕攻，兵備不制，民利不淫。征當商旅，以救窮乏，聞隨卿，下釁塾。分助有匡，以綏無者。于是救困大荒，有禱無祭，國不稱樂，企不滿壑，刑罰不脩，舍用振穹，君親巡方，卿參告糴，餘子倅運，開口同食，民不藏糧，曰有匡。禆民畜，唯牛羊。于民大疾惑，殺一人無赦。男守疆，戎禁不出，五庫不膳，喪禮無度，祭以薄資。禮無樂，宮不幃，嫁娶不以時，賓旅設位有賜。

大匡解：維周王宅程三年，遭天之大荒，作大匡以詔牧其方，三州之侯咸率。王乃召冢卿、三老、三吏、大夫、百執事之人，朝于大庭，問罷病之故，政事之失，刑罰之戾，哀樂之尤，賓客之盛，用度之費，及關市之征，山林之匱，田宅之荒，溝渠之害，怠墮之過，驕頑之虐，水旱之菑，曰：「不穀不德，政事不時，國家罷病，不能胥匡。二三子尚助不穀，官考厥職，鄉問其人，因其耆老，及其總害，慎問其故，無隱乃情。」及某日以告于廟，有不用命，有常不赦。王既發命，入食不舉，百官質方，□

不食饔，及期日質明，王麻衣以朝，朝中無采衣。官考其職，鄉問其利，因謀其菑，旁匡于衆，無敢有違。詰退驕頑，方收不服，慎惟怠墮，什伍相保，動勸游居，事節時茂，農夫任户，户盡夫出。農廩分鄉，鄉命受糧，程課物徵，躬競比藏。藏不粥糴，糴不加均。賦洒其弊，鄉正保貸。成年不償，信誠匡助，以輔殖財。財殖足食，克賦爲征，數口以食，食均有賦。外食不贍，開關通糧，糧窮不轉，孤寡不廢。滯不轉留，戍城不留，□足以守，出旅分均，馳車送逝，旦夕運糧。于是告四方遊旅，旁生忻通，津濟道宿，所至如歸。幣租輕，乃作母以行其子，易資貴賤，以均遊旅，使無滯。無粥熟，無室市，權内外以立均，無蚤暮，閭次均行，均行衆從，積而勿□，以罰助均，無使之窮，平均無乏，利民不淫。無播蔬，無食種，以數度多少省用，祈而不賓祭，服漱不制，車不雕飾，人不食肉，畜不食穀。國不鄉射，樂不墻合，墻屋有補無作，資農不敗務。非公卿不賓，賓不過具。哭不留日，登降一等。庶人不獨葬，伍有植。送往迎來亦如之。有不用命，有常不違。

顧氏炎武日知録：大宗伯「以凶禮哀邦國之憂」，其别有五，曰死亡、凶札、禍烖、圍敗、寇亂。是古之所謂凶禮者，不但于死亡，而五服之外有非喪之喪者，緣是而起也。記曰：「年不順成，天子素服，乘素車，食無樂。」又曰：「年不順成，君衣布搢本[二]。」周書曰：「大荒，王麻衣以朝，朝中無綵衣。」此凶札之服也。司服：「大札、大荒、大裁，素服。」注曰：「大裁，水火爲害，君臣素服縞冠，若晉伯宗哭梁山之崩。」春秋：「新宮災，三日哭。」此禍裁之服也。記曰：「國亡大縣邑，公卿大夫士厭冠，哭于太廟。」又曰：「軍有憂，則素服哭于庫門之外。」大司馬：「若師不功，則厭而奉主車。」春秋傳：「秦穆公敗于殽，素服郊次，鄉師而哭。」此圍敗之服也。若夫曲禮言「大夫士去國，素衣素裳素冠，徹緣鞮屨素簚，乘髦馬」，孟子言「三月無君則弔」，而季孫之會荀躒，「練冠麻衣」，此君臣之不幸而哀之者矣。秦穆姬之逆晉侯免服衰絰，衛侯之念子鮮稅服終身，此兄弟之不幸而哀之者矣。楚滅江而秦伯降服出次，越圍吳而趙孟降于喪食，此與國之不幸而哀之者矣。先王制服之方，固非一端而已。記有之曰：「無服之喪，以畜萬邦。」

右荒禮通論

[二]「君」，原作「則」，據光緒本、日知録集釋卷五改。

備荒之政

禮記王制：冢宰制國用，必於歲之杪，五穀皆入，然後制國用。注：制國用，如今度支經用。杪，末也。用地小大，視年之豐耗。注：小國大國，豐凶之年，各以歲之收入制其用多少。多不過禮，少有所殺。以三十年之通制國用，量入以爲出。注：通三十年之率，當有九年之蓄。出，謂所當給爲。國無九年之蓄，曰不足；無六年之蓄，曰急；無三年之蓄，曰國非其國也。三年耕，必有一年之食；九年耕，必有三年之食。以三十年之通，雖有凶旱水溢，民無菜色，然後天子食，日舉以樂。注：菜色，食菜之色。民無食菜之飢色，天子乃日舉，以樂侑食。

馬氏晞孟曰：國之所以爲國者，以有民也。民之所以爲民者，以有財也。苟無財則散而之四方矣。故曰「無三年之蓄非其國也」。三年耕必有一年之食，推而至于二十七年，必有九年之食。以三十年言之者，舉成數也。說者以爲三十年爲一世。三年耕必有一年之食，至三十年之通，此人力也；雖有凶旱水溢，此天變也。人力備則可以應天變。蓋王者與民同患，故雖有水旱而民無菜色于下，然後天子食日舉羞備禮，而以樂侑之也。

應氏鏞曰：此非謂水旱亦不廢樂也，謂既有三十年通制之規模，雖凶災而民不病，則常時可以日舉樂矣。蓋雖一飯之頃而不忘乎民也。若夫偶值凶年，雖有備，亦豈敢用樂乎？

丘氏濬曰：國之所以爲國者，以有民也。民之所以爲民者，以有食也。耕雖出于民，而食則聚于國。方無事之時，豐稔之歲，民自食其食，固無賴于國也。不幸而有水旱之災，凶荒之歲，民之日食不繼，所以繼之者國也；國又無蓄焉，民將何賴哉？民之飢餓，至于死且散，則國空虛矣，其何以爲國哉？是以國無六年九年之蓄，雖非完國，然猶足以爲國也。至于無三年之蓄，則國非其國矣。國非其國，非謂無土地也，無食以聚民云爾。是以三年耕必餘一年食，九年耕必餘三年食，以至三十年之久，其餘至于十年之多，則國無不足之患，民有有餘之食，一遇凶荒，民有所恃而不散，有所食而不死，而國本安固矣。雖然，爲治者非不欲蓄積以備凶歉也，然而一歲之所出，僅足以給一歲之所費，奈何？曰：數口之家，十金之産，苟有智慮者，尚能營爲以度日，積聚以備患，況有天下之大、四海之富者哉？

蕙田案：荒禮救於已荒之日，不若備於未荒之時。備荒之法，重農桑，崇節儉，修水利，廣開墾，皆其事矣。而積貯者，生民之大命。古人設常平、義倉，以爲水旱災歉之備。後之言備荒者，莫不由此，故以爲荒禮之首焉。

觀承案：堯、湯水旱，聖世難免。此司徒佐王安擾萬民，而荒政十有二，反居保息六、本俗六之先也。然非以三十年之通制國用，雖欲有九年之蓄，安可得哉？若至凶荒，而始行十二政，亦何以爲資也？故「冢宰制國用，量入以爲出」，尤爲安擾萬民之本，而地官所以亦統於天官也歟？

漢書食貨志：李悝爲魏文侯作盡地力之教。又曰糴甚貴傷民，甚賤傷農；民傷則離散，農傷則國貧。故甚貴與甚賤，其傷一也。善爲國者，使民無傷而農益勸。今一夫挾五口，治田百畮，歲收畮一石半，爲粟百五十石，除十一之税十五石，餘百三十五石。食人月一石半，五人終歲爲粟九十石，餘有四十五石。石三十，爲錢千三百五十，除社閭嘗新，春秋之祠，用錢三百，餘千五十。衣，人率用錢三百，五人終歲用千五百，不足四百五十。不幸疾病死喪之費，及上賦斂，又未與此。此農夫所以常困，有不勸耕之心，而令糴至于甚貴者也。是故善平糴者，必謹觀歲有上中下熟：上熟其收自四，餘四百石；中熟自三，餘三百石；下熟自倍，餘百石。小飢則收百石，中飢七十石，大飢三十石。故大熟則上糴三而舍一，中熟則糴二，下熟則糴一，使民適足，價平則止。小飢則發小熟之所斂，中飢則發中熟之所斂，大飢則發大熟之所斂，而糴之。故雖遇饑饉水旱，糴不貴而人不散，取有餘而補不足也。行之魏國，國以富强。

蕙田案：常平之名始于漢，其法則自李悝始之。備荒之政，莫善于此，馬貴與所謂「農人服田力穡之贏餘，上之人爲制其輕重，時其斂散，使不以甚貴甚賤爲患，乃仁者之用心」是也。

宣帝本紀：五鳳四年春正月，大司農中丞耿壽昌奏設常平倉，以給北邊，省轉漕，賜爵關内侯。

食貨志：宣帝即位，大司農中丞耿壽昌以善爲算能商功利得幸于上。五鳳中奏言：「故事，歲漕關東穀四百萬斛以給京師，用卒六萬人。宜糴三輔、弘農、河東、上黨、太原郡穀足供京師。可以省關東漕卒過半。」天子從其計。壽昌遂白令邊郡皆築倉，以穀賤時增其賈而糴，以利農，穀貴時減賈而糶，名曰常平倉，民便之。

元帝本紀：初元五年四月，罷常平倉。

後漢書劉般傳：顯宗欲置常平倉，公卿議者多以爲便。般對以常平倉外有利民之名，而内實侵刻百姓，豪右因緣爲姦，小民不能得其平，置之不便。帝乃止。

通典：後漢明帝永平五年，作常平倉。

蕙田案：范史載明帝以劉般之言罷置常平倉，而杜氏通典載作倉于永平五年，蓋後來卒置之也。册府元龜以劉般之對繫于永平十一年。案永平五年已置倉矣，何得閲五六歲後乃云議置之？疑不然也。

晉書食貨志：泰始四年，立常平倉。豐則糴，儉則糶，以利百姓。

通典：永明中，天下米穀布帛賤，上欲立常平倉，市積爲儲。六年，詔出，上庫錢五千萬，于京師市米，買絲、綿、紋、絹、布。揚州出錢千九百一十萬，南徐州二百萬〔一〕，各于郡所市糴。南荆河州二百萬，市絲、綿、紋、絹、布、米、大麥。江州五百萬，市米、胡麻。荆州五百萬，郢州三百萬，皆市絹、綿、布、米、大小豆、大麥、胡麻。湘州二百萬，市米、布、蠟。司州二百五十萬，西荆河州二百五十萬，南兖州二百五十萬，雍州五百萬，市絹、綿、布、米。使臺傳並于所在市易。

魏書食貨志：太和十二年，詔群臣求安民之術。有司上言：「請析州郡常調九分之二，京都度支歲用之餘，各立官司，豐年糴貯于倉，時儉則加私之一，糶之于民。如此，民必力田以買官絹，積財以取官粟，年登則常積，歲凶則直給。又别立農官，取州郡户十分之一，以爲屯民。相水陸之宜，斷頃畝之數，以贓贖雜物市牛科給，令其肆力。一夫之田，歲責六十斛，甄其正課，并征戍雜役。行此二事，數年之中則穀積而民足矣。」帝覽而善之，尋施行焉。自此公私豐贍，雖時有水旱，不爲災也。

〔一〕「南徐州」，原作「南齊州」，據光緒本、通典卷一二改。

蕙田案：此祕書監李彪所上議也。

孝文帝本紀：太和二十年十二月，置常平倉。

通典：隋文帝開皇三年，陝州置常平倉，京師置常平監。

唐武德五年，廢常平監。

永徽六年，京東西市置常平倉。

册府元龜：開元二年九月，詔曰：「天下諸州，今年稍熟，穀價全賤，或慮傷農。常平之法，行自往古，苟絶欺隱，利益實多。宜令諸州加時價三兩錢和糴，不得抑斂，仍交相付領，勿許懸欠。蠶麥時熟，穀米必貴，即令減價出糶，豆等堪貯者，熟亦宜准此。以時出入，務在利人。江、嶺、淮、浙、劍南，地皆下濕，不堪貯積，不在此例。其常平所須錢物，宜令所司支料奏聞，並委長官專知，改任日遞相付受。且以天災流行國家代有，若無糧儲之備，必致饑饉之憂。縣令親人，風俗所繫，隨當處豐約，勸課百姓，未辦三載之糧，且貯一年之食。每家别爲倉窖，非蠶忙農要之時，勿許破用。仍委刺史及按察使，簡較覺察，不得容其矯妄。」

蕙田案：耕三餘一，載于禮經。小民所以乏食者，多緣豐年不知愛惜，任意出糶，無終歲之儲，一遇饑饉，束手坐困。民愚無識，良可憫惜。玄宗詔縣令勸課百姓，家別爲倉窖，貯一年之食，非靈忙農要之時，勿許破用，其所以爲民食計者，至深遠矣。此開元初政之所以善也。

文獻通考：開元七年，敕：「關内、隴右、河南、河北五道及荆、揚、襄、夔、綿、益、彭、蜀、資、漢、劍、茂等州並置常平倉。其本，上州三千貫，中州二千貫，下州一千貫。每糴具本利，與正倉帳同申。」

舊唐書食貨志：開元十六年十月，敕：「自今歲普熟，穀價至賤，必恐傷農。加錢收糴，以實倉廩。縱逢水旱，不慮阻飢。公私之間，或亦爲便。宜令所在以常平本錢及當處物，各于時價上量加三錢，百姓有糶易者爲收糴。事須兩和，不得限數。配糴訖，具所用錢物及所糴物數申所司，仍令上佐一人專勾當。」

册府元龜：天寶四載五月，詔曰：「如聞今歲收麥，倍勝常歲。稍至豐賤，即慮傷農。處置之間，事資通濟。宜令河南、河北諸郡長官，取當處常平錢，于時價外斟別加三五錢，量事收糴大麥貯掌。其義倉亦宜准此，仍委採訪使勾當便勘覆具數，一時録奏。諸道有糧儲少處，各隨土宜，如堪貯積，亦准此處分。」

舊唐書食貨志：廣德二年正月，第五琦奏：「每州常平倉及庫使司，商量置本錢，隨當處米物時價，賤則加價收糴，貴則減價糶賣。」

建中元年七月，敕：「夫常平者，常使穀價如一，大豐不爲之減，大儉不爲之加，雖遇災荒，人無菜色。自今已後，忽米價貴時，宜量出官米十萬石，每日量付兩市行人下價糶貨〔一〕。」

三年九月，户部侍郎趙贊上言曰：「伏以舊制，置倉儲粟，名曰常平。軍興已來，此事闕廢，或因凶荒流散，餓死相食者不可勝紀。古者平準之法，使萬室之邑必有萬鍾之藏，千室之邑必有千鍾之藏。春以奉耕，夏以奉耘，雖有大賈富家，不得豪奪吾人者，蓋謂能行輕重之法也。自陛下登極以來，許京城兩市置常平，官糴鹽米，雖經頻年少雨，米不騰貴，此乃即日明驗，實要推而廣之。當興軍之時，與承平或異，事須兼儲布帛，以備時須。臣今商量，請于兩都并江陵、成都〔二〕、揚、汴、蘇、洪等州府各置

〔一〕「每日」，諸本作「每石」，據舊唐書食貨志下改。
〔二〕「成都」，諸本作「東都」，據舊唐書食貨志下改。

常平，輕重本錢，上至百萬貫，下至數十萬貫，隨其所宜，量定多少。惟置斛斗匹段絲麻等〔一〕，候物貴則下價出賣，物賤則加價收糴，權其輕重，以利疲人。」從之。贊于是條奏諸道津要都會之所〔二〕，皆置吏，閲商人財貨。計錢每貫税二十，天下所出竹、木、茶、漆，皆十一税之，以充常平本。時國用稍廣，常賦不足，所税亦隨時而盡，終不能爲常平本。

蕙田案：趙贊議征商税，以充常平之本。其後，常平不能復，而商税之額不可復除，併且日增于前矣。

觀承案：自古弊法多附於良法而始能行，後則失其良而徒存其弊，不獨趙贊議征商税一事。此孔子所以惡始作俑者也。

元和元年正月，制：「歲時有豐歉，穀價有重輕，將備水旱之虞，在權聚斂之術。應天下州府，每年所税地丁數内，宜十分取二分，均充常平倉及義倉。仍各逐穩便收

〔一〕「置」，舊唐書食貨志下作「貯」。
〔二〕「津」，原脱，據光緒本、舊唐書食貨志下補。

貯，以時出糶，務在救人，賑貸所宜。速奏。」

册府元龜：後唐天成二年六月，中書舍人張文寶請復常平倉。四年九月，左補闕張昭遠奏：「今秋物價絶賤，百姓隨地畝細配錢物，名目多般，皆賤糶供輸，極傷農業。既未能減放，貯請加估，折納斛斗，稍便于民。又國朝已來，備凶年之法，州府置常平倉，饑歲以賑貧民。請于天下最豐熟處，折納斛斗，以倉貯之，依常平法出納，則國家常有粟而民不匱也。」疏奏，不報。

宋史食貨志：淳化三年，京畿大穰，分遣使臣于四城門置場，增價以糴，虛近倉貯之，命曰常平，歲饑即下其直予民。

玉海：大中祥符二年二月，分遣使臣出常平倉粟麥，于京城開八場，減價糶之，以平物價。六年，并兩赤縣倉入在京常平倉。

文獻通考：天禧四年，詔荆湖、川峽、廣南並置常平倉。

宋史食貨志：景德三年，言事者請于京東西、河北、河東、陝西、江南、淮南、兩浙皆立常平倉，計户口多寡，量留上供錢自二三千貫至一二萬貫，令轉運使每州擇清幹官主之，領于司農寺，三司無輒移用。歲夏秋視市價量增以糴，糶減價亦如之。所減不得過本錢，而沿邊州郡不置。詔三司集議，請如所奏。于是增置司農官吏，創廨舍，藏籍帳，度支別置常平案。大率萬户歲糴萬石，户雖多，止五萬石。三年以上不糴，即回充糧廩，易以新粟。災傷州郡糴粟，斗毋過百錢。後又詔當職官于元約數外增糴及一倍已上者，並與理爲勞績。

景祐中，淮南轉運副使吴遵路言：「本路丁口百五十萬，而常平錢粟纔四十餘萬，歲饑不足以救恤。願自經畫增爲二百萬，他毋得移用。」許之。後又詔天下常平錢粟，三司、轉運司皆毋得移用。不數年間，常平積有餘而兵食不足，乃命司農寺出常平錢百萬緡助三司給軍費。久之，移用數多，而蓄藏無幾矣。

自景祐初畿内饑，詔出常平粟貸中下户，户一斛。慶曆中，發京西常平粟振貧民，而聚斂者或增舊價糴粟，欲以市恩。皇祐三年，詔誡之。淮南、兩浙體量安撫陳升之等言：「災傷州軍乞糴常平倉粟，令于元價上量添十文、十五文，殊非恤民之意。」乃詔止于元糴價出糴。五年，詔曰：「比者湖北歲儉，發常平以濟饑者，如聞司農寺復督取，豈朝廷振恤意哉？其悉除之。」

蕙田案：仁宗以常平官粟移爲濟貸之用，所以拯疲氓也。其後言利之徒恐官本之不敷振濟，而常平之額有虧，于是青苗取息之議出矣。

仁宗本紀：嘉祐七年十月，詔内藏庫、三司共出緡錢一百萬助糴天下常平倉。

食貨志：熙寧二年，制置三司條例司言：「諸路常平、廣惠倉錢穀，略計貫石，可及千五百萬以上，斂散未得其宜，故爲利未博。今欲以見在斛斗，遇貴量減市價糶，遇賤量增市價糴，可通融轉運司苗税及錢斛就便轉易者，亦許兑换。仍以見錢，依陝西青苗錢例，願預借者給之。隨税輸納斛斗，半爲夏料，半爲秋料，内有請本色，或納時價貴願納錢者，皆從其便。如遇災傷，許展至次料豐熟日納。非惟足以待凶荒之患，民既受貸，則兼并之家不得乘新陳不接以邀倍息。又常平、廣惠之物，收藏積滯，必待年儉物貴然後出糶，所及者不過城市游手之人。今通一路有無，貴發賤斂，以廣蓄積，平物價，使農人有以赴時趨事，而兼并不得乘其急。凡此皆以爲民，而公家無所利其入，是亦先王散惠興利以爲耕斂補助之意也。欲量諸路錢穀多寡，分遣官提舉，每州選通判幕職官一員，典幹轉移出納，仍先自河北、京東、淮南三路施行，俟有緒推之諸路。其廣惠倉除量留給老疾貧窮人外，餘並用常平倉轉移法。」詔可。既而條例司又言：「常平、廣惠倉條約，先行于河北、京東、淮南三路，訪問民間，多願支貸，乞遍下諸路轉運司施行，當議置提舉官。」時天下常平錢穀見在一千四百萬貫石，詔諸路各置提舉官二員，以朝官爲之，管勾一員，京官爲之，或共置二員，開封府界一員，凡四十一人。

馬氏端臨曰：青苗錢所以爲人害者三，曰徵錢也，取息也，抑配也。今觀條例司所請，曰隨租納斗斛，如以價貴願納錢者聽，則未嘗專欲徵錢也；曰凡以爲民，公家無利其入，則未嘗取息也；曰願給者聽，則未嘗抑配也。蓋建請之初，姑爲此美言以惑上聽而厭衆論，而施行之際，實則不然也。

蕙田案：常平所以平穀價，使無甚賤甚貴之患，俾農末不至兩病而已，未嘗計其贏餘以爲利也。青苗錢之名則起於唐時，與周禮旅師「春頒秋斂」之法略相似，其異者以錢而不以穀耳。介甫行之於熙、豐之世，又傅會泉府「國服爲息」之說，以爲可以抑兼并而足國用，殊不知民受錢于官，有守候之苦，其還錢于官，有徵比之煩，必不如假貸于豪家之便，則兼并仍未可抑也。民知取債之利，不知還債之害，催呼既迫，人户必致逃亡，逃亡既多，官物必多失陷，則國用仍未能裕也。假散惠之名，而成厲民之舉，徒使常平之良法美意一舉而蕩然，是誰之咎歟？

神宗本紀：熙寧三年正月，詔諸路散青苗錢，禁抑配。五月，詔並邊州郡，毋給青苗錢。

食貨志：三年，判大名府韓琦言：「臣準散青苗詔書，務在惠小民，不使兼并乘急以要倍息，而公家無所利其入。今所立條約，乃自鄉户一等而下皆立借錢貫陌，三等以上更許增借，坊郭户有物業勝質當者，亦依鄉户例支借。且鄉村上等户并坊郭有物業者，乃從來兼并之家，今令多借之錢，一千令納一千三百，則是官自放錢取息，與初詔絶相違戾。又條約雖禁抑勒，然須得上户爲甲頭以任之，民愚不慮久遠，請時甚易，納時甚難。故自制下以來，上下惶惑，皆謂若不抑散，則上户必不願請，近下等第與無業客户雖或願請，必難催納。將來必有行刑督索，及勒干係書手、典押、耆户長同保均賠之患。去歲河朔豐稔，米斗不過七八十錢，若乘時多斂，俟貴而糶，不惟合古制，無失陷，兼民被實惠，亦足收其羡贏。今諸倉方糴，而提舉司已亟止之，意在移此糴本盡爲青苗錢，則三分之息可爲己功，豈暇更恤斯民久遠之患？若謂陝西嘗行其法，官有所得，而民以爲便，此乃轉運司因軍儲有闕，適自冬及春，雨雪及時，麥苗滋盛，定見成熟，行于一時可也。今乃建官置司，以爲每歲常行之法，而取利三分，豈陝西權宜之比哉？兼初詔且于京東、淮南、河北三路試行，竢有緒方推之他路。今三路未集，而遽盡于諸路置使，非陛下憂民、祖宗惠下之意。乞盡罷提舉官，第委提點刑獄官依常平舊法施行。」詔以琦奏付制置條例司，條例司疏列琦奏而辨析其不然。琦復上疏曰：「制置司多刪去臣元奏要語，惟舉大概，用偏辭曲難，及引周禮『國服爲息』之説，文其謬妄，上以欺罔聖聽，下以愚弄天下。臣竊以爲周公立太平之法，必無剥民取利之理。但漢儒解釋，或有異同。周禮『園廛二十而稅一，惟漆林之征二十而五』，鄭康成乃約此法，謂：『從官貸錢，若受園廛之地，貸萬錢者出息五百。』賈公彦廣其説，謂：『如此則近郊十一者，萬錢期出息一千；遠郊二十而三者，萬錢期出息一千五百；甸、稍、縣、都之民，萬錢期出息二千。』如此，則須漆林之户取貸，方出息二千五百。當時未必如此。今放青苗錢，凡春貸十千，半年之内便令納利二千。秋再放十千，至歲終又令納利二千。則是貸萬錢者，不問遠近，歲令出息四千。周禮至遠之地，止出息二千。今青苗取息過周禮一倍，制置司言比周禮取息已不爲多，是欺罔聖聽，且謂天下之人不能辨也。且古今異宜，周禮所載有不可施于今者，其事非一。若謂泉府一職今可施行，則制置司何獨舉注疏貸錢取息一事，以詆天下之公言哉？康成又注云：『王莽時，貸以治産業者，但計所贏受息，無過歲什一。』公彦疏云：『莽時雖計本多少爲定，及其催科，惟所贏多少。假令萬錢歲贏萬錢催一千，贏五千催五百，餘皆據利催什一。』若贏錢更少，則納息更薄，比今青苗取利尤爲寬少。而王莽之外，上自兩漢，下及有唐，更不聞有貸錢取利之法。今制置司遇堯舜之主，不以二帝三王之道上禆聖政，而貸錢取利更過莽時，此天下不得不指以爲非，而老臣不可以不辨也。況今天下田税已重，固非周禮什一之法，更有農具、牛皮、鹽麴、鞵錢之類，凡十餘目，謂之雜錢。每夏秋起納，官中更以紬絹斛斗低估，令民以此雜錢折納。又歲散官鹽與民，謂之蠶鹽，折納絹帛，更有預買、和買紬絹，如此之類，不可悉舉，皆周禮田税什一之外加斂之物，取利已厚，傷農已深，奈何又引周禮『國服爲息』之説，謂放青苗錢取利乃周公太平已試之法？此則誣汙聖典，蔽惑睿明，老臣得不太息而慟哭也！制置司又謂常平舊法亦糶與坊郭之人。坊郭有物力户未嘗零糴常平倉斛斗，此蓋欲多借錢與坊郭有業之人，以望收利之多，妄稱周禮以爲無都邑、鄙野之限，以文其曲説，惟陛下詳之。」初，群臣進讀邇英畢，帝問：「朝廷每更一事，舉朝洶洶，何也？」司馬光曰：「青苗出息，平民爲之，尚能以蠶食下户至飢寒流離，況縣官法度之威乎？」吕惠卿曰：「青苗法，願則取之，不願不强也。」光曰：「愚民知取債之利，不知還債之害，非獨縣官不强，富民亦不强也。」帝曰：「陝西行之久，民不以爲病。」光曰：「臣，陝西人也，見其病不見其利。朝廷初不許，有司尚能以病民，況法許之乎？」當是時，爭青苗錢者甚衆。翰林學士范鎮言：「陛下初詔云『公家無所利其入』，今提舉司以户等給錢，皆令出三分之息，物議紛紜，皆云自古未有天子開課場者。民雖至愚，不可不畏。」後以言不行致仕。知山陰縣陳舜俞不肯奉行，移狀自劾曰：「方今小民匱乏，願貸之人，往往有之。譬如孺子見飴蜜，孰不染指爭食？然父母疾止之，恐其積甘足以生病。故耆老戒其鄉黨，父兄誨其子弟，未嘗不以貸貰爲不善治生。今乃官自出舉，誘以便利，督以威刑，非王道之舉也。況正月放夏料，五月放秋料，而所斂亦在當月，百姓得錢便出息輸納，實無所利。是使民一取青苗錢，終身以及世世一歲嘗兩輸息錢，乃别爲一賦以弊生民也。」坐謫南康軍鹽酒税。

蘇轍傳：王安石以執政與陳升之領三司條例，命轍爲之屬。吕惠卿附安石，轍與論多相牾。安石出青苗書使轍熟議，曰：「有不便，以告勿疑。」轍曰：「以錢貸民，使出息二分，本以救民，非爲利也。然出納之際，吏緣爲姦，雖有法不能禁。錢入民手，雖良民不免妄用；及其納錢，雖富民不免踰限。如此，則恐鞭箠必用，州縣之事不勝煩矣。唐劉晏掌國計，未嘗有所假貸。有尤之者，晏曰：『使民僥倖得錢，非國之福；使吏倚法督責，非民之便。吾雖未嘗假貸，而四方豐凶貴賤，知之未嘗逾時。有賤必糴，有貴必糶，以此四方無甚貴甚賤之病，安用貸爲！』晏之所言，則常平法耳。今此法見在而患不修，公誠能有意于民，舉而行之，則晏之功可立俟也。」安石曰：「君言誠有理，當徐思之。」自此逾月不言青苗。會河北轉運判官王廣廉奏乞度僧牒數千爲本錢，于陝西漕司私行青苗法，春散秋斂，與安石意合，于是青苗法遂行。

司馬光傳：帝拜光樞密副使，光辭曰：「陛下誠能罷制置條例司，追還提舉官，不行青苗、助役等法，雖不用臣，臣受賜多矣。今言青苗之害者，不過謂使者騷動州縣，爲今日之患耳。而臣之所憂，乃在十年之外，非今日也。夫民之貧富，由勤惰不同，惰者常乏，故必資于人。今出錢貸民而斂其息，富者不願取，使者以多散入蓄積之家。直至過時，蓄積之家倉廩盈滿，方始頓添價例〔一〕，中糴入官。是以農夫糶穀止得賤價，官中糴穀常用貴價，厚利皆歸蓄積之家。又有官吏雖欲趁時收糴，而縣申州，州申提點刑獄，提點刑獄司申司農寺，取候指揮，比至回報，動涉累月，已至失時，穀價倍貴。是故州縣常平倉斛斗有經隔多年，在市價例終不及元糴之價，出糶不行堆積腐爛者。此乃法因人壞，非法之不善也。」四月，詔再立常平錢穀給斂出息之法，限二月或正月以散及一半爲額，民間絲麥豐熟，隨夏税先納所輸之半，願併納者止出息一分。左司諫王巖叟、中丞劉摯、右司諫蘇轍等交章言其非。右僕射司馬光劄子乞約束州縣抑配青苗錢，從之。録黄過中書省〔二〕，舍人蘇軾奏曰：「臣伏見免役之法已盡革去，而青苗一事乃獨因舊，少加損益。熙寧之法本不許抑配，而其害至此。今雖復禁其抑配，其害猶在也。昔者州縣並行倉法，而受納之際十費二三。今既罷倉法，不免乞取，則十費五六，必然之勢也。又官吏無狀，於給散之際，必令酒務

〔一〕「例」，諸本脱，據文獻通考卷二一校勘記補。
〔二〕「中書省」，諸本作「中中書」，據文獻通考卷二一校勘記改。

設鼓樂倡優，或關撲賣酒牌〔一〕，農民至有徒手而歸者。但每散青苗，即酒課暴增，此臣所親見而爲流涕者也。二十年間，因欠青苗至賣田宅、雇妻女、溺水自縊者，不可勝數。朝廷忍復行之歟？臣謂四月二十六日指揮以散及一半爲額，與熙寧之法初無小異，而今月二十日指揮，猶許人户情願，未免於設法罔民。便一時非理之私，而不慮後日催納之患，三者皆非良法，相去無幾也。今者已行常平糶糴之法，惠民之外，官亦稍利，如此足矣，何用二分之息以賈無窮之怨？臣雖至愚，深爲朝廷惜之。欲乞特降指揮，青苗錢斛，後更不給散，所有已請過者，候豐熟日，分作五年十料，隨二税送納。或乞聖慈念其累歲出息已多，自第四等以下人户並與放免，庶使農民自此息肩，亦免後世有所譏議。」光大悟，力疾入對，青苗錢遂罷，不復散。

宋史食貨志：紹聖二年，户部尚書蔡京首言：「承詔措置財利，乞檢會熙、豐青苗條約，參酌增損，立爲定制。」淮南轉運司副使莊公岳謂：「自元祐罷提舉官後，錢穀爲他司侵借，所存無幾。欲乞追還給散，隨夏秋税償納，勿立定額，自無抑民失財之

〔一〕「關」，諸本作「開」，據文獻通考卷二一改。

患。」奉議郎鄭僅、朝奉郎郭時亮、承議郎許幾、董遵等皆言：「青苗最爲便民，願戒抑配，止收一分之息。」詔並送詳定重脩敕令所。三年，舊欠常平錢穀人户，仍許請給。

文獻通考：政和八年，御筆：「常平斂散法，利天下甚博。而比年以來，諸路欠闕至未及散而遽取之，甚失神考制法之意。令常平司恪遵條令，斂散必時，違者以大不恭論。」

宣和五年，詔：「州縣每歲支俵常平錢穀，多是形勢户請求及胥吏詐冒支請。令天下州縣每歲散錢穀既畢，即揭示請人數目，逾月斂之，庶知爲僞冒者，得以陳訴。」

玉海：常平之政有提舉官，自熙寧始。建炎元年六月併歸提刑司，常平之財所存一二，猶以億萬計。二年八月癸丑朔，復諸路常平官。十月壬戌，詔翰學葉夢得等討論常平法，條具取旨。青苗斂散，永不施行。

紹興八年冬，李光言：「常平法本於耿壽昌，豈可以安石而廢？」九年，復提舉官，使掌其政。

文獻通考：紹興九年，上諭宰執曰：「常平法不許他用，惟時賑饑，取於民者，還以予民也。」

王圻續通考：淳熙四年，尚書省言：「信州常平義倉米，元申帳狀管九萬三千餘石，今次提舉司申有六萬八千餘石，及至盤糧，止得一萬二千九百餘石，皆是虚數。提舉官李唐到任已及二年，並不檢察，是致闕米，有誤賑濟。知州趙師巖、通判李桐，係乾道三年到任之人，所由帳狀，隱蔽虚妄。」詔李唐特降兩官放罷，趙師巖、李桐各降兩官，不得與堂除。

文獻通考：慶元四年，臣僚言：「州縣受納苗米，於法，義倉米合於當日支撥，而因循於州用，不復撥還；人户納苗，稍及分數，例多折納價錢，其帶義倉錢並不許撥，此因納苗而失陷義倉也。至如紹興府人户就行在省倉送納湖田米，其合納義倉多不催理，此因湖田納米而失陷也。如淮、浙鹽亭户，納鹽以折二税，其合納義倉多是不曾拘催，此因納鹽而失陷也。常平失於兑換，因致陳損，此倉庾陳腐之弊也。常平米止許遞留一年，以新納秋苗换易支遣。常平專法，主管官替移，無拖欠失陷，方與批書離任。今公然兑借，陽爲自劾，更不補還，此州縣兑移之弊也。常平和糴，合專置倉廒，今州縣多因受納，以收到出剩撥歸常平倉，贏落價錢，此收糴官吏之弊也。諸没官産業并户絶、僧、道田賣到錢數及亡僧衣鉢錢，法當拘入常平，州縣侵漁，鮮曾撥正，此出賣官產之弊也。若乃吏胥之禄，合於免役錢内支給，而所催役錢，在州則主管官應副人情，在縣佐以爲公用。已催之數，既不以供支遣，又於坊場錢内撥支，未嘗入以爲出。如公吏差出，其本身初不請常平錢，乃詭名借請，或元非差出，而妄作緣故。至於吏胥，自有定額，今守倅視常平錢米爲他司錢物，吏額日增，請給日廣，常平司委而不問。若夫借請，在法二分尅納，今或一例借欠，動至數百千，例不除尅，此其弊不一也。倘不爲之隄防懲革，則儲蓄日寡，荒政無備。乞明詔諸路提舉常平官講求措置，亟去前弊，責令逐州每季以本州及屬縣收支常平義倉等錢米逐項細數，申常平司，不得泛言都數。然後參照條法，逐一審訂。稍有失收失支，勒令填納，或有情弊，必寘于法。」

金史食貨志：常平倉。世宗大定十四年，嘗定制，詔中外行之，其法尋廢。章宗明昌元年八月，御史請復設，敕省臣詳議以聞。省臣言：「大定舊制，豐年則增市價十之二以糴，儉歲則減市價十之一以出，平歲則已。夫所以豐則增價以收者，恐物賤傷農。儉則減價以出者，恐物貴傷民。增之損之，以平粟價，故謂常平，非謂使天下之民專仰給于此也。今天下生齒至衆，如欲計口使餘一年之儲，則不惟數多難辦，又慮出不以時而致腐敗也。況復有司抑配之弊，殊非經久之計。如計諸郡縣驗户口例以月支三斗爲率，每口但儲三月，已及千萬數，亦足以平物價救荒凶矣。若令諸處自官兵三年食外，可充三月之食者免糴，其不及者俟豐年糴之，庶可久行也。然立法之始，貴在必行，其令提刑司、各路計司兼領之，郡縣吏沮格者糾，能推行者加擢用。若中都路年穀不熟之所，則依常平法減其價三之一以糶。」詔從之。

三年八月，敕：「常平倉豐糴儉糶，有司奉行，勤惰褒罰之制，其徧諭諸路。其奉行滅裂者，提刑司糾察以聞。」又謂宰臣曰：「隨處常平倉，往往有名無實。況遠縣人户，豈肯跋涉？直就州府糴糶。可各縣置倉，命州府縣官兼提控管勾。」遂定制，縣距州六十里内就州倉，六十里外則特置。舊擬備户口三月之糧，恐數多致損，改令户二萬以上備三萬石，一萬以上備二萬石，一萬以下、五千以上備萬五千石，五千户以下備五千石。河南、陝西屯軍貯糧之縣，不在是數。州縣有倉仍舊，否則剏置。郡縣吏受代，所糴粟無壞，一月内交割給由。如無同管勾，亦准上交割。違限，委州府并提刑司差官催督監交。本處歲豐，而收糴不及一分者，本等内降，提刑司體察，直申尚書省，至日斟酌黜陟。九月，敕置常平倉之地，令州府官提舉之，縣官兼董其事，以所糴多寡約量升降，爲永制。

五年九月，尚書省奏：「明昌三年始設常平倉，定其永制。天下常平倉總五百一十九處，見積粟三千七百八十六萬三千餘石，可備官兵五年之食；米八百一十餘萬石，可備四年之用；而見在錢總三千三百四十三萬貫有奇，僅支二年以上。見錢既少，且比年稍豐而米價猶貴，若復預糴，恐價騰踴，于民未便。」遂詔權罷中外常平倉和糴，俟官錢羨餘日舉行。

元史食貨志：元立常平于路府。常平倉，世祖至元六年始立。其法：豐年米賤，官爲增價糴之；歉年米貴，官爲減價糶之。於是八年以和糴糧及諸河倉所撥糧貯焉。二十三年定鐵法，又以鐵課糴糧貯焉。

武宗本紀：至大二年九月，詔府州縣設立常平倉，以權物價。豐年收糴粟麥米穀，值青黄不接之時，比附時估，減價出糶，以遏沸湧。十月，御史臺臣言：「常平倉本以益民，然歲不登，遽立之，必反害民，罷之便。」

文宗本紀：天曆二年十月，命所在官司，設置常平倉。

順帝本紀：至正三年，詔立常平倉。

明會典：嘉靖六年，令撫、按二司督責有司，設法多積米穀，以備救荒。仍倣古人平糴常平之法：春間放賑貧民，秋成抵斗還官，不取其息。如見在米穀數少，將貯庫官錢并問過贖罪折紙銀兩，趁秋成時委賢能官一員糴買，比時估量添二三文，府以一萬石、州以四五千石、縣以二三千石爲率，明立簿籍，查考歲荒，減價糶與窮民。仍禁姦豪，不許隱情，捏名多買罔利，事發重治。

明史食貨志：嘉靖初，帝令有司設法多積米穀，仍倣古常平法，春振貧民，秋成還官，不取其息。府積萬石、州四五千石、縣二三千石爲率，既，又定十里以下萬五千石，累而上之，八百里以下至十九萬石。其後，積粟盡平糶，以濟貧民，儲積漸減。隆慶時，劇郡無過六千石，小邑止千石。久之，數益減，科罰亦益輕。神宗時，上州郡至三千石止，而小邑或僅百石。有司沿爲具文，屢下詔申飭，率以虛數欺罔而已。

廣治平略：隆慶初，陝西巡按御史王君賞奏請寬積穀之例，言：「近時有司積穀之數雖已半減，然州縣大者數萬石，小者數千石，即日入民于罪，不可得盈，宜再減其額。」時知州尹際可等積粟不如數，例當降調。吏部言：「有司積穀備荒，雖亦急務，然較之正賦，輕重自是不同。況皆出贓罰抵贖及他設處所入之數，視地方貧富獄訟繁簡爲差，不可以預定也。若必欲所在取盈，是徒開有司作威生事之端，反失濟民初意。」制可。

蕙田案：此論州縣積穀之弊。

荒政考略：萬曆五年，山西巡撫靳學顔請置常平倉，部覆請以防秋客兵銀并鹽課六萬發各府縣糴穀，又脩復社倉。

王圻續通考：神宗二十九年十二月，户部覆福建巡撫金學曾題鄉官陳長祚、林鳴盛倡義建常平倉于官，勸義倉于民，又有義廩以倡縉紳之尚義者，及知州車大任等官俱行紀録，長祚等量加服色，以鼓尚義。上是之。

廣治平略：萬曆以後，郡國之府庫盡入内帑，常平之名遂廢。天啓間，蔡懋德議通常平遺法，以廣儲蓄，請發帑庫餘金爲本，每歲于産米價賤時委廉幹丞簿收積，至來歲照時價糶之，必有微息，逐歲漸增，以備荒歉。或嫌官與民爲市〔一〕，必當減價以糶，不知減價之名徒致鬨爭，孰若稍收微息多儲新米，米多則價自減，糶平則人不爭

〔一〕「嫌」，原作「歉」，據光緒本、荒政叢書卷一〇下改。

爲更便乎？蓋貴設法使米有餘，不在減省錙銖見德也。而當事以帑金告乏，雖善其策，而事不果行。

蕙田案：以上常平倉。

通典：北齊河清中，令諸州郡皆别制富人倉。初立之日，准所領中下户口數得支一年之糧〔一〕，逐當州穀價賤時，斟量割當年義租充入。齊制，歲每人出墾租二石，義租五斗。墾租送臺，義租納郡，以備水旱。穀貴，下價糶之，賤則還用所糴之物依價糴貯。

蕙田案：義倉之名，始于長孫平及戴胄。然北齊制，于墾租之外别出義租，以備水旱，又在隋、唐以前矣。義租者，取之于民，非公家之正賦，納諸郡倉，不如儲之當社，其斂散尤便也。

隋書文帝本紀：開皇五年五月甲申，詔置義倉。

食貨志：開皇五年五月，工部尚書襄陽縣公長孫平奏曰：「古者三年耕而餘一年之積，九年作而有三年之儲，雖水旱爲災，而人無菜色，皆由勸導有方，蓄積先備

〔一〕「支」，諸本脱，據通典卷一二補。

故也。去年亢陽，關内不熟，陛下哀愍黎元，甚于赤子，運山東之粟，置常平之官，開發倉廪，普加賑賜，少食之人，莫不豐足。鴻恩大德，前古未比。其强宗富室，家道有餘者，皆競出私財，遞相賙贍。此乃風行草偃，從化而然。但經國之理，須存定式。」于是奏令諸州百姓及軍人，勸課當社，共立義倉。收穫之日，隨其所得，勸課出粟及麥，于當社造倉窖貯之。即委社司，執帳檢校，每年收積，勿使損敗。若時或不熟，當社有饑饉者，即以此穀賑給。自是諸州儲峙委積。

長孫平傳：平拜度支尚書，見天下州縣多罹水旱，百姓不給，奏令民間每秋家出粟麥一石已下，貧富差等，儲之閭巷，以備凶年，名曰義倉。

食貨志：是時義食貯在人間，多有費損。十五年二月，詔曰：「本置義倉，止防水旱。百姓之徒，不思久計，輕爾費損，于後乏絶。又北境諸州，異于餘處，雲、夏、長、靈、鹽、蘭、豐、鄯、涼、甘、瓜等州，所有義倉雜種，並納本州。若人有旱儉少糧，先給雜種及遠年粟。」

十六年正月，又詔秦、疊、成、康、武、文、芳、宕、旭、洮、岷、渭、紀、河、廓、豳、隴、涇、寧、原、敷、丹、延、綏、銀、扶等州社倉，並于當縣安置。二月，又詔社倉，准上中下三等税，上户不過一石，中户不過七斗，下户不過四斗。

舊唐書食貨志：武德元年九月四日，置社倉。

蕙田案：社倉設于武德元年，則唐初沿隋制不廢矣。未久而有戴胄之議，蓋名存而實亡，有司奉行不力故也。

貞觀二年四月，尚書左丞戴胄上言曰：「水旱凶災，前聖之所不免。國無九年儲畜，禮經之所明誡。今喪亂之後，户口凋殘，每歲納租，未實倉廩，隨時出給，纔供當年。若有凶災，將何賑恤？故隋開皇立制，天下之人，節級輸粟，名爲社倉，終于文皇，得無饑饉。及大業中年，國用不足，並貸社倉之物，以充官費，故至末塗，無以支給。今請自王公已下，爰及衆庶，計所墾田稼穡頃畝，至秋熟，準其見在苗以理勸課，盡令出粟。稻麥之鄉，亦同此税。各納所在，爲立義倉。若年穀不登，百姓饑饉，當所州縣，隨便取給。」太宗曰：「既爲百姓預作儲貯，官爲舉掌，以備凶年，非朕所須，横生賦斂。利人之事，深是可喜，宜下所司議立條制。」户部尚書韓仲良奏：「王公已下墾田，畝納二升，其粟麥粳稻之屬，各依土地。貯之州縣，以備凶年。」可之。自是天下州縣，始置義倉，每有饑饉，則開倉賑給。

唐書食貨志：尚書左丞戴胄建議：「自王公以下，計墾田秋熟，所在爲義倉，歲凶以給民。」太宗善之，乃詔：「畝稅二升，粟、麥、秔、稻，隨土地所宜。寬鄉斂以所種，狹鄉據青苗簿而督之。田耗十四者免其半，耗十七者皆免之。商賈無田者，以其户爲九等，出粟自五石至于五斗爲差。下下户及夷獠不取焉。歲不登則以賑民，或貸爲種子，則至秋而償。」

永徽二年六月，敕：「義倉據地收稅，實是勞煩。宜令率户出粟，上上户五石，餘各有差。」

册府元龜：開元四年五月，敕曰：「天下百姓，皆有正條正租，州縣義倉，本備饑年賑給，若緣官事便用，還以正倉却填。近年已來，每三年一度以百姓義倉造米，遠送交納，仍勒百姓私出脚錢。即并正租一年兩度打脚，雇男鬻女折舍賣田，力極計窮，遂即逃竄，勢不獲已，情實可矜。自今已後，若不熟之少者，任所司臨時具奏，聽進止。其脚並以官物充。」

蕙田案：隋義倉設于當社，最爲近民。其後移之州縣，而官吏得以侵移他用。百姓交納之苦，又不待言矣。貞觀初制，不脩長孫之議，而沿隋末故事，雖于賑濟有益，而累民必多。此敕所載固其流弊，亦緣立法未盡善也。

二十年二月，制曰：「義倉元置，與衆共之，將以克濟斯人，豈徒蓄我王府？自今已後，天下諸州每置農桑，令諸縣審責貧户，應糧及種子據其口糧貸義倉，至秋熟後，照數征納，庶耕者成業〔一〕，嗇人知勸。」

資治通鑑：貞元十年，陸贄上言請以税茶錢置義倉，以備水旱，其略曰：「古稱九年六年之蓄者，率土臣庶通爲之計爾，固非獨豐公庾不及編氓也。近者有司奏請税茶，歲約得錢五十萬貫，元敕令貯户部，用救百姓凶飢，今以蓄糧適符前旨。」

舊唐書食貨志：長慶四年三月，制曰：「義倉之制，其來日久。近歲所在，盜用没入，致使小有水旱，生人坐委溝壑。永言其弊，職此之由。宜令諸州録事參軍專主勾當，苟爲長吏迫制，即許驛表上聞。考滿之日，户部差官交割。如無欠負，與減一選；如欠少者，量加一選；欠數過多，户部奏聞，節級科處。」

册府元龜：太和九年二月，中書門下奏：「常平義倉，本虞水旱以時賑恤，州府不

〔一〕「成」，原作「咸」，據光緒本、册府元龜卷一〇五改。

林駉常平義倉論：常平之法，何始乎？自李悝已有平糴之説，至壽昌始定常平之策，此其始也。厥後，罷于元帝，復于顯宗，隨罷隨復，無有定制。至于我朝淳化二年，京師置場，有其法也。景德三年，諸路置倉有所積也，然增價以糴，分命使臣減價以糶，專命司農，隨時遣用，未有定職。至熙寧以來，提舉常平之官始定焉。夫祖宗之始置常平也，出内庫之儲以爲糴本，頒三司之錢以濟常平，粒米狼戾之時民艱于錢，官則增價以入之；菜色隱雷之日民乏于食，官則減價以出之。夫何舉糴本而爲青苗之錢，鬻廣倉以求二分之息？伐桑易鏹，官帑厚矣，如民貧何？鬻田輸官，公家利矣，如私害何？此常平救荒之實政壞矣。義倉之法，何始乎？自隋始置于鄉社，至唐改置于州縣，此其始也。厥後，弛于永徽，壞于神龍，隨罷隨復，亦無定制。至于我朝，乾德創之，未幾而罷。元豐復之，未幾亦罷。迨紹聖復以石輸五升，大觀又以石輸一斗。至于今日，而義倉輸官之法始定焉。夫古人始置義倉也，自民而出，自民而入，豐凶有濟，緩急有權。名之以義，則寓至公之用；置之于社，則有自便之利。夫何社倉轉而縣倉，民始不與而爲官吏之移用；縣倉轉而郡倉，民益相遠而爲軍國之資？官知其斂，未知其散；民見其入，未見其出，此義倉之實政廢矣。中興以來，講明荒政，常平錢穀專委一司，而無陷失之弊，建民騷繹，置倉長灘，已有社倉之遺意，天下豈有難革之弊？今日常平、義倉之儲，雖有美名，本無實惠。惟州縣有侵借之患，而支撥至有淹延之憂。城邑近郊，尚可少濟。鄉落小民，瘇身從事。彼知官長皂吏爲何人，一旦藜藿不繼，又安能扶持百里，取糴于場，以活其飢餓之莩哉？是有之與無，其理一也。嗚呼！孰知有甚者焉？常平出于官，義倉出于民。出于官者，官自斂之，官自出之，其弊雖不足以利民，亦不至于病民。出于民者，民實出之，官實斂之，其弊不但民無給，而官且病之。文移星火，指爲常賦，籮頭斛面，重斂取贏。噫，可歎也！愚謂民不必甚予，特無取之足矣；民不必甚利，特無害之足矣。平時奪其衣食之資，一旦徒啖以濡沫之利；樂歲不爲蓋藏之地，凶年始思啼飢之民，何益哉？寧願爲不取繭絲之尹鐸，毋願爲矯制擅發之汲黯；寧願爲催科政拙之陽城，不願爲發粟賑饑之韓詔，則裕民實政，隱于常平、義倉之外。昔邵先生有言：「諸賢能寬之一分，則民受一分之賜。」有官守者，其勉之。

蕙田案：林氏論宋時常平義倉之弊最爲明切。

宋史食貨志：淳熙八年，浙東提舉朱熹言：「乾道四年，民艱食，熹請于府，得常平米六百石振貸，夏受粟于倉，冬則加息計米以償。自後隨年歛散，歉蠲其息之半，大饑即盡蠲之。凡十有四年，得息米造倉三間，及以元數六百石還府。見儲米三千一百石，以爲社倉，不復收息，每石只收耗米三升。以故一鄉四五十里間，雖遇凶年，人不闕食，請以是行于倉司。」時陸九淵在敕令局，見之，歎曰：「社倉幾年矣，有司不復舉行，所以遠方無知者。」遂編入振恤。凡借貸者，十家爲甲，甲推一人爲之首，五十家則擇一通曉者爲社首，每年正月告示社首，下都結甲。其有逃軍及無行之人，與有税錢衣食不闕者，並不入甲。其應入甲者，又問其願與不願。願者，開具一家大小口若干，大口一石，小口減半，五歲以下不預請。甲首加請一倍。社首審訂虛實，取人人手書持赴本倉，再審無弊，然後排定。甲首附都簿載某人借若干石，依正簿分兩時給：初當下田時，次當耘耨時。秋成還穀，不過八月三十日足，濕惡不實者罰。嘉定末，真德秀帥長沙行之，凶年饑歲，人多賴之。然事久而弊，或移用而無可給，或拘催無異正賦，良法美意，胥此焉失。

玉海：乾道四年戊子，建人大饑。朱熹居崇安，請於郡，得粟六百斛賑民。是冬有年，民願以償官，因留里中，而上其籍于府。明年夏，又請倣古法爲社倉以儲之，歲一斂散，既以紓民之急，又得易新以藏。俾願貸者出息什二，歲小饑則弛半息，大侵則盡蠲之。爲倉三。經始于七年五月，而成于八月。既成，熹爲之記。淳熙八年，熹將詣左瀆，取崇安已行事宜，抗奏於朝，乞推而頒之諸道。十一月二十八日，命戶部看詳。十二月二十二日，從其請。自是，婺越、鎮江、建昌、表潭諸邑多行之。

朱子建寧府崇安縣五夫社倉記：乾道戊子，春夏之交，建人大饑。予居崇安之開耀鄉，知縣事諸葛侯廷瑞以書來，屬予及其鄉之耆艾左朝奉郎劉侯如愚曰：「民饑矣，盍爲勸豪民發藏粟，下其直以振之？」劉侯與予奉書從事，里人方幸以不饑，俄而盜發浦城〔一〕，距境不二十里，人情大震。藏粟亦且竭，劉侯與予憂之，不知所出，則以書請于縣于府。時敷文閣待制信安徐公嘉知州事，即日命有司以船粟六百斛泝溪以來。劉侯與予率鄉人行四十里，受之黄亭步下，歸籍民口大小仰食者若干人。以率受粟，民得遂無饑亂以死，無不悦喜歡呼，聲動旁邑。于是浦城之盜無復隨和，而束手就擒矣。及秋，徐公奉祠以去，而直敷文閣東陽王公淮繼之。是

〔一〕「俄」，原作「餓」，據光緒本、荒政叢書卷一〇上改。

冬有年，民願以粟償官，貯里中民家將輦載以歸有司。而王公曰：「歲有凶穰，不可前料。後或艱食，得無復有前日之勞。其留里中，上其籍于府。」劉侯與予既奉教。及明年夏，又請于府曰：「山谷細民，無蓋藏之積，新陳未接，雖樂歲不免出倍稱之息，貸食豪右，而官粟積于無用之地，後將紅腐不復可食。願自今以來，歲一斂散，既以紓民之急，又得易新以藏。俾願貸者出息什二，又可以抑僥倖，廣儲蓄，即不欲者勿强。歲或不幸，小饑則弛半息，大饑則盡蠲之。于以惠活鰥寡，塞禍亂原，甚大惠也。請著爲例。」王公報，皆施行如章。既而王公又去，直龍圖閣儀真沈公度繼之。劉侯與予又請曰：「粟分貯民家，于守視出納不便，請放古法爲社倉以儲之，不過出捐一歲之息，宜可辦。」沈公從之，且命以錢六萬助其役。于是得籍坂黄氏廢地而鳩工度材焉。經始于七年五月，而成于八月。爲倉三，亭一，門墻守舍無一不具。司會計董工役者，貢士劉復、劉得輿、里人劉瑞也。既成，而劉侯之官江西幕府，予又請曰：「復與得輿皆有力于是倉，而劉侯之子將仕郎琦，嘗佐其父于此，其族子右脩職郎玶，亦廉平有謀，請得與并力。」府以予言，悉用書禮請焉。四人者遂就事，方且相與講求倉之利病，且爲條約。會丞相清源公出鎮兹土，入境問俗，予與諸君因得具以所爲條約者就正于公，公以爲便，則爲出教，俾歸揭之楣間，以示來者。于是倉之庶事，細大有程，可久而不壞矣。子惟成周之制，縣都皆有委積以待凶荒，而隋、唐所謂社倉者，亦近古之良法也。今皆廢矣，獨常平、義倉尚有古法之遺意，然皆藏于州縣，所恩不過市井惰游輩，至于深山長谷力穡遠輸之民，則雖饑餓瀕死而不能及也。又其爲法太密，使吏之避事畏法者，視民之殍而不肯發，往往全其封鐍，遞相付授，至或累數十年不一訾省。一旦甚不獲已，然後發之，則已化爲浮埃聚壤而不可食矣。夫以國家愛民之深，其慮豈不及此？然而未之有改者，豈不以里社不能皆有可任之人？欲一聽其所爲，則懼其計私以害公；欲謹其出入，同于官府，則鉤校彌密，上下相遁，其害又必有甚于前所云者，是以難之而有弗暇耳。今幸數公相繼，其愛民慮遠之心皆出乎法令之外，又皆不鄙吾人以爲不足任，故吾人得以及是數年之間左提右挈上説下教，遂能爲鄉閭立此無窮之計，是豈吾力之獨能哉？惟後之君子視其所遭之不易者如此，無計私害公以取疑于上，而上之人亦毋以小文拘之，如數公之心焉，則是倉之利，夫豈止于一時？其視而傚之者，亦將不止于一鄉而已也。因書其本末如此，刻之石，以告後之君子云。

朱子婺州金華縣社倉記：淳熙二年，東萊呂伯恭父自婺州來訪予于屏山之下，觀于社倉發斂之政，喟然歎曰：「此周官委積之法，隋、唐義廩之制也。然子之穀取之有司，而諸公之賢不易遭也。吾將歸而屬諸鄉人士友，相與糾合而經營之，使閭里有賑恤之儲，而公家無龠合之費，不又愈乎？」然伯恭父既歸，即登朝廷，輿病還家，又不三年而卒，遂不果爲。其卒之年，浙東果大饑。予因得備數推擇奉行荒政，按行至婺，則婺之人狼狽轉死者已籍籍矣。予因竊歎，以爲向使伯恭父之志得行，必無今日之患。既而尚書下予所奏社倉事于諸道，募民有欲爲者聽之。民蓋多慕從者，而未幾予亦罷歸，又不果有所爲也。是時伯恭父之門人潘君叔度，感其事而深有意焉。且念其家自先大夫時已務賑恤，樂施予，歲捐金帛不勝計矣，而獨不及聞于此也。于是慨然白其大人，出家穀五百斛者，爲之于金華縣婺女鄉安期里之四十有一都，斂散以時，規畫詳備，一都之人賴之。而其積之厚而施之廣，蓋未已也。一日以書來，曰：「此吾父師之志，母兄之惠，而吾子之所建，雖予幸克成之，然世俗不能不以爲疑也，子其可不爲我一言以解之乎？」予惟有生之類，莫非同體，惟君子爲無有我之私以害之，故其愛人利物之心爲無窮。特窮而在下，則禹、稷之事，有非其分之所得爲者。然苟其家之有餘，而推之以予鄰里鄉黨，則固吾聖人之所許，而未有害于「不出其位」之戒也。況叔度之爲此，特因其墳廬之所在，而近及乎十保之間，以承先志，以悦親心，以順師指。且前乎此者，又已嘗有天子之命於四方矣，而何不可之有哉？抑凡世俗之所以病乎此者，不過以王氏之青苗爲説耳。以予觀于前賢之論，而以今日之事驗之，則青苗者，其立法之本意固未爲不善也，但其給之也，以金而不以穀；其處之也，以縣而不以鄉；其職之也，以官吏而不以鄉人士君子；其行之也，以聚斂亟疾之意而不以慘怛惠利之心，是以王氏能以行于一邑，而不能以行于天下。子程子嘗極論之，而卒不免于悔其已甚而有激也。予既得辭于叔度之請，是以詳著其本末，而又附以此意。婺人蓋多叔度同門之士，必有能觀于叔度所爲之善而無疑于青苗之説者焉，則庶幾乎其有以廣夫君師之澤，而使環地千里永無捐瘠之民矣，豈不又甚美哉！

朱子建寧府建陽縣長灘社倉記：建陽之南，里曰招賢者三，地接順昌、甌寧之境，甚陿多阻，而俗尤勁悍。往歲兵亂之餘，稂莠不盡去，小遇饑饉，輒復相挺群起肆暴，率不數歲一發。雖尋即夷滅無噍類，然愿民良族，晷刻之間已不勝其驚擾矣。紹興某年，歲適大侵，姦民處處群聚，飲博嘯呼，若將以踵前事者，里中大怖。里之名士魏君元履爲言于常平倉使者袁侯復一，得米若干斛以貸，于是物情大安，姦計自折。及秋將斂，元履又爲請得築倉長灘廐置之旁，以便輸者，且爲後日凶荒之備，毋數以煩有司。自是，歲小不登，即以告而發之。如是數年，三里之人始得飽食安居，以免于震擾夷滅之禍，而公私遠近無不陰受其賜。蓋元履少好學，有大志，自爲布衣，而其所以及人者已如此。蒙其惠者，雖知其然而未必知其所以然也。其後，元履既沒，官吏之職其事者不能勤勞恭恪如元履之爲，于是粟腐于倉，而民飢于室。或將發之，則上下請賕，爲費已不貲矣。官吏來往，又不以時，而出納之際，陰欺顯奪，無弊不有。大抵人之所得，糠粃居半，而償以精鑿，計其候伺亡失諸費，往往有過倍者，是以貸者病焉，而良民凜凜于凶歲猶前日也。淳熙十一年，使者宋侯若水聞其事，且知邑人宣教郎周君明仲之賢，即以元履之事移書屬之，且下本臺所被某年某月某日制書，使得奉以從事。蓋歲以夏貸而冬斂之，且收其息什之二焉。行之三年，而三里之間，人情復安如元履無恙時。什二之收，歲以益廣。周君既已增葺其棟宇，又將稍振其餘，以漸及于傍近，蓋其惠之所及，且將日增月衍，而未知其所極也。周君以予嘗有力于此者，來請文以爲記。予與元履早同師門，遊好甚篤，既追感其陳迹，又嘉周君之能繼其事而終有成也，乃不辭而爲之説如此。則又念昔元履既爲是役，而予亦爲之于崇安，其規模大略倣元履，獨歲貸收息爲小異。元履常病予不當祖荆舒聚斂之餘謀，而予亦每憂元履之粟久儲速腐，惠既狹而將不久也。講論餘日，盃酒從容，時以相訾謷，而訖不能以相詘。聽者從旁抵掌觀笑，而亦不能決其孰爲是非也。及是宋侯、周君乃卒用予所請事，以成元履之志，而其效果如此。于是論者遂以予言爲得，然不知元履之言雖疏，而其忠厚懇惻之意，藹然有三代王政之餘風，豈予一時苟以便事之説所能及哉？當時之爭，蓋予之所以爲戲，而後日之請，所以必曰息有年數以免者，則猶以不忘吾友之遺教也，因并書之，以示後人。使于元履當日之心有以得之，則于宋侯、周君今日之法，有以守而不壞矣。

朱子常州宜興縣社倉記：始予居建之崇安，嘗以民饑請于郡守徐公嘉，得米六百斛以貸，而因以爲社倉。今幾三十年矣，其積至五千斛，而歲斂散之，里中遂無凶年。中間蒙恩召對，輒以上聞，詔施行之。而諸道莫有應者，獨閩帥趙公汝愚、使者宋君若水爲能廣其法于數縣，然亦不能遠也。紹熙五年春，常州宜興大夫高君商老實始爲之于其縣善拳、開寶諸鄉。凡爲倉者十一，合之爲米二千五百有餘斛，擇邑人之賢者承議郎趙君善石、周君林、承直郎周君世德以下二十有餘人以典司之。而以書來屬予記，予心許之，而未及爲也。會是歲淛西水旱，常州民飢尤劇，流殍滿道，顧宜興獨得下熟，而貸之所及者，尤有賴焉。然予猶慮夫貸者之不能償，而高君之惠將有所窮也。明年春，高君將受代以去，乃復與趙、周諸君，皆以書來趣予文，且言去歲之冬，民負米以輸者，繦屬爭先，視貸籍無龠合之不入。予于是益喜高君之惠將得以久于其民，又喜其民之信愛其上而不忍欺也，則爲之記其所以然者。抑又慮其久而不能無弊于其間也，則又因而告之曰：有治人，無治法，此雖老生之常談，然其實不可易之至論也。夫先王之世，使民三年耕者必有一年之蓄，故積之三十年則有十年之蓄，而民不病于凶饑，此可謂萬世之良法矣。其次則漢之所謂常平者，今固行之，其法亦未嘗不善也。然考之于古，則三登太平之世蓋不常有；而驗之于今，則常平者獨其法令、簿書、筦鑰之僅存耳。是何也？蓋無人以守之，則法爲徒法，而不能以自行也。而況于所謂社倉者，聚可食之物于鄉井荒閒之處，而主之不以任職之吏，馭之不以流徙之刑，苟非常得聰明仁愛之令如高君，又得忠信明察之士如今日之數公者，相與併心一力，以謹其出納而杜其姦欺，則其法之難守，不待他日而見之矣。此又予之所身試者，故并書之，以告後之君子云。

陸氏九淵曰：社倉固爲農之利，然年常豐，田常熟，則其利可久。苟非常熟之田，一遇歉歲，則有散而無斂，來歲缺種糧時，乃無以賑之。莫如兼置平糴一倉，豐時糴之，使無價賤傷農之患，闕時糶之，以摧富民閉糴昂價之計，折所糴爲二，每存其一，以備歉歲代社倉之匱，實爲長利也。

丘氏濬曰：朱子社倉之法固善矣，然里社不能皆得人如熹者以主之，又不能皆得如劉如愚父子者以爲之助。熹固自言其數年之間，左提右挈，上説下教，爲鄉閭立此無窮之計。然則其成此倉也，蓋亦不易矣。然則其法不可行歟？曰：熹固言里社不能皆有可任之人，欲一聽其所爲，則懼其計私以害公；欲謹其出入，則鈎校靡密，上下相遁，其害又有甚于官府者矣。

蕙田案：隋之義倉設于當社，故亦曰社倉。唐初猶沿其名，史所云社倉者，即義倉也。熙寧以後，義倉之徵於官者，民既不得與，由是士大夫講求社倉之遺法，別立倉于里閭，而社倉與義倉始判而爲二。其法，主之以鄉耆，不以官吏；儲之于里保，不于郡縣；其貸也，無守候尅扣之弊；其輸也，無追呼徵比之繁，可謂盡善矣。然社首不皆得可任之人，民間不能無侵欠之弊，欲繩以官法，則公私不無煩擾；欲任其所爲，則上下或至相蒙。此朱子當日屢以「有治人，無治法」爲言，而後之踵其法者，多出于一鄉一邑之善士，而不得徧及于天下也。

觀承案：常平、社倉之外，如韓琦之廣惠倉，周忱之濟農倉，亦皆有益於民，可相輔而行。然總之要在得人耳。誠得其人，雖青苗差役亦未至遽病於民；不得其人，雖常平、義社亦何嘗不可累民哉？此「有治人，無治法」，雖老生常談，實千古不刊之論，朱子當日故屢以爲言也乎！

王圻續通考：淳熙十一年，勘會諸路州縣義倉米斛，在法合隨正苗交納，惟乞賑糶。今收成在即，當議指揮。詔諸路提舉常平官，各行下所部州軍，仰隨鄉分豐歉依條收納，不得侵隱他用，候歲終具舊管新收數目申尚書省。

宋史光宗本紀：紹熙二年正月，命兩淮行義倉法。

食貨志：慶元元年，詔户部右曹領義倉。

文獻通考：嘉定十一年五月，臣僚言：「頃歲議臣有請計義倉所入之數，除附郭縣就州輸納外，餘令逐縣置數，自行收受，非惟革州郡侵移之弊，抑亦省凶年轉般之勞。曩時州倉隨苗帶納，同輸一鈔，今正苗輸之州，義倉輸之縣，則輸爲兩輸，鈔爲二鈔矣。曩時鼠雀之耗蠹，吏卒之須求，一切倚辦于正税，而義倉不預焉。今付之于縣，既無正税，獨有此色，耗蠹、須求，又不能免矣。於是議臣有請令人户義倉仍舊隨正税，從便就州作一鈔輸納，而州縣復有侵移之弊。臣聞紹興初，臺臣嘗請通計一縣之數，截留下户苗米，于本縣納。開禧初，議臣之請亦如之。蓋截留下户之税米，以補一縣之義倉，其餘上户則隨正税而輸之州；州得以補償其截留下户之數，則州不以爲怨；縣得此米，别項儲之以備賑濟，使窮民不致於艱食，則縣不以爲撓。一舉而三利得，此上策也。唯是負郭之義倉則就州輸送，自如舊制。至于屬縣之義倉，則令、丞同主之，每歲之終，令、丞合諸鄉所入之數，上之守貳；守貳合諸縣所入之數，上之提舉常平；提舉常平合一道之數，上之朝廷。令、丞替移，必批印紙，考其盈虧，以議殿最。」從之。

王圻續通考：紹定六年二月，郎官王定奏義倉爲官吏蠹耗。上曰：「此自是民户寄留于官，專爲水旱之備，務令覺察。」

宋史食貨志：景定五年，監察御史程元岳奏：「隨秔帶義，法也。今秔糯帶義之外，又有所謂外義焉者，絹、紬、豆也，豈有絹、紬、豆而可加之義乎？縱使違法加義，則絹加絹，紬加紬，豆加豆，猶可言也；州縣一意椎剥，一切理苗而加一分之義，甚者赦恩已蠲二税，義米依舊追索。貧民下户所欠不過升合，星火追呼，費用不知幾百倍。破家蕩産，鬻妻子，怨嗟之聲，有不忍聞。望嚴督監司，止許以秔帶義，其餘盡罷。其有循習病民者，重其罰。」從之。

蕙田案：宋義倉，一置于乾德，再置于慶曆，俱未久而廢。熙寧以後，始常置之。雖罷于元祐之始，旋復于紹聖之初，沿及南渡，其弊日甚。民之輸于官者，既爲公私蠹耗，而無以爲水旱之備。官之徵于民者，復多違例巧取，而不勝其悉索之苦。於是便民之法遂成厲民之舉矣。

王圻續通考：淳祐三年八月，詔申嚴郡國社倉科配之禁。

黄震社倉記：咸淳七年，余承乏撫州。適歲大饑，賴撫之賢士大夫相與講求賑貸，因多有以社倉事來論。臨川縣李君德傑首以書來，曰：「鄉有李令君捐粟六百石爲倡，將成社倉，幸因以風厲其餘。」余報曰：「社倉之法之良之可慕也，亦甚矣，社倉之弊之苦之可慮也。余前歲負丞廣德，見社倉元息二分，而倉官至取倍稱之息。州縣輾轉侵漁，而社倉或無甔石之儲。其法以十户爲率，一户逃亡，九户賠補。逃者愈衆，賠者愈苦。久則防其逃也，或坐倉展息而竟不貸本，或臨秋貸錢而白取其息。民不堪命，或至自經。僉謂此文公法也，無敢議變。余謂非變其法也，救其弊耳。乃爲之請于朝曰：『法出于黄帝、堯、舜，尚變通；法立于三代盛王，須損益，安有法本先儒，而不可爲之救弊？使法本于先儒，坐視其弊而不捄，豈先儒所望于後之人哉！』朝廷可之。既又念臨以官司之煩，不若聽從民間之便也。又爲之請于朝曰：『朱文公社倉法，主于減息以濟民，王荆公青苗法，亦主于減息以濟民，而利害相反者，青苗行之以官司，社倉主之以鄉曲耳。故我孝宗皇帝頒文公法于天下，令民間願從者聽，官司不得與。廣德社倉厀于官，故其弊不一。請照本法，一切歸之民。』朝廷又可之。余遂得窮年餘之力，經理更革。以其收息買田六百畝，承貸人户認息，且使常年不貸，惟荒年則貸之，而不復收息。凡費皆取辦于六百畝官田之租。事甫集而余去官，未知近何如，至今猶念念不能忘。此余親歷于廣德者如此。若凡他州各縣之有社倉者，聞其弊往往而然，殆不勝述。及來撫州，社倉幸皆鄉曲之自置，有如文公初立之本法。然倚美名以牟厚利者，亦已不少。余方爲之悚然以懼，何敢更以官司預社倉之事哉？大抵小民假貸，皆起于貧。貸時則易，還時則難。貸時雖以爲恩，索時或以爲怨，倘稍從而變通之，鳩錢買田，豐年聚租，荒年賑散，不惟不取其息，併亦不取其本，庶乎有利而無害。」凡皆余荅李君之説如此，而未敢以爲信也。未幾，金谿李君沂復以社倉法來，俾余爲記，及閲實其始末，盡一家自爲之計，而依法惟取二分之息。不借勢于官，不鳩粟于衆，故能至今無弊，利民爲溥。置倉如此，信能以文公之濟人者濟人矣。然有治人，無治法，良法易泯，流弊難防。君能如文公，更望君之子孫世世如君也。因録所報李君之説以遺之。先是，郡之新豐饒君景淵亦嘗以社倉求余爲記，其法取息視文公尤輕，貸而負者，去其籍而不責其償，事益省而民益安。并書以遺之。

蕙田案：淳祐詔書及黄東發所記社倉雖良法，主之不得其人，其流弊不免如此。

遼史食貨志：統和十三年，詔諸道置義倉。歲秋，社民隨所穫，户出粟庤倉，社司籍其目。歲儉，發以振民。

元史食貨志：義倉，亦至元六年始立。其法，社置一倉，以社長主之。豐年每親丁納粟五斗，驅丁二斗，無粟聽納雜色。歉年，就給社民。於是二十一年新城縣水，二十九年東平等處饑，皆發義倉賑之。皇慶二年，復申其令。

元趙天麟復置義倉策：隋開皇五年，長孫平奏：「令軍民當社共立義倉，收穫之日隨其所得，各出粟麥儲之當社，社司檢校勿使損壞，當社饑饉即用賑給。」至于隋末，公私廩積可供五十年，長孫平之力也。迨至元六年，有旨每社立一義倉，社長主之〔一〕，每遇年熟，每親丁納粟五斗，驅丁二斗，無粟聽納雜色。官司並不得拘檢、借貸、勒支。後遇歉歲，就給社民食用。社長明置收支文曆，無致損耗。自是以來，二十餘年于今矣，然而社倉多有空乏之處。頃來水旱相仍，蝗螟蔽天，饑饉荐臻，四方迭苦，轉互就食，老弱不能遠移，而殍者衆矣。彼隋立義倉而富，今立義

〔一〕「之」，原作「人」，據光緒本、太平金鏡策卷四改。

倉而貧，豈今民之不及隋民哉？臣試陳之。今條款使義倉計丁納粟，意以饑饉之時計丁出之以取均也，又條款使驅丁半之，彼驅丁亦人也，尊卑雖異，口腹無殊，至儉之日，驅丁豈可獨半食哉？又計丁出納，則婦人不納，豈不食哉？又同社村居無田者，豈可坐視而獨不獲哉？樂歲粒米狼戾，乞丐者踵門猶且與之，況一社之人，而至儉歲豈宜分彼此哉？是蓋當時大臣議法者，有乖陛下之本心也。伏望陛下普頒明詔，詳諭農民，凡一社立社長、社司各一人，社下諸家共穿築倉窖一所爲義倉。凡子粒成熟之時，納則計田產頃畝之多寡而聚之。凡納例，常年，每畝粟率一升，稻率二升；凡大有年，聽自相勸督而增數納之；凡水旱螟蝗，聽自相免；凡同社豐歉不均，宜免其歉者所當納之數；凡饑饉不得已之時，出則計口數之多寡而散之；凡出例每口日一升，儲多每口日二升，勒爲定體。凡社長、社司掌管義倉，不得私用；凡官司不得拘檢、借貸及許納雜色，皆有前詔在焉。如是，則非惟共相賑救，而義風亦行矣。

明史食貨志：弘治中，江西巡撫林俊嘗請建常平及社倉。嘉靖八年，乃令各撫、按設社倉。令民二三十家爲一社，擇家殷實而有行義者一人爲社首，處事公平者一人爲社正，能書算者一人爲社副。每朔、望會集，别户上、中、下，出米四斗至一斗有差，斗加耗五合。上户主其事。年饑，上户不足者量貸，稔歲還倉。中下户酌量振給，不還倉。有司造册送撫、按，歲一察覈。倉虚，罰社首出一歲之米。其法頗善，然其後無力行者。

廣治平略：嘉靖中，侍郎王廷相言：「備荒之政，莫善于古之義倉。若立倉于州縣，則窮鄉就倉，旬日待斃，宜貯之里社，定爲規式。一村之間，約二三百家爲一會，每月一舉，第上中下户捐粟多寡，各貯于倉，而推有德者爲社長，善處事能會計者副之。若遭凶歲，則計户而散，先中下者，後及上户。上户責之償，中下者免之。凡給貸，悉聽于民，第令登記册籍，以備有司稽考，則既無官府編審之煩，亦無奔走道路之苦。」從之。

蕙田案：以上義倉。

惠民。

宋史食貨志：周顯德中，置惠民倉，以雜配錢分數折粟貯之，歲歉，減價出以惠民。

宋會要：淳化五年十月，令諸州惠民倉故穀遇糴稍貴，減價糶與貧民，人不過一斛。

宋史食貨志：咸平中，庫部員外郎成肅請福建增置惠民倉，因詔諸路申淳化惠民之制。

嘉祐二年，詔天下置廣惠倉。初，天下没入户絶田，官自鬻之。樞密使韓琦請留勿鬻，募人耕，收其租别爲倉貯之，以給州縣郭内之老幼貧疾不能自存者，領以提點刑獄，歲終具出納之數上之三司。户不滿萬，留田租千石，萬户倍之，户二萬留三千石，三萬留四千石，四萬留五千石，五萬留六千石，七萬留八千石，十萬留萬石。田有餘，則鬻如舊。四年，詔改隸司農寺，州選官二人主出納，歲十月遣官驗視，應受米者書名於籍。自十一月始，三日一給，人米一升，幼者半之，次年二月止。有餘乃及諸縣，量大小均給之。其大略如此。

神宗本紀：熙寧四年春正月，王安石請鬻天下廣惠倉田，爲三路及京東常平倉本，從之。

哲宗本紀：元祐三年正月，復廣惠倉。

玉海：正月二日，詔復置廣惠倉，從侍講范祖禹之言也。二月十二日，給廣惠倉錢三萬緡。

紹聖元年九月，罷廣惠倉。

食貨志：哲宗雖詔復廣惠倉，既而章惇用事，又罷之，賣其田如熙寧法。

孝宗本紀：乾道五年，復置成都府廣惠倉。

寧宗本紀：慶元元年五月，詔諸路提舉司置廣惠倉。

廣治平略：明太祖起自民間，歷試艱難，尤軫念民瘼。洪武元年，令各處悉立預備倉，各爲糴糶收貯，以備災荒。擇其地年高篤實者管理。已而命户部運鈔二百萬貫，往各州府縣預備糧儲。如一縣則于境内定爲四所，于居民叢襍處置倉。民家有餘粟願易鈔者，許運赴倉交納，依時價償其直。官儲粟而扃鑰之，就令富民守視，若遇凶歲則開倉賑給，庶幾民無饑餒之患。已又令未備處皆舉行，而召天下老人至京隨朝，命擇其可用者，使齎鈔往各處協同所在官司糴穀爲備。

杭州府志：明預備倉，始名老人倉。洪武初，令天下州縣鄉都各量置倉，擇耆老一人主之，故名爲老人倉。其法，每遇歲豐，縣官勸令諸鄉足食家出米穀不等儲蓄之，官籍其數。凶年，許其本鄉下户借貸，秋成抵斗還官。著爲令。有古義倉遺意。

王圻續通考：宣德元年六月，巡按湖廣御史朱鑑言：「洪武間，各府州縣皆置東、西、南、北四倉以貯官穀，多者萬餘石，少者四五千石，倉設富民守之，遇有水旱饑饉以貸貧民。今各處有司以爲不急之務，倉廒廢弛，贖穀罰金，掩爲己有，深負朝廷仁民之意。乞令府州縣脩倉廒，謹貯積，給貸以時。仍令布、按二司巡按御史巡察，違者罪之。」上諭户部曰：「此祖宗良法美意，此由守令不得人，遂致廢弛爾，户部亦豈能無過？其如御史言，違者從按察司監察御史劾奏。」

廣治平略：南直巡撫周忱奏定濟農倉之法。南畿、蘇州諸郡田税最重，貧民輸官及耕作多舉債于富家，而倍納其息，至于傾家產、鬻子女不足以償。于是民益逃亡，而租税益虧。忱思所以濟之。會朝廷許以官鈔平糴，且勸借貯積以待賑，忱與諸郡協謀而力行之。蘇州得米三十萬石，松江、常州有差，分貯于各縣，名其倉曰濟農。先是，各府秋糧當輸者，糧長里胥多厚取于民，而不即輸官，逃負者累歲。忱欲盡革其弊，乃立法，于水次置場，擇人總收而發運焉。細民徑自送場，不入里胥之手，既免勞民，且省費六十萬石，以入濟農倉。于是蘇州得米四十餘萬石，益以各場儲積之贏，及前平糴所儲，凡六十餘萬有奇。松、常二郡次之。自是不獨濟農，凡運輸有欠失者，亦于此給借部納，秋成如數還官。若民夫修圩岸、濬河道有乏食者，計口給之。擇縣官廉公有威與民之賢者掌其籍，司其出納。每歲插蒔之際，于中下二等户内驗其種田多寡，齊分給之，秋成償官。

明會典：正統五年，奏准各處預備倉，凡侵盜、私用、冒借、虧欠等項糧儲，查追完足，免治其罪。其侵盜證佐明白、不服賠償者，准土豪及盜用官糧論罪。

廣治平略：成化中，敕：「藩憲言，異時州縣設預備四倉，所以廣儲蓄，備旱澇，爲民賴也。比久廢弛，宜覈實見在儲蓄有無、多寡之數，仍儘各處在官贓贖糴米爲備，有不敷，聽于存留糧内借撥，或于各里上中户勸助以充。其看守倉者，于附近里分僉殷實有行止者主之。至通同官吏，實收虛放，爲侵盜者，論如律。衛所地亦如之。」

明會典：成化九年，令直隸、保定等府州縣兩考役滿，吏典于預備倉納米一百石起送吏部，免其辦事考試，就撥京考；二百五十石，免其京考，冠帶辦事；一百七十石〔一〕，

〔一〕「石」，原作「名」，據光緒本、明會典卷二二改。

就于本府撥補。三考滿日，送部免考，冠帶辦事，俱挨次選用。其一考三個月以裏無缺者，納米八十石，許于在外轃歷兩考。

弘治十年奏准，凡三年一次查盤預備倉糧，除義民情願納粟、囚犯贖罪納米外，但有空閑官地，佃收租米，及贓罰紙價引錢，不係起解，支剩無礙官錢，盡數糴米，三年之内不足原數，俱免住俸參究。

正德二年，令雲南撫、按同三司掌印等官查勘各庫藏所積，除軍前支用銀物外，其餘堪以變賣，及官地湖地等項，可以召人佃種收租者，儘數設法糴買米穀上倉，專備賑濟。又議准各司府州縣衛所問刑衙門，凡有例該納米者，每石折穀一石五斗，收貯各預備倉。

明史食貨志：預備倉之設也，太祖選耆民運鈔糴米，以備振濟，即令掌之。天下州縣多所儲蓄，後漸廢弛。于謙撫河南、山西，脩其政，周忱撫南畿，别立濟農倉，他人不能也。正統時，重侵盜之罪，至僉妻充軍。且定納穀千五百石者，敕奬爲義民，免本户雜役。凡振饑米一石，俟有年，納稻穀二石五斗還官。弘治三年，限州縣十里以下積萬五千石，二十里積二萬石，衛千户所萬五千石，百户所三百石。考滿之日，稽其多寡，以爲殿最。不及三分者奪俸，六分以上降調。十八年，令贖罪贓罰，皆糴穀入倉。正德中，令囚納紙者，以其八折米入倉。軍官有犯者，納穀準立功。初，預備倉皆設倉官，至是革，令州縣官及管糧食官領其事。嘉靖初，諭德顧鼎臣言：「成、弘時，每年以存留餘米入預備倉，緩急有備。今秋糧僅足兑運，預備無粒米。一遇災傷，輒奏留他糧及勸富民借穀，以應故事。乞急復預備倉糧以裕民。」

蕙田案：明初，預備倉或出于民間輸助，似隋之義倉也；或出于官倉盈餘，似宋之廣惠倉也。其後凡囚犯之贓贖，吏典之捐職，悉取以入預備倉，宜其儲積日富，無水旱饑饉之患矣。嘉靖初，顧鼎臣乃有預備無粒米之奏，則以官司之實力奉行者少，而公私之侵漁者多也。

又案：以上惠民、廣惠、預備、濟農諸倉。

右備荒之政

檢勘災傷

周禮地官司稼：巡野觀稼，以年之上下出斂法。注：斂法者，豐年從正，凶荒則損，若今日爲限。自此遂爲定制。

宋史食貨志：天禧初，詔諸路自今候登熟方奏豐稔。或已奏豐稔而非時災沴者，即須上聞，違者重寘其罪。先是，民訴水旱者，夏以四月，秋以七月，荆湖、淮南、江浙、川峽、廣南水田不得過期，過期者吏勿受；令佐受訴，即分行檢視，白州遣官覆檢，三司定分數蠲税，亦有朝旨特增免數及應輸者許其倚閣，京畿則特遣官覆檢。太祖時，亦或遣官往外州檢視，不爲常制；傷甚，有免覆檢者。至是，又以覆檢煩擾，止遣官就田所閲視，即定蠲數。

范祖禹封還臣寮論浙西賑濟事狀：臣竊詳臣寮所言：「朝廷已賜米百萬、錢二十餘萬，州縣亦自依條發倉廩，作粥飯救濟，行將少蘇矣。」臣竊以作粥救饑，最出下策。夫民相聚食粥，則疾疫將起，饑困已甚，死者必衆，此乃災傷之極，正當憂慮，豈得便爲少蘇？又言：「細民習爲驕虚，以少爲多，其弊已久。」臣竊謂常年小有旱澇，被訴災傷，僥倖之民，或容有此。今浙西災害甚大，民已流散乞食，迫于死亡，方且疑其「習爲驕虚」而不加信，何其忍哉！又言：「乞詔監司州縣詳具災傷分數，賑貸行遣次第，各行申奏，而懲責其尤甚者。」臣竊謂朝廷以侍從之臣爲一路鈐轄，又選差監司以往，行未及境，未及設施，朝廷既不憑信鈐轄司之言，又約監司州縣如此，臣恐官吏手不能有所施爲，上下觀望，各求苟免。夫奏災傷分數過實，賑濟用物稍廣，此乃過之小者，正當闊略不問，以救人命，若因此懲責一人，則自今官司必將坐視百姓之死而不救矣。又臣寮言：「人言異同，不可不察，乞下鈐轄提轉及蘇、湖等五州，各令開具逐州水災所及，凡幾縣幾村有無漂蕩廬舍、溺死人口，及高田無水與水退可耕之地，各約若干，並令詣實申奏，不得相關，稍涉謬妄，乞重行降黜。」臣伏見近日浙西申奏，自今年正月大雨，至六月太湖泛溢，蘇、湖、秀等州城市並遭水浸，田不布種，廬舍漂蕩，民棄田賣牛，散走乞食。臣謂朝廷聞此，當令官司如救焚拯溺，猶恐不及。今若降此指揮，逐縣村須遣人抄劄廬舍人口、田土數目，饑荒之際，此等行遣，必爲煩擾，一事不實，即憂及罰，闔境皆死，未必獲罪。如此，則賑濟却爲閒慢，百姓愈無救矣。又言：「近日别遣使者，支撥斛斗百萬，見錢、度牒約二十萬，不爲不多。若見今未種，今秋無獲，則向去賑濟之期甚遠，所差去官當相度事體措置，一有失當，其害非輕。」今所差去官與時暫遣使不同，若向去賑濟期日長遠，此乃本司職事，在彼自當責任，當且委以措置，不須約束，免有疑惑觀望。臣竊以今水潦方降，秋田殊未有望，審如臣寮所言，今秋無獲，本路必更奏請，朝廷亦當接續應副，則前日所賜未足爲多。常平倉本無給散之法，惟廣惠倉許賑濟不足，方許通支。常平放税及五分處，仍不得過所限之數兩倍。浙西鈐轄司近方奏乞不限石斗，尚未降朝旨，又奏夏田元未放税。以此觀之，官司守法，止有賑救不及之事，必無過當之理。臣寮又言：「乞令賑濟，官司措置，稍大事件並申取朝廷指揮。其急切不可待報者，雖一面施行，亦須便具畫一奏知，所貴朝廷察其中平緩急，未便可以救止。」臣伏見英宗時，臣叔祖鎮出知陳州，辭日，英宗宣諭：「陳州累年災傷，卿到彼，悉心賑撫。」臣鎮至州，方值春種，即發常平倉貸民種糧。提刑司奏劾官吏，詔釋不問。陳州至京，不數日可以往返，然猶不先奏而行，恐不及于事也。神宗時，西京大水，遣郎官一人、御藥院内侍一人賑恤，多方救濟。北京亦然。朝廷未嘗先爲條約以防之也。今兩浙在二千里外，事稍大者，若須申奏，比及得報，即已後時。雖急切許一面施行，若官司畏避，事無大小，一皆奏請，不敢專行，則此法豈不爲害？臣伏覩浙西鈐轄、轉運司前後申奏，累年災傷，今歲大水，以至結罪保明，奏乞斛斗、度牒。又云父老言四十年無此水災，近奏蘇州饑民死者，日有五七百人，饑疫更甚于熙寧時。又湖州奏貧人入城，死者相繼，遺棄男女，官爲收養。據此，則災傷輕重亦可知矣。今詳臣寮所言，大意唯以朝廷所賜錢斛不少，恐災傷不至如所奏，故欲考察虚實，懲責謬妄。然臣之愚慮，竊謂朝廷已賜錢斛百二十萬，德深澤厚，又選監司以往，免更臨遣專使。今監司方出國門，錢斛纔至本路，即降此指揮約束，百姓必謂朝廷重惜錢斛，輕棄人命，百二十萬已厭其多，將來乏食日遠，復何所望？所吝者財物，所失者人心。況本路有鈐轄司、轉運、提刑司、發運司互相監臨，而轉運司主財，不欲多費，故祖宗以來，賑濟委提刑司，蓋恐轉運司惜物也。監司州縣，有凶年饑饉，皆不得已而上聞，亦豈肯于無災之地，賑不饑之民，耗散倉廩，坐失租税，以取不辦之責哉？今唯當戒飭官司，多爲方略，存活人命，寬其約束，責其成效，庶幾餘民早獲安堵。唯是給散無法，枉耗官廩，賑救不及貧弱，出糶反利并兼，措置乖方，所宜約束。然此乃監司、使者之事，朝廷亦難遥爲處畫也。若監司得人，此弊自少。誠使有之，則人言相傳，亦豈可掩？臺諫足以風聞彈奏，朝廷足以考察案核，未爲晚也。今先降此指揮，徒能牽制，撓亂其所爲耳。伏望聖慈以遠方生靈性命爲念，無以官司賑濟過甚爲憂。其臣寮所言，伏乞更不施行。

蕙田案：臣寮所言，大略慮報災之不實，欲遣申覆實數；又令官司賑濟，先奏後行。祖禹此狀，逐條分析，字字皆中肯綮。至云「官司守法，止有賑救不及之事，必無過當之理」，誠千古名言也。

文獻通考：淳熙十年，先是户部尚書曾懷申請妄訴災傷，僥倖減免税租，許人告，依條斷罪，仍没其田一半充賞。至是江東運副蘇謂奏：「詐稱災傷，止是規免本年一料税租，斷罪給賞，已是適中，難以拘没其田。」從之。

蕙田案：小民妄訴災傷，固不能保其必無，但懲之太重，雖災傷果實，誰復有陳訴者？名爲杜絶僥倖，其實則欲使民隱，不得上聞而已。馬氏詆曾懷爲刻剥小人，宜哉！

朱子與星子諸縣議荒政書：一檢放之恩，著在令甲，謹已遵奉施行。今請同官當其任者，少帶人從，嚴切戒約，給與糧米錢物，不得縱容需索騷擾。又須不憚勞苦，逐一親到地頭，不可端坐寬涼去處，止據鄉保撰成文字。又須依公檢定分數，切不可將荒作熟，亦不可將熟作荒。其間或有疑似去處，或有用力勤苦之人，寧可分明過加優恤，不可縱令隨行胥吏受其計囑，別作情弊。

奏救荒畫一事件狀：臣昨具奏諸州雨暘次第，曾有貼黄奏禀，乞詔州郡依條受理旱帳，及早差官檢放事。蓋爲田稻既是乾損，及其未穫之際便行檢踏，即荒熟之狀，明白易知。非惟官司不得病民，亦使姦民無由僥倖。所以著令訴旱自有三限：夏田四月，秋田七月，水田八月。蓋欲公私兩便。近來官吏不曾考究令文，但據傳聞云訴旱至八月三十日斷限，遂至九月方檢旱田，則非惟田中無稼之可觀，至于根查亦不復可得而見矣。於是將旱損旱田，一切不復檢踏蠲放，窮民受苦無所告訴，而其狡猾有錢賂吏者，則乘此暗昧，以熟爲荒，瞞官作弊，皆不可得而稽考。去歲，本路諸州，大率皆然。欲乞降指揮劄下轉運司及本司，遍牒諸州縣，疾速受理旱狀。目下差官檢踏旱田荒熟分數，其中晚稻田却候八月受狀，節次檢踏。如有奉行違慢、後時失實之處，許兩司按劾以聞，庶幾窮民將來獲霑實惠。

金史章宗本紀：明昌二年四月戊子，制：「諸部内災傷，主司應言而不言及妄言者，杖七十；檢視不以實者，罪如之。因而有傷人命者，以違制論。致枉有徵免者，坐贓論；妄告者，户長坐詐不以實罪。計贓重從詐匿不輸法。」

往致王命焉。衈者，闓府庫振救之。

易氏祓曰：珍有貴重之義，賑救執之以爲信也。

秋官小行人：若國凶荒，則令賙委之。疏：宗伯云「荒禮哀凶札」，此云「國凶荒則賙委之」者，彼謂自貶損，此謂令他人以財委之。

唐開元禮賑撫諸州水旱蟲災：賑撫藩國水旱附。皇帝遣使賑撫諸州水旱蟲災，本司散下其禮，所司隨職供辦。使者未到之前，所在長官先勒集所部寮佐等及正長、老人。本司先於廳事大門外之右設使者便次，南向；又於大門外之右設使者位，東向；大門外之左設長官以下及所部位，重行，北向西上；於廳事之庭少北設使者位，南向。又於使者位之南三丈所〔一〕，設長官位，北向。其所部寮屬則位于長官之後，文東武西，每等異位重行，北面，相對爲首。正長、老人則位其南，重行，北面西上。使者到，所司迎，引入便次。長官及所部嚴肅以待，正長、老人等並列于大門外之南，重行，北面西上。至時，使者以下各服其服，所在長官及所部寮佐亦各服公服。行參軍引長

〔一〕「又」，原作「及」，據光緒本、通典卷一三四改。

官以下出，就門外位立。司功參軍引使者出，就門外位立。持節者立于使者之北，史二人對舉制案，列于使者之南，俱少退，東向。行參軍贊「拜」，長官及所部在位者皆拜。拜訖，行參軍引長官等以次先入，立于門内之右，重行，西面。司功參軍引使者入，幡節前導，持案者從之。使者到庭中位立，持節者于使者東南，西面。行參軍引長官以下俱入，就庭中位，立定。持節者脱節衣，持案者以案進使者前，使者取制書，持案者退復位。使者稱：「有制。」行參軍贊「再拜」，長官及諸在位者皆再拜。使者宣制書訖，行參軍又贊「再拜」，長官及諸在位者皆再拜。行參軍引長官進詣使者前，受制書，退復位。訖，功曹參軍引使者以下出，復門外位。行參軍引長官及諸在位者各出即門外位，如初。行參軍贊「拜」〔一〕，長官及諸在位者皆再拜〔二〕。司功參軍引使者以下還便次〔三〕。長官退其正長、老人等任散。蕃國賑撫同諸州禮。其國王供侍及出入、即館、饗食之屬則如常，但略其燕好。

〔一〕「贊拜」，諸本脱，據通典卷一三四、開元禮卷一三一補。
〔二〕「長官及諸在位者皆再拜」十字，諸本脱，據通典卷一三四、開元禮卷一三一補。
〔三〕「司功參軍」，諸本脱，據通典卷一三四、開元禮卷一三一補。

以恤民爲主。

一曰散利。注：鄭司農云：「散利，貸種食也。」疏：謂豐時聚之，荒時散之，積而能散，使民利益。云「貸種食」者，謂民無者，從公貸之。或爲種子，或爲食用，至秋熟還公。據公家爲散，據民往取爲貸。

李氏曰：夫家之征則薄之，山澤之禁則弛之，關之譏則去之，所以充一歲之入，而爲國之經費者，今皆以予民，則已厚矣，而又散利，果何從給乎？吾是以知其所以爲荒政之備者，其蓄積有素也。後世常平、義倉斂散之法，美意出于此。

王氏昭禹曰：若遺人云「縣都之委積以待凶荒」是也。

丘氏濬曰：易云：「何以聚人曰財。」大學曰：「財散則民聚。」蓋天立君以治民，君必得民，然後可以爲君，是君不可一日無民也。然民必有安居托處之地，日用飲食之具，而後能聚焉。人君爲治，所以使一世之民恒有聚處之樂而無分散之憂者，果用何物哉？財而已矣。然是財也，所以耗而費之者，固由乎人力，然尤莫甚于天災焉。是以人君當夫豐穰無事之時，而恒爲天災流行之思，斯民乏絶之慮，豫有以蓄積之，以爲凶荒之備焉。此無他，恐吾民之散而不可復聚也。是以周禮十二荒政，而以散利爲首。鄭氏謂：「散利者，貸種食也。」蓋予之食以濟一時之饑，予之種以爲嗣歲之計，聖人憂民之心至矣遠矣。既散所有之利，而又行薄征以下十一事以濟之。此治古之世，所以時有豐凶而民無憂患。民生所以長聚，而君位所以永安者，其以此歟？

蕙田案：荒政惟「散利」一條所包最廣，以後代之法言之，大約有三大端：曰周，曰貸，曰糶。周者，予而不責其償，宜施于災傷已成之後。貸者，荒時散之，豐時斂之，宜施于青黄不接之時。糶者，減價出售，以平市直，宜施于穀米踊貴之日。此因時而别者也。又極貧户宜周，次貧户宜貸，中等户宜糶，此因户而别者也。注所云「貸種」，則後世借給耔種是也；「貸食」，則後世借給口糧是也。

鄉師：以歲時巡國及野，而賙萬民之囏阨，以王命施惠。注：歲時者，隨其事之時，不必四時也。囏阨，饑乏也。鄭司農云：「賙，讀爲周急之周。」

旅師：掌聚野之耡粟、屋粟、閒粟而用之，以質劑致民，平頒其興積，施其惠，散其利，而均其政令。注：「而」讀爲「若」，聲之誤也。若用之，謂恤民之囏阨。委積于野，如遺人于鄉里也。以質劑致民，案入税者名，會而貸之。興積，所興之積，謂三者之粟也。平頒之，不得偏頗有多少。縣官徵聚物曰興，今云「軍興」是也。是粟縣師徵之，旅師斂之而用之。以賙衣食曰惠，以作事業曰利。「均其政令」者，皆以國服爲之息。疏：所聚之粟，遇有凶年，賑恤所輸入之人。欲與之粟，還案入税者之人名，會計多少以貸之。凡用粟，春頒而秋斂之。注：困時施之，饒時收之。疏：上所云是貸而生利，此所云是直給不生利也。官得舊易新，民得濟其困乏，官民俱益之也。

易氏祓曰：春頒者平頒其興積，秋斂者聚野之耡粟、屋粟而用之。蓋凶荒之歲，秋雖不熟，尚有餘積，或可移用。及春作之始，苟非上之人爲之補助，則將有救死不贍之患。此先王所以專立春頒之法。漢之春和議賑貸，正與同意。

李氏景齊曰：散之以春，則民有以濟其乏；而斂之以秋，則粒米狼戾之時，不至于穀賤而傷農。

蕙田案：大司徒荒政之散利，即此旅師所云施惠、散利也。春時農事方興，其無力者頒粟以貸之，秋收則計其所貸而斂之。均政令者，各計其户口之多少，年歲之盈歉，以爲頒粟之差等。鄭以「國服爲息」解之，疑非是。蓋散利者所以恤民之乏，不當又取其息也。

倉人：掌粟入之藏，辨九穀之物，以待邦用。若穀不足，則止餘灋用；有餘則藏之，以待凶而頒之。

王氏昭禹曰：法式所用，有雖不足不可以已者，有待有餘然後用者。所謂餘法用，則待有餘而餘用者。

易氏祓曰：大府所謂「式貢之餘財以供玩好，幣餘之賦以待賜予」，委人所謂「凡其餘聚，以待頒賜」。「止餘法用」，止此者歟？「有餘則藏之，以待凶而頒之」，是樂歲則取之于民，凶年則遂以頒之于民，取之不以爲虐，頒之乃所以爲利，無非充裕民之仁政。

遺人：縣都之委積，以待凶荒。疏：縣四百里，都五百里，不見稍三百里，則縣都中可以兼之。特于此三處言凶荒者，畿外凶荒則入向畿内取之，畿内凶荒則向畿外取之。

鄭氏鍔曰：凶荒，則流離入關者多矣，故積于縣都以待之，如漢時關東水旱，流民入關中仰食之類。即都鄙之境上以賙恤之，不來莩于京師。

李氏景齊曰：司徒荒政所以散利，或者取具于此歟？

司稼：掌均萬民之食，而賙其急，而平其興。注：均，謂度其多少。賙，稟其艱阨。

李氏嘉會曰：司稼尤近民，故賙急平興以先之。又不足，廩人始有移民就穀之事。

黄氏度曰：司稼巡稼，知歲之豐凶、民之寬急爲最切，故通掌其事。

王氏與之曰：平其興，亦當如旅師，謂平均其所興舉之粟以給之。

司救：凡歲時有天患民病，則以節巡國中及郊野，而以王命施惠。注：施惠，賙恤之。

春秋文公十六年左氏傳：宋公子鮑禮于國人。宋饑，竭其粟而貸之。

襄公二十九年左氏傳：五月，鄭子展卒，子皮即位。於是鄭饑而未及麥，民病。子皮以子展之命餼國人粟，户一鍾，是以得鄭國之民，故罕氏常掌國政，以爲上卿。

宋司城子罕聞之，曰：「鄰于善，民之望也。」宋亦饑，請于平公，出公粟以貸，使大夫皆貸。司城氏貸而不書，爲大夫之無者貸。宋無饑人。

昭公三年左氏傳：晏子曰：「公棄其民，而歸于陳氏。齊舊四量，豆、區、釜、鍾。四升爲豆，各自其四，以登于釜，釜十則鍾。陳氏三量，皆登一焉，鍾乃大矣。以家量貸，而以公量收之。」

蕙田案：春秋時，列國無復舉散利施惠之政者，旅師、司稼其職久廢，而世卿大族，或藉以結民心而專國政，若宋子罕者，其猶有歸美于君之意乎？

孟子：齊饑。陳臻曰：「國人皆以夫子將復爲發棠，殆不可復。」注：棠，齊邑也。孟子嘗勸齊王發棠邑之倉以賑貧窮，時人賴之。今齊人復饑，陳臻言一國之人皆以爲夫子將復若發棠時勸王也，殆不可復言之也。

漢書文帝本紀：後六年夏四月，大旱，蝗，發倉庾以振民。

後漢書章帝本紀：永平十八年，京師及三州大旱，詔其以見穀賑給貧人。

建初元年春正月，詔三州郡國：「方春東作，恐人稍受廩，往來繁劇，或妨耕農。其各實覈尤貧者，計所貸并與之。流人欲歸本者，郡縣其實稟，令足還到，聽過止官亭，無雇舍宿。長吏親躬，無使貧弱遺脱，小吏豪右得容姦妄。詔書既下，勿得稽留，刺史明加督察尤無狀者〔一〕。」

和帝本紀：永元十二年閏四月，賑貸敦煌、張掖、五原民下貧者穀。六月，舞陽大水，賜被水災尤貧者穀，人三斛。十三年二月丙午〔二〕，賑貸張掖、居延、朔方、日南貧民及孤寡羸弱不能自存者。秋八月，詔象林民失農桑業者，賑貸種糧，稟賜下貧穀食〔三〕。十四年夏四月庚辰，賑貸張掖、居延、敦煌、五原、漢陽、會稽流民下貧穀，各有差。十五年二月，詔稟貸潁川、汝南、陳留、江夏、梁國、敦煌貧民。

安帝本紀：永初元年正月〔四〕，稟司隸、兖、豫、徐、冀、并州貧民。二年春正月，稟河南、下邳、東萊、河内貧民。二月，遣光禄大夫樊準、吕倉分行冀、兖二州，稟貸流

〔一〕「督」，諸本作「篤」，據後漢書章帝本紀改。
〔二〕「二月」，原作「三月」，據光緒本、後漢書和帝本紀改。
〔三〕「食」，諸本脱，據後漢書和帝本紀補。
〔四〕「永初」，原作「永和」，據光緒本、後漢書安帝本紀改。

民。冬十月，禀濟陰、山陽、玄菟貧民。十二月，禀東郡〔一〕、鉅鹿、廣陽、安定、定襄〔二〕、沛國貧民。四年正月，禀上郡貧民各有差。二月，禀九江貧民。元初二年正月，詔禀三輔及并、涼六郡流冗貧人。五年三月，京師及郡國五旱，詔禀遭旱貧人。

順帝本紀：永建二年二月，詔禀貸荆、豫、兖、冀四州流冗貧人，所在安業之，疾病致醫藥。三年四月，遣光禄大夫案行漢陽及河内、魏郡、陳留、東郡，禀貸貧人。陽嘉元年二月，詔禀甘陵貧人，大小口各有差。三月，禀冀州尤貧民。永和四年秋八月，太原郡旱，民庶流冗。癸丑，遣光禄大夫案行禀貸。

桓帝本紀：建和元年二月，荆、揚二州人多餓死，遣四府掾分行賑給。

魏志文帝本紀：黄初三年秋七月，冀州大蝗，民饑，使尚書杜畿持節開倉廪以振之。五年十一月，以冀州饑，遣使者開倉廪振之。

〔一〕「東郡」，原作「河郡」，據光緒本、後漢書安帝本紀改。
〔二〕「定襄」，原脱「定」字，據光緒本、後漢書安帝本紀補。

明帝本紀：景初元年九月，冀、兖、徐、豫四州民遇水，遣侍御循行，没溺死亡及失財産者，在所開倉賑救之。

晉書武帝本紀：泰始四年九月，青、徐、兖、豫四州大水。伊、洛溢，合于河，開倉以振之。

惠帝本紀：永平八年春正月〔一〕，地震，詔發倉廩振雍州饑人。

元帝本紀：太興元年十二月，江東三郡饑，遣使振給之。

食貨志：太興二年，三吴大饑，死者以百數。吴郡太守鄧攸輒開倉廩賑之。元帝時，使黄門侍郎虞𩦸、桓彝開倉廩振給，并省衆役。

成帝本紀：咸康二年七月，揚州、會稽饑，開倉振給。

哀帝本紀：隆和元年冬十月，賜貧乏者米，人五斛。

宋書文帝本紀：元嘉十二年六月，丹陽、淮南、吴興、義興大水，以徐、豫、南兖三州，會稽、宣城二郡米數百萬斛，賜五郡遭水民。

〔一〕「永平」，原作「元康」，據光緒本、晉書惠帝本紀改。

沈演之傳：元嘉十二年，東諸郡大水，民人饑饉，吴興、義興及吴郡之錢唐，升米三百。以演之及尚書祠部郎江邃並兼散騎常侍，巡行拯卹，許以便宜從事。演之乃開倉廩以賑饑民。民有生子者，口賜米一斗。

二十年，諸州郡水旱傷稼，民大饑，遣使開倉賑卹。

孝武帝本紀：大明元年五月，吴興、義興大水，民饑。乙卯，遣使開倉賑卹。七年十月，詔曰：「雖秋澤頻降，而夏旱嬰弊，可即開行倉，並加賑賜。」八年二月，詔曰：「去歲東境偏旱，田畝失收。使命來者，多至乏絶。或下流窮穴，頓伏街巷，朕甚閔之。可出倉米付建康、秣陵二縣，隨宜贍恤。若濟拯不時〔一〕，以至捐棄者，嚴加糾劾。」

南齊書武帝本紀：永明六年八月，詔：「吴興、義興水潦，被水之鄉，賜痼疾篤癃口二斛，老疾一斛，小口五斗。」八年十月，詔：「吴興水淹過度，開所在倉賑賜。」

〔一〕「濟」，諸本作「溫」，據宋書孝武帝本紀改。

魏書太武帝本紀：泰常八年十一月〔一〕，即皇帝位。十有二月，開倉庫賑窮乏。

册府元龜：泰常八年十月，以歲饑，詔所在開倉賑給。

魏書太武帝本紀：神䴥四年二月，定州民饑，詔啓倉以賑之。

太平真君元年，州鎮十五民饑，開倉賑恤。　九年二月，山東民饑，啓倉賑之。

文成帝本紀：興安元年十有二月，詔以營州蝗，開倉賑恤。

太安三年十有二月，以州鎮五蝗，民饑，使使者開倉以賑之。　五年冬十有二月，詔曰：「六鎮、雲中、高平、二雍、秦州，徧遇災旱，年穀不收，其遣開倉廩以賑之。有流徙者，諭還桑梓。」

和平五年二月，詔以州鎮十四去歲蟲、水，開倉賑恤。

獻文帝本紀：天安元年，州鎮十一旱，民饑，開倉賑恤。

皇興二年十有一月，以州鎮二十七水旱，開倉賑恤。　四年春正月，詔州鎮十一民饑，開倉賑恤。

〔一〕「十一月」，諸本作「十月」，據魏書太武帝本紀改。

孝文帝本紀：延興二年六月，安州民遇水雹，丐租賑恤。九月，詔以州鎮十一水，丐民田租，開倉賑恤。　三年三月，詔諸倉囷穀麥充積者，出賜貧民。是歲，州鎮十一水旱，丐民田租，開倉賑恤。　四年，州鎮十三大饑，丐民田租，開倉賑之。

太和元年春正月，雲中饑，開倉賑恤。　十有二月，詔以州郡八水旱蝗，民饑，開倉賑恤。　二年，州鎮二十餘水旱，民饑，開倉賑恤。　三年六月，以雍州民饑，開倉賑恤。　四年，以州鎮十八水旱，民饑，開倉賑恤。　五年十有二月，詔以州鎮十二民饑，開倉賑恤。　七年十有二月，詔以州鎮十三民饑，開倉賑恤。　八年十有二月，詔以州鎮十五水旱，民饑，遣使者巡行，問所疾苦，開倉賑恤。　十年十有二月，詔以汝南、潁川大饑，丐民田租，開倉賑恤。　十有一年二月，詔以肆州之鴈門及代郡民饑，開倉賑恤。　六月辛巳，秦州民饑，開倉賑恤。　十有二年十有一月，詔以二雍、豫三州民饑，開倉賑恤。　十三年四月，州鎮十五大饑，詔所在開倉賑恤。　二十年十有二月，以西北州郡旱儉，遣侍臣循察，開倉賑恤。

宣武帝本紀：太和二十三年夏四月，即皇帝位。是歲，州鎮十八水，民饑，分遣使者開倉賑恤。

景明元年，十七州大饑，分遣使者開倉賑恤。

正始四年秋八月，敦煌民饑，開倉賑恤。九月，司州民饑，開倉賑恤。

永平二年夏四月，詔以武川鎮饑，開倉賑恤。　三年五月，詔以冀、定二州旱儉，開倉賑恤。

延昌元年春正月，以頻水旱，百姓饑敝，分遣使者開倉賑恤。三月〔一〕，州郡十一大水，詔開倉賑恤。以京師穀貴，出倉粟八十萬石以賑貧者。六月，詔出太倉粟五十萬石，以賑京師及州郡饑民。　二年二月，以六鎮大饑，開倉賑贍。六月，青州民饑，詔使者開倉賑恤。　三年夏四月，青州民饑，開倉賑恤。

孝明帝本紀：熙平元年夏四月，以瀛州民饑，開倉賑恤。　二年冬十月庚寅，以幽、冀、滄、瀛四州大饑，遣尚書長孫稚、兼尚書鄧羨、元纂等巡撫百姓，開倉賑恤。戊戌，以光州饑敝，遣使賑恤。

神龜元年春正月，幽州大饑，民死者三千七百九十九人，詔刺史趙邕開倉賑恤。

〔一〕「三月」，諸本作「二月」，據北史魏本紀改。

食貨志：天平三年秋，并、肆、汾、建、晉、秦、陝、東雍、南汾九州霜旱，民饑流散。四年春，詔所在開倉賑恤之，而死者甚衆。

北齊書武成帝本紀：河清四年三月，詔給西兖、梁、滄、趙州，司州之東郡、陽平、清河、武都，冀州之長樂、渤海，遭水潦之處貧下户粟，各有差，家别斗升而已，又多不付。

周書武帝本紀：建德四年，岐、寧二州民饑，開倉賑給。

隋書食貨志：山東頻年霖雨，杞、宋、陳、亳、曹、戴、譙、潁等諸州，達于滄海，皆困水災，所在沉溺。開皇十八年，天子遣使，將水工，巡行川源，相視高下，發隨近丁以疏導之，困乏者開倉賑給，前後用穀五百餘石，自是頻有年矣。

册府元龜：唐武德元年十二月，開倉以賑貧乏。

貞觀十五年二月，建州言去秋鼠災損稼，發義倉賑之。　十七年七月，汝南州旱，開倉賑給。　十八年九月，穀、襄、豫、荆、徐、梓、忠、綿、宋、亳十州言大水，並以義倉賑給之。　十九年正月，易州言去秋水害稼，開義倉賑給之。　二十一年八月，萊州螟，發倉以賑貧乏。　二十二年正月，詔建州去秋蝗，以義倉賑貸。　二月，詔泉州去秋蝗及海水泛溢，開義倉賑貸。

唐書高宗本紀：永徽二年正月，開義倉以賑民。

舊唐書高宗本紀：儀鳳四年二月，東都饑，官出糙米以救饑人。

册府元龜：景龍三年三月，制發倉廩賑饑人。

開元二年正月，敕曰：「如聞三輔近地，幽、隴之間，頃緣水旱，素不儲蓄，嗷嗷百姓，已有饑者，宜令兵部員外郎李懷讓、主爵員外郎慕容珣，分道即馳驛往岐、華、同、幽、隴等州，指宣朕意，灼然乏絶者，速以當處義倉量事賑給。如不足，兼以正倉及永豐倉米充。仍令節減，務救懸絶者。還日奏聞。」　六年三月，詔曰：「間者河北、河南頗非善熟，人間糧食固應乏少。頃雖分遣使臣，已令巡問，猶慮鰥獨不能自存。凡立義倉，用爲歲備。今舊穀向没，新穀未登，宜開彼用儲，時令貸給。況京坻轉積，歲月滋壞，因而變造，爲利弘多。將以散滯收贏，理財均施，所司合作條件，俾便公私。」八年二月，以河南、淮南、江南頻遭水旱，遣吏部郎中張旭等分道賑恤。四月，華州刺史竇思仁奏：「乏絶户請以永豐倉賑給。」從之。　十五年七月，冀州、幽州、莫州大水，河水泛溢，漂損居人室宇及稼穡，並以倉糧賑給之。八月，制曰：「河北州縣水災尤甚，言念蒸人何以自給。朕當宁興想，有勞旰昃，在予之責，用軫于懷。宜令所司量支東都租米二十萬石賑給。」

盧從愿傳：開元二十年，河北饑，詔爲宣撫處置使發倉廥賑饑民。

舊唐書玄宗本紀：開元二十一年，關中久雨害稼，京師饑，詔出太倉粟二百萬石給之。

文獻通考：開元二十二年，敕應給貸糧，本州録奏，待敕到，三口以下給米一石，六口以下給米兩石，七口以下給米三石。如給粟，準米計折。

册府元龜：開元二十九年，制曰：「本制倉儲，用防水旱。朕每念黎庶，嘗憂匱乏。承前有遭損之州，皆待奏報，然後賑給。近年亦分命使臣與州縣相知處置。尚慮道路應遠，往復淹滯，以此恤人，何救懸絶？自今已後，若有損處，應須賑給，宜令州縣長官與採訪使勘會，量事給訖奏聞，朕當重遣使臣宣慰按覆。」

貞元元年正月，賑貸諸道將士百姓，昭義、河東、成德、幽州、義武、魏博、奉誠、晉慈隰、宣武、平盧、汴、滑、河陽、東都畿、汝州諸軍節度，合賑米四十七萬石。

舊唐書德宗本紀：貞元八年十二月，詔賜遭水縣乏絶户米三十萬石。

册府元龜：貞元十三年三月，河南府上言：「當府旱損，請借含嘉倉粟五萬石賑貸百姓。」可之。

舊唐書德宗本紀：貞元十四年六月，以旱儉，出太倉粟賑貸。

舊唐書憲宗本紀：順宗即位之年，八月，受内禪，即皇帝位。九月，敕申光蔡、陳許兩道比遭亢旱，宜加賑恤，申光蔡賑米十萬石，陳許五萬石。

册府元龜：元和元年四月，命禮部員外郎裴汶以米十萬石賑給于浙東。四年六月，渭南縣暴水發溢，漂損廬舍二百一十三户，秋田十六頃，溺死者六人，命京兆府發義倉賑給。十一月，詔：「淮南揚、楚、滁三州，浙西潤、蘇、常三州，今年歉旱尤甚，米價殊高。言念困窮，豈忘存恤？宜以江西、湖南、鄂岳、荆南等使折糴米三十萬石賑貸淮南道三州，三十萬石貸浙西道三州，恐此米來遲，不救所切，宜委淮南、浙西觀察使且各以當道軍糧米據數給旱損人户，節級作條件賑貸。淮南李吉甫、浙西韓皋躬親部署，令刺史縣令切加勾當，使此米必及饑人，以副朕意。如賑貸三州之外可及諸州，亦聽量便宜處置。待江西等道折糴和糴米到，各處依數收管。」六年二月，制曰：「如聞京畿之内，緣舊穀已盡，粟麥未登，尚不足于食陳，豈有餘于播種？勸其耕食，固在及時，念彼徵求，尤資寬貸。京兆府宜以常平、義倉粟二十四萬石貸借百姓，其諸道府州有乏少糧種處，亦委所在官長用常平、義倉糧借貸。淮南、浙西宣、歙等道，元和四年賑貸，並且停徵，容至豐年然後填納。」

舊唐書憲宗本紀：元和七年二月，詔以去秋旱歉，賑京畿粟三十萬石；其元和六年春賑貸百姓粟二十四萬石，並宜放免。九年二月，詔以歲饑，賑常平、義倉粟三十萬石。十一年四月，以徐、宿饑，賑粟八萬石。十二年正月，以京畿及陳、許饑，詔鄭、滑觀察使以估糴官粟救之。九月，制曰：「諸道應遭水州府，河中、澤潞、河東、幽州、江陵府等管内〔一〕，及鄭、滑、滄、景、易、定、陳、許、晉、隰、蘇、襄、復、台、越、唐、隨、鄧等州人户，宜令本州厚加優恤。仍各以當處義倉斛㪷，據所損多少，量事賑給訖，具數奏聞。」十四年七月，東都留守上言河南府汝州百姓饑，詔貸河南府粟五萬石、汝州二萬石。

舊唐書穆宗本紀：長慶二年七月，陳、許水災，賑粟五萬石。

册府元龜：太和二年七月，詔曰：「如聞山東降災，淫雨泛濫，應是諸州遭水損田

〔一〕「河中」，原作「河南」，據光緒本、舊唐書憲宗本紀改。

苗、壞廬舍處，宜委所在吏切加訪恤。如不能自濟者，宜發義倉賑給，普令均一，以副朕懷。」三年五月，詔：「去歲已來水損處，鄆、曹、濮、青、淄、德、齊等三道宜各賜米五萬石，兖、海三萬石〔一〕，並以入運米在側近者，逐便速與搬運。仍以右司員外郎劉茂復充曹、濮等道賑恤使〔二〕，户部員外郎嚴譽兖、海等道賑恤使。」四年七月，許州上言去年六月二十一日被水，有詔仍令宣慰使李珝與本道勘會人户實水損，每人量給米一石，其當户人多亦不得過五石。令度支以逐便支送其人粟數分并以聞。八月，舒州上言常州太湖〔三〕、宿松、望江等縣從今年四月已後，江水泛漲，没百姓産業共計六百八十二户並盡，人皆就高避水，饑貧無食，有詔以義倉賑給。

舊唐書文宗本紀：太和四年秋七月，太原饑，賑粟三萬石。九月，舒州太湖、宿松、望江三縣水，溺民户六百八十，詔以義倉賑貸。是歲，京畿、河南、江南、荆襄、鄂岳、湖南等道大水害稼，出官米賑給。五年春正月，太原旱，賑粟十萬石。秋七月，

〔一〕「兖海三萬石」，原脱，據光緒本、册府元龜卷一〇六補。
〔二〕「右」，原作「有」，據光緒本、册府元龜卷一〇六改。
〔三〕「常州」，諸本作「當州」，據册府元龜卷一〇六改。

劍南東、西兩川水，遣使宣撫賑給。　六年二月，蘇、湖二州水，賑米二十二萬石。以本州常平、義倉斛斗給。　五月，浙西丁公著奏杭州八縣災疫，賑米七萬石。

册府元龜：太和七年正月，以旱詔京兆府、河中等九州府，宜賜粟五十六萬石，並以常平、義倉及所糴斛㪷充，無本色者以運米折給，委本州府長吏明作等第，差官吏對面宣賜，先從貧下起給。

開成元年正月，詔同州賜穀六萬石，河中府、絳州共賜十萬石，委度支、户部以見貯粟麥充賜。

舊唐書文宗本紀：開成三年春正月，詔去秋蝗蟲害稼處，以本處常平倉賑貸。

文苑英華：開成三年正月，詔淄、青、兖、海、鄆、曹、濮去秋蟲蝗害物偏甚，宜以當處常平、義倉斛斗速加賑救。　京兆府諸州府應有蝗蟲米穀貴處，亦宜以常平、義倉及側近官中所貯斛斗量加賑恤。

唐書宣宗本紀：大中九年七月，以旱遣使巡撫淮南，發粟賑民。

册府元龜：後唐同光四年正月，明宗奏深、冀諸州縣流亡饑饉户一千四百，乞鄰都倉儲借貸以濟窮民。

長興元年正月，滑州上言：「准詔賑貸貧民，以去年水災故也。」二月，郊禋禮畢，制曰：「諸州府或經水旱災沴，恐人户闕少粮糧，方值春時，誠宜賑恤，宜令逐處取去年納到新好屬省斛斗，各加賑貸，候秋收日徵納。」是月，宋州奏准詔賑貸粟萬石。五月，青州奏准詔賑貸貧民糧一萬四百一十九石。　三年七月，内出御劄示百僚曰：「今年州府遭水潦處，已下三司各指揮本州府支借麥種及等第賑貸斛食，仰逐處長吏切加安存，不得輒有差使。　如户口流移，其户下田園屋宅，仰村鄰節級長須主管，不得信令殘毁，候本户歸日，具元本桑棗根數及什物數目交付，不得致有欠少。　本户未歸，即許鄰保請佃供輸，若入務時歸業，准例收秋後交付。」

後晉天福六年四月，以齊路民饑，詔兖、青、鄆三州發管内倉糧賑貸。　七年七月，開封府奏准宣給糧二萬石賑諸縣貧民。　八月，詔襄州城内百姓等久經圍閉，例各饑貧，宜示頒宣，用明恩渥。　大户各賜粟二石，小户各賜粟一石，宜令襄州以見在數充。　十二月，詔遣供奉官馬延翰雒京賑恤饑民，仍宣河南府差大將，量將米豆往諸山谷，裱散給人户。　其諸縣係欠秋税，與限至來年夏麥徵納。

後周廣順二年二月，齊州言禹城縣二年水，民饑流亡。　今年見固河倉有濮糧五萬二千餘斛，欲賑貸。敕諸邑留一二三千斛給巡檢職員，餘並賑貸貧民。六年三月，遣使往和州，開倉以賑饑民，命壽州開倉以賑饑民。顯德四年三月，命左諫議大夫尹日就于壽州開倉賑其饑民。

文獻通考：顯德六年，淮南饑，上命以米貸之。或曰：「民貧，恐不能償。」上曰：「民猶子也，安有子倒懸而父不爲解者？安責其必償也？」

宋史食貨志：宋之爲治，一本于仁厚，凡振貧恤患之意，視前代尤爲切至。諸州歲歉，必發常平、惠民諸倉粟，或平價以糶，或貸以種食，或直以振給之，無分于主客户。不足，則遣使馳傳發省倉，或轉漕粟于他路。又不足，則出内藏或奉宸庫金帛，鬻祠部度僧牒；東南則留發運司歲漕米，或數十萬石，或百萬石濟之。

初，建隆三年，户部郎中沈義倫使吴越還，言：「揚、泗饑民多死，郡中軍儲尚百餘萬斛〔二〕，宜以貸民。」有司沮之曰：「若來歲未稔〔三〕，誰任其咎？」義倫曰：「國家以廪

〔二〕「百」，諸本脱，據宋史食貨志上六補。
〔三〕「來」，諸本脱，據宋史食貨志上六補。

粟濟民，自當召和氣，致豐年，寧憂水旱耶？」太祖悦而從之。

太祖本紀：乾德元年二月辛亥，澶、滑、衛、魏、晉、絳、蒲、孟八州饑，命發廩振之。

文獻通考：開寶四年，詔賑廣南管内州縣鄉村不接濟人户，委長吏于省倉内量行賑貸，候豐稔日，令只納元數。

宋史太祖本紀：開寶六年二月，曹州饑，漕太倉米二萬石振之。　七年六月，河中府饑，發粟三萬石振之。

文獻通考：開寶八年，平江南，詔出米十萬石賑城中饑民。

太宗太平興國八年，以粟四萬石賑同州饑。

宋史太宗本紀：端拱二年二月〔一〕，以太倉粟貸京畿饑民。

文獻通考：淳化二年，詔永興、鳳翔、同、華、陝等州歲旱，以官倉粟貸之，人五斗，仍給復二年。　五年，命直史館陳堯叟等往宋、亳、陳、潁等州，出粟以貸饑民，每州五千石及萬石，仍更不理納。

〔一〕「二月」，諸本作「三月」，據宋史太宗本紀改。

宋史真宗本紀：咸平二年三月，江、浙發廩賑饑。是歲，江、浙、廣南、荆湖旱，嵐州春霜害稼，分使發粟賑之。四年閏十二月，河北饑，發廩賑之。

文獻通考：咸平五年，遣中使詣雄、霸、瀛、莫等州，爲粥以賑饑民。兩浙提刑鍾離瑾言：「百姓缺食，官設糜粥，民競赴之，有妨農事。請下轉運司，量出米賑濟，家得一斗。」從之。

宋史真宗本紀：大中祥符元年正月，夏州饑，請易粟，許之。二年九月，賜秦州被水民粟，人一斛。發官廩，振鳳州水災。七年三月，發粟振儀州饑。九年二月，延州蕃部饑，貸以邊穀。八月，令江、淮發運司留上供米五十萬，以備饑年。天禧元年二月，詔振災，發州郡常平倉。是歲，諸路蝗，民饑。鎮戎軍風雹害稼，詔發廩振之。四年二月，發唐、鄧八州常平倉振貧民。三月，振蕃部粟。五月，發粟振秦、隴。

乾興元年二月，詔蘇、湖、秀州民饑，貸以廩粟。

仁宗本紀：天聖三年十一月，晉、絳、陝、解州饑，發粟振之。四年十二月，發米六十萬斛，貸畿内饑。

鞠詠傳：詠爲三司鹽鐵判官，天聖六年，河北、京師旱，饑，奏請出太倉米十萬石振饑民。

明道元年冬十月，詔漢陽軍發廩粟以振饑民。　二年正月，詔發運使以上供米百萬斛振江、淮饑民，遣使督視。

景祐元年正月，發江、淮漕米振京東饑民。　二年，以鎮戎軍薦饑，貸弓箭手粟麥六萬石。

寶元二年九月，出内庫銀四萬兩，易粟振益、梓、利、夔路饑民。

慶曆八年九月，詔三司以今年江、淮漕米轉給河北州軍。　十二月，出内藏錢帛賜三司，貿粟以濟河北流民。

皇祐元年十一月，詔河北被災民八十以上及篤疾不能自存者，人賜米一石、酒一斗。　五年五月，詔轉運司振邕州貧民，户貸米一石。

英宗本紀：治平元年八月，以上供米三萬石振宿、亳二州水災户。

文獻通考：治平四年，河北旱，民流入京師，待制陳薦請以糴使司陳粟貸民，户二石，從之。　御史中丞司馬光上疏曰：「聖王之政，使民安其土，樂其業，自生至死，莫有離散之心。爲此之要，在于得人。以臣愚見，莫若謹擇公正之人爲河北監司，使之察災傷州縣，守宰不勝者易之，然後多方那融斗斛，各使賑濟本州縣之民。若斗斛數少不能周徧者，且須救土著農民，各據版籍，先從下等，次第賑濟，則所給有限，可以豫約矣。」

司馬光論賑濟劄子：臣竊惟鄉村人户，播植百穀，種藝桑麻，乃天下衣食之原也，比於餘民，尤宜存恤。凡人情戀土，各願安居，苟非無以自存，豈願流移他境？國家若於未流移之前早行賑濟，使糧食相接，不至失業，則比屋安堵，官中所費少，而民間實受賜。若於既流移之後方散米煮粥，以有限之儲蓄待無窮之流民，徒更聚而餓死，官中所費多，而民實無所濟。伏覩近降朝旨，令「户部指揮府界諸路提點刑獄司體量州縣人户，如委是闕食，據見在義倉及常平米穀，速行賑濟。仍丁寧指揮州縣多方存恤，無致流移失所」。此誠得安民之要道。然所以能使民不流移者，全在本縣令佐得人。欲使更令提點刑獄司指揮逐縣令佐，專切體量鄉村人户，有闕食者，一面申知上司及本州，更不候回報，即將本縣義倉及常平倉米穀直行賑貸，仍據鄉村三等人户，逐户計口，出給歷頭，大人日給二升，小兒日給一升，令各從民便。或五日，或十日，或半月一次，齎歷頭詣縣請領，縣司亦置簿照會。若本縣米穀數少，則先從下户出給歷頭，有餘則并及上户。其不願請領者亦聽。候將來夏秋成熟糧食相接日，即據簿歷上所貸過糧，令隨税送納，一斗只納一斗，更無利息。其令佐若别有良法，簡易便民勝於此法者，亦聽從便。要在民不乏食，不至流移而已。仍令提點刑獄司，常切體量逐縣令佐，有能用心存恤闕食人户，雖係災傷並不流移者，保明聞奏，優與酬奬。其全不用心賑貸，致户口多流移者，取勘聞奏，乞行停替。庶使吏有所勸沮，百姓實霑聖澤。

神宗本紀：熙寧元年二月，貸河東饑民粟。七年二月，發常平米振河陽饑民。七月，以米十五萬石振河北西路災傷。八月，置場于南薰、安上門，給流民米。十月，詔浙西路提舉司出米振常、潤州饑。八年正月，輟江南東路上供米，均給災傷州軍。

曾鞏越州趙公救菑記：熙寧八年夏，吴、越大旱。九月，資政殿大學士、右諫議大夫、知越州趙公，前民之未饑，爲書問屬縣：菑所被者幾鄉，民能自食者有幾，當廪于官者幾人，溝防構築可僦民使治之者幾所，庫錢倉粟可發者幾何，富人可募出蕙田案：賑貸之令，以拯窮民，自不當更收其息。況大荒之民宜賑濟，次荒之民宜賑借，必災傷已及十分，方計貸借，則太晚矣。王巖叟之議，最爲正大。

宋史哲宗本紀：紹聖元年三月，詔振京東、河北流民，貸以穀麥種，諭使還業。是歲，京師疫，洛水溢，太原地震，河北水，發京都粟振之。

蘇軾乞將損弱米貸與上户令賑濟佃客狀：紹聖元年二月日狀奏，臣契勘本路州軍災傷，闕食人户，雖已奏准朝旨，於法外減價出糶常平白米賑濟。訪聞民間闕乏，少得見錢糴買，尚有饑困之人。今點檢得定州省倉有專副杲榮、趙昇界熙寧八年糴到軍糧白米，及專副梁儉、劉受界元豐三年米，皆爲年深夾襍損弱，不堪就整充廂軍人糧支遣，每月只充廂軍次米帶支。今契勘得逐次止帶支五百石，比至支絶，更須三五年間，顯見轉至陳惡。兼聞本州管下村坊客户，見今實闕餱糧。其上等人户，雖各有田業，緣值災傷，亦甚闕食，難以賑濟。況客户乃主户之本，若客户闕食流散，主户亦須荒廢田土矣。今相度，欲望朝廷詳酌，特降指揮下定州，將兩界見在陳損白米二萬餘石，分給借貸與鄉村第一等第二等主户吃用，令上件兩等人户，據客户人數，不限石斗，依此保借。候向去豐熟日，依元糴例，並令送納十分好白米入官。不惟乘此饑年，人户闕食，優加賑濟，又免損壞，盡爲土壤。如以爲便，即乞速賜指揮行下。謹録奏聞，伏候敕旨。貼黄：今來已是春深，正當春夏青黄不交之際，可以發脱上件陳米斛㪷，公私俱便。若失此時，則人户必不願請，不免守支積年，化爲糞壤。乞斷自朝廷早賜指揮，入急遞行下，更不下有司往復勘會。今來所乞借貸，皆是臣與官吏體問上户，願得此米以濟佃户，將來必無失陷。與尋常賑貸一例支與貧下户人催納費力事體不同。乞早賜行下。

蕙田案：上户於佃客，元有周濟之義。而秋成徵納之際，下户或有逋逃，上户必無失陷。東坡議以陳粟貸上户，令其借給佃客，亦荒政可行之一法也。

徽宗本紀：崇寧四年，蘇、湖、秀三州水，賜乏食者粟。

大觀元年，秦、鳳旱，京東水，河溢，遣官振濟，貸被水户租。

三年，江、淮、荆、浙、福建旱，秦、鳳、階、成饑，發粟振之。

食貨志：紹興二十八年夏，浙東、西田損於風、水。在法，水旱及七分以上者振濟。詔自今及五分處亦振之。

高宗本紀：紹興二十九年閏六月，命江、湖、浙西五漕司增價糴米二百二十萬石赴沿江十郡，自荆至常州，以備振貸。

孝宗本紀：隆興二年九月，以久雨，出内庫白金四十萬兩，糴米賑貧民。

文獻通考：乾道三年，臣僚言：「日前富家放貸約米一斗，秋成還錢五百。其時米價既平，糶四斗始克償之，農民豈不重困？」詔應借貸米穀，只還本色，取利不過五分。

蕙田案：此懲私借之弊，使富家不得乘穀貴以取數倍之息，其意善矣。

荒政考略：乾道五年，御批：「今春閩中艱食，朕甚念之。向聞諸處賑濟，多止及於城郭而不及鄉縣，甚爲未均，卿等一一奏來。」

蕙田案：賑卹之惠，惟徧及爲難。南渡以後，惟孝宗有愛民之實心，故能見及之。

七年，饒州旱，措畫義倉米八萬石，又撥附近州縣義倉五萬石，併截留上供米二千石，并立賞格，勸諭出粟。

王圻續通考：淳熙二年，詔諸路常平司，每歲於秋成之際，取見所部郡縣豐歉各及幾分，如有合賑糶、賑給去處，即仰約度所用，及見管米斛若干，或有闕少，合如何措置移運，並預期審度施行。仍須於九月初旬條具聞奏。

宋史孝宗本紀：淳熙四年三月，貸隨、郢二州饑民米。

王圻續通考：七年〔一〕，姚述堯進對：「今歲旱傷，賑恤之政，當務寬大。」上曰：「國家儲蓄，本備凶歲，捐以予民，朕所不惜。」

宋史食貨志：淳熙十一年，福建諸郡旱，錫米二十五萬石，振糶一萬石振貧乏細民。

孝宗本紀：淳熙十四年正月，出四川樁積米，貸濟金、洋州及關外四州饑民。七月，命臨安府捕蝗，募民輸米振濟。

光宗本紀：紹熙四年二月，出米七萬石振江陵饑民。

食貨志：慶元元年二月，上以歲凶，百姓饑病，詔曰：「朕德菲薄，饑饉薦臻，使民阽於死亡，夙夜慘怛，寧敢諉過於下耶？顧使者、守令所與朕分寄而共憂也，乃涉春

〔一〕「七年」，此爲淳熙七年。

以來，聞一二郡老稚乏食，去南畝，捐溝壑，咎安在耶？豈振給不盡及民歟？得粟者未必饑，饑者未必得歟？偏聚於所近，不能均濟歟？官吏視成而自不省歟？其各悋意措畫，務使實惠不壅，毋以虚文蒙上，則朕汝嘉。」

寧宗本紀：嘉泰四年十一月己未朔，詔兩淮、荆、襄諸州值荒歉奏請不及者，聽先發廩以聞。

王圻續通考：開禧二年，發米賑濟貧民。

寧宗本紀：嘉定元年八月，發米振貧民。九月，出安邊所錢一百萬緡，命江、淮制置大使司糴米振饑民。二年八月，發米十萬石振兩淮饑民。三年五月，以久雨，發米振貧民。七年十一月，命浙東監司發常平米振災傷州縣。十年十一月，詔浙東提舉司發米十萬石振給貧民。十五年十二月，發米振給臨安府貧民。十六年三月，以道州民饑，詔發米振之。

食貨志：嘉定十六年，詔於楚州所儲米撥二萬石濟山東、西。

王圻續通考：嘉定十七年，知廣德軍耿秉田因歲歉發倉賑濟，活饑民萬餘。自劾矯制之罪。上聞之，賜璽書褒異。

紹定五年三月，以陰雨，詔出豐儲倉米五萬石以紓民食。是年，臣寮奏戒飭諸道常平使者，遵用淳熙詔令，每歲覈州縣豐歉分數，或災傷重處，即與賑卹，不許隱蔽不實，違者罪之。

宋史理宗本紀：淳祐十年十月，詔：「郡邑間有水患，其被災細民，隨處發義倉振之。」

王圻續通考：淳祐十二年七月，上諭輔臣：「嚴州水勢可駭，移撥之米當賑濟，不當賑糶。」謝方叔奏：「衢、婺、台亦多漂蕩，宜一體救恤。」

宋史理宗本紀：寶祐元年七月，温、台、處三郡大水，詔發豐儲倉米并各州義廩振之。

開慶元年五月，婺州大水，發義倉米振之。

度宗本紀：咸淳六年十月，詔台州發義倉米四千石，并發豐儲倉米三萬石，振遭水家。　七年三月，發屯田租穀十萬石振和州、無爲、鎮巢、安慶諸州饑。六月，諸暨縣大雨、暴風、雷電，發米振遭水家。紹興府饑，振糧萬石。　八年八月，紹興府六邑水，發米振遭水家。

遼史聖宗本紀：統和十五年四月，發義倉粟賑南京諸縣民。

食貨志：開泰元年，詔年穀不登，發倉以貸。

聖宗本紀：開泰六年十月，南京路饑，輓雲、應、朔、弘等州粟振之。

道宗本紀：大安二年七月，出粟振遼州貧民。九月，發粟振上京、中京貧民。十一月，出粟振乾、顯、成、懿四州貧民。三年二月，發粟振中京饑。四月，詔出户部司粟，振諸路流民及義州之饑。

金史太宗本紀：天會二年十月，詔發寧江州粟賑泰州民被秋潦者。

世宗本紀：大定三年四月，賑山西路明安貧民，給六十日糧。十七年三月，賑東京、博索、和碩館三路。乙丑，尚書省奏：「三路之粟，不能周給。」上曰：「朕嘗語卿等，遇豐年即廣糴，以備凶歉。卿等皆言天下倉廩盈溢，今欲賑濟，乃云不給。自古帝王皆以蓄積爲國家長計，朕之積粟，豈欲獨用之耶？今既不給，可于鄰道取之以濟。自今預備，當以爲常。」二十一年三月，上初聞薊、平、灤等州民乏食，命有司發粟糶之，貧不能糴者貸之。有司以貸貧民恐不能償，止貸有户籍者。上至長春宫，聞之，更遣人閲實，賑貸。以監察御史舒穆嚕元禮、鄭大卿不糾舉，各笞四十，前所遣官皆論罪。閏月，漁陽令瓜爾佳伊里哈、司候判官劉居漸以被命賑貸，止給富户，各削三官，通州刺史郭邦傑總其事，奪俸三月。

章宗本紀：大定二十九年十一月〔二〕，詔有司，令後諸處或有饑饉，令總管、節度使或提刑司先行賑貸或賑濟，然後言上。

食貨志：明昌六年七月，敕宰臣曰：「詔制内饑饉之地令減價糶之，而貧民無錢者何以得食，其議賑濟。」省臣以爲，闕食州縣，一年則當賑貸，二年然後賑濟，如其民實無恒産者，雖應賑貸，亦請賑濟。上遂命間隔饑荒之地，可以辦錢收糴者減價糶之，貧乏無依者賑濟。

宣宗本紀：興定五年閏十二月，發上林署粟賑貧民。

元史食貨志：水旱、疫癘賑貸之制。中統三年，濟南饑，以糧三萬石賑之。至元八年，以糧賑西京路急遞鋪兵卒。十二年，濮州等處饑，貸糧五千石。十六年，以江南所運糯米不堪用者賑貧民。十九年，真定饑，賑糧兩月。二十三

〔二〕「章宗本紀大定」，原脱，據光緒本、金史章宗本紀補。

年，大都屬郡六處饑，賑糧三月。二十四年四月，以陳米給貧民。七月，以糧給諸王阿濟格部貧民，大口二斗，小口一斗。

世祖本紀：至元二十五年四月〔一〕，尚書省臣言：「近以江、淮饑，命行省賑之，吏與富民因緣爲姦，多不及于貧者。今杭、蘇、湖、秀四州復大水，民鬻妻女易食，請輟上供米二十萬石，審其貧者賑之。」帝是其言。

食貨志：至元二十六年，京兆旱，以糧三萬石賑之。是年，又賑左右翼屯田蠻軍及伊嚕勒部貧民糧，各三月。二十八年，以去歲隕霜害稼，賑宿衛士齊哩克昆糧二月，以饑賑徽州、溧陽等路民糧三月。三十一年，復賑宿衛士齊哩克昆糧三月。

元貞元年，諸王阿南達部民饑，賑糧二萬石。是年六月，以糧一千三百石賑隆興府饑民，二千石賑千户默圖等軍。七月，以遼陽民饑，賑糧二月。

大德元年，以饑賑遼陽、碩達勒達等户糧五千石，公主囊嘉特章位糧一千石。是

〔一〕「四月」，原作「三月」，據光緒本、元史世祖本紀改。

年，臨江、揚州等路亦饑，賑糧有差。腹裏并江南災傷之地，賑糧三月。二年，賑龍興、臨江兩路饑民，又賑金復州屯田軍糧二月。四年，鄂州等處民饑，發湖廣省糧十萬石賑之。九年，澧陽縣火，賑糧二月。

皇慶元年，寧國饑，賑糧兩月。

明會典：凡賑濟，洪武十八年，令天下有司，凡遇歲饑，先發倉廩賑貸，然後具奏。

荒政考略：洪武十九年，詔曰：「所在鰥寡孤獨，取勘明白，果有田糧，有司未曾除去，設若無可自養者，官歲給米六石。其孤兒有田不能自爲，既免差役，有親戚者，有司責令親戚收養；無親戚者，鄰里養之，毋致失所。其無田者，各一體給米六石。鄰里親戚具孤兒名數，分豁有無恒産，以狀來聞。候出幼童，民立户。」河南大水，命贖民鬻子。

廣治平略：洪武二十六年，孝感民饑，有請發預備倉糧以貸之者。太祖謂户部曰：「朕嘗捐内帑之資，付天下耆民糴儲，正欲備荒歉以濟民急也。若歲荒民饑，必候奏請，道途往返，民之饑死者多矣。爾户部即諭天下有司，自今凡遇歲饑，先發倉廩以貸民，然後奏聞。著爲令。」

明會典：洪武二十七年，定災傷去處散糧則例，大口六斗，小口三斗，五歲以下不與。

永樂二年，定蘇、松等府水渰去處給米則例，每大口米一斗，六歲至十四歲六升，五歲以下不與。每户有大口十口以上者止與一石。其不係全災，内有缺食者，原定借米則例，一口借米一斗，二口至五口二斗，六口至八口三斗，九口至十口以上者四斗，候秋成抵斗還官。

通紀會纂：永樂七年，上巡幸北京，命皇太子監國。都御史虞謙巡視兩淮、潁州軍民缺食，請發廩賑貸。皇太子馳諭之曰：「軍民困乏，待哺嗷嗷，卿等尚從容啓請，汲黯何如人也？即發廩賑之，勿緩。」八年十月，户部賑北京臨城縣饑民三百餘户，給糧三千七百石有奇。上曰：「國家儲蓄，上以供國，下以濟民，故豐年則斂，凶年則散，但有土有民，何憂不足？」

紀事本末：宣德初，河南新安知縣陶鎔奏民饑，借驛糧千石救賑，秋成償還。上謂夏原吉曰：「有司拘文法，饑荒必申報賑濟，民饑死久矣。陶鎔先給後聞，能稱任使，毋責其專擅也。」

荒政考略：宣德八年，詔：「軍民乏食者，所在官司驗口給糧賑濟。如官無見糧，勸率有糧大户借貸接濟，待豐熟時抵斗酬還。」

明會典：正統五年，令各衛所屯軍，有因水旱子粒無收缺食者，照缺食民人事例賑濟，候秋成還官。

通紀會纂：景泰二年，命僉都御史王竑巡撫兩淮諸郡。時徐、淮大饑，民死者相枕籍。竑至，盡所以救荒之術。既而山東、河南流民猝至，竑不待奏報，大發廣運官儲賑之，全活數百萬人。先是淮上大饑，帝閲疏，驚曰：「奈何百姓其饑死矣？」後得竑奏，輒開倉賑濟，大言曰：「好御史！不然，饑死我百姓矣。」

明會典：成化六年，奏准流民願歸原籍者，有司給與印信文憑，沿途軍衛有司，每口給口糧三升。其原籍無房者，有司設法起蓋草房四間，仍不分男婦，每大口給與口糧三斗，小口一斗五升。每户給牛二隻，量給種子，審驗原業田地給與耕種，優免糧差五年，仍給下帖執照。

弘治二年，議准順天、河間、永平等府水災，渰死人口之家量給米二石，漂流房屋頭畜之家給米一石。

通紀會纂：嘉靖三年，南畿、都運大饑，上命發帑藏、截漕粟賑之。

明會典：嘉靖十一年，題准凡遇賑濟，除各衛所上班官軍自有應得月糧外，其原無糧餉軍餘，或父母妻子極貧者，查審的當，與州縣饑民一體給散。

廣治平略：神宗十四年，袁伯修策曰：「賑之策一，善行其賑之策六。以幽遐蔀屋，悉仰内帑，其勢易窮，而悉舉州邑之庫藏贖鍰，急給州邑之窶者，鮮不濟矣。故從朝廷賑之則難，從州邑賑之則易也。一邑之内，一郡之中，豈無豪貲財好施與者？故令上賑之則難，令下民自相賑則易也。里之厚貲者，所捐若而百，則賜綽楔旌之；若而千，則爵之；若而萬，則厚爵之，富民有不竭蹶以趨者乎？故繩之使賑則難，勸之使賑則易也。幽遠小民，去城邑百里，晨起裹糧，蹩躠趨城，胥吏猶持其短長，非少賂之弗得經，受賑得不償失，奈何？宜令耆民廉平者，偕里之富而好施者，臨其聚落招給焉，平有賞，私有罰，蔑不暨矣。故移民就食則難，移食就民則易也。夫珠不可衣，玉不可食，有米粟乏絶之處，人至抱璧以殞者，即得州邑及貲户之賑，而操金貲易轉移尚艱。故使下民貸粟則難，官司轉貸而給之猶易也。凡此，皆善行其賑之策者。」

蕙田案：以上賑米。

右散利上

五禮通考卷二百四十八

凶禮三

荒禮

散利下

後漢書順帝本紀：永建三年春正月丙子，京師地震，漢陽地陷裂。甲午，詔實覈傷害者，賜年七歲以上錢，人二千。

魏書宣武帝本紀：延昌二年夏四月庚子，以絹十五萬匹賑恤河南郡饑民。

册府元龜：武德二年閏二月，出庫物三萬段以賑窮乏。

永貞元年十一月，以久雨，京師鹽貴，出庫鹽二萬石以惠饑民。

長慶二年十二月，命以絹二百匹賑京師東市、西市窮乏者。

荒政考略：宋天聖七年，詔曰：「河北大水，壞澶州浮橋，其被災之民，見存三口者，給錢二千，不及者半之。」

宋史仁宗本紀：景祐四年八月，越州水，賜被溺民家錢有差。

慶曆四年二月，出奉宸庫銀三萬兩振陝西饑民。

嘉祐元年七月，出内藏銀絹三十萬振貸河北。

哲宗本紀：紹聖二年二月，出内庫錢帛二十萬助河北振饑。

孝宗本紀：乾道四年七月，以經、總制餘剩錢二十一萬緡樁留邛、蜀州，以備振濟。

王圻續通考：嘉定七年，出内帑錢賑臨安府貧民。

紹定四年，詔出封樁庫緡錢三十萬賑臨安貧民。

嘉熙元年五月，詔出内庫緡錢二十萬給被災之家。

淳祐二年，詔出封樁庫十七界楮幣十萬，賑贍紹興、處、婺水滂之民。

宋史度宗本紀：咸淳元年閏五月，久雨，發錢二十萬賑在京小民。

遼史道宗本紀：大安二年七月，賜興聖、積慶二宫貧民錢。　三年四月，賜中京貧民帛，賜威烏爾古部貧民帛。　七月，出雜帛賜興聖宫貧民。

壽隆六年二月，出絹賜五院貧民。

金史章宗本紀：泰和五年十一月，山東闕食，賜錢三萬貫以振之。

元史食貨志：中統三年七月，以課銀一百五十錠濟甘州貧民。

至元二年，以鈔百定賑庫庫楚所部軍。　二十年，以帛千匹、鈔三百定賑碩達勒達地貧民。

大德七年，以鈔萬定賑歸德饑民。　二十四年，鄂端民饑，賑鈔萬定。

王圻續通考：洪武二十五年，令山東災傷去處每户給鈔五定。

明會典：嘉靖元年，令將太倉銀庫見貯銀兩，差官秤盤二十萬兩，運赴陝西蝗旱地方支用。　二年，令將滸墅鈔關收貯嘉靖元年秋冬二季、二年春夏二季共四季銀兩，照數查取在官，類解南直隸巡撫衙門，相兼原查餘鹽等銀，通融賑濟災傷地方。

又令將湖廣正德十四年起至嘉靖二年止解京銀三萬五千兩，給發賑濟荆州府、荆門、石首等州縣旱災。又令將嘉靖三年分淨樂宫庫藏，查盤節年所積香錢，暫支二千兩賑濟湖廣地方旱災。

王圻續通考：嘉靖三十四年，歲祲，詔發内帑銀三萬兩賑濟饑民。隆慶元年六月，以霖雨壞民廬舍，令五城御史以房號錢、巡按御史以贓罰銀分賑之。貧者每户給銀五錢，次三錢。仍諭都察院左都御史王廷等督御史嚴加稽察，使貧民得沾實惠。二年七月，詔户部發太倉銀二萬兩，遣于災重處亟行賑濟。三年十月，兩淮巡鹽御史李學詩以鹽場水災，請扣留商人正鹽納銀，每引一分，挑河銀二萬兩賑恤竈丁。從之。

蕙田案：以上賑銀鈔絹帛諸物。

漢書元帝本紀：初元二年七月，詔曰：「歲比災害，民有菜色，慘怛于心。已詔吏虚倉廩，開府庫振救。」

魏書明元帝本紀：神瑞二年十月，詔曰：「頃者以來，頻遇霜旱，年穀不登，百姓饑寒不能自存者甚衆，其出布帛倉穀以賑貧窮。」

册府元龜：唐貞觀十一年七月，詔以水災其雒州諸縣百姓漂失資産乏絶糧食者，宜令使人與之相知，量以義倉賑給。庚子，賜遭水旱之家帛十五匹，半毀者八匹。

舊唐書德宗本紀：貞元十八年秋七月，蔡、申、光三州春水夏旱，賜帛五萬段，米十萬石，鹽三千石。

宋史仁宗本紀：天聖五年七月，振秦州水災，賜被溺家錢米。

嘉祐元年七月，賜河北流民米，壓溺死者賜其家錢有差。

曾鞏救災議：河北地震水災，隳城郭，壞廬舍，百姓暴露乏食。主上憂憫，下緩刑之令，遣拊循之使，恩甚厚也。然百姓患于暴露，非錢不可以立屋廬；患于乏食，非粟不可以飽，二者不易之理也。非得此二者，雖主上憂勞于上，使者旁午于下，無以救其患、塞其求也。有司建言，請發倉廩與之粟，壯者人日二升，幼者人日一升。主上不旋日而許之賜之，可謂大矣。然有司之所言，特常行之法，非審計終始、見于衆人之所未見也。今河北地震水災，所毀敗者甚衆，可謂非常之變也。遭非常之變者，必有非常之恩，然後可以振之。今百姓暴露乏食，已廢其業矣，使之相率日待二升之廩于上，則其勢必不暇乎他爲。使農不復得修其畎畮，商不復得治其貨賄，工不復得利其器用，閒民不復得轉移執事，一切棄百事而專意于待升合之食，以偷爲性命之計，是直以餓殍之養養之而已，非深思遠慮爲百姓長計也。以中户計之，户爲十人，壯者六人，月當受粟三石六斗，幼者四人，月當受粟一石二斗，率一户月當受粟五石，難可以久行也，則百姓何以贍其後？久行之，則被水之地既無秋成之望，非至來歲麥熟之時，未可以罷。自今至于來歲麥熟，凡十月，一户當受粟五十石。今被災者十餘州，州以二萬户計之，中户以上及非災害所被，不仰食縣官者去其半，則仰食縣官者爲十萬户。食之不徧則爲施不均，而民猶有無告者也。食之徧則當用粟五百萬石而足，何以辦？此又非深思遠慮爲公家長計也。至于給授之際，有淹速，有均否，有真僞，有會集之擾，有辨察之煩，厝置一差，皆足致弊。又群而處之，氣久蒸薄，必生疾癘。此皆必至之害也。且此不過能使之得旦暮之食耳，其于屋廬搆築之費，將安取哉？屋廬搆築之費既無所取，而就食于州縣，必相率而去其故居。雖有頽墻壞屋之尚可完者，故材舊瓦之尚可因者，什器衆物之尚可賴者，必棄之而不暇顧。甚則殺馬牛而去者有之，伐桑棗而去者有之，其害又可謂甚也。今秋氣已半，霜露方始，而民露處不知所蔽，蓋流亡者亦已衆矣。如是不可止，則將空近塞之地。空近塞之地，則失戰鬬之民。此衆士大夫之所慮而不可謂無患者也。空近塞之地，則失耕桑之民。此衆士大夫所未慮而患之尤甚者也。何則？失戰鬭之民，異時有警，邊戍不可以不增爾。失耕桑之民，異時無事，邊糴不可以不貴矣。二者皆可不深念歟？萬一或出于無聊之計，有窺倉庫盜一囊之粟、一束之帛者，彼知已負有司之禁，則必鳥駭鼠竄，竊弄鋤梃于草茅之中，以扞游徼之吏。强者既囂而動，則弱者必隨而聚矣。不幸或連一二城之地，有枹鼓之警，國家胡能宴然而已乎？況夫外有夷狄之可慮，内有郊社之將行，安得不防之于未然，銷之于未萌也？然則爲今之策，下方紙之詔，賜之以錢五十萬貫，貸之以粟一百萬石，而事足矣。何則？令被災之州爲十萬户，如一户得粟十石，得錢五千，下户常産之資，平日未有及此者也。彼得錢以完其居，得粟以給其食，則農得修其畎畝，商得治其貨賄，工得利其器用，閒民得轉移執事，一切得復其業而不失其常生之計，與專意以待二升之廩于上而勢不暇乎他爲，豈不遠哉！此可謂深思遠慮爲百姓長計者也。由有司之説，則用十月之費爲粟五百萬石；由今之説，則用兩月之費爲粟一百萬石。況貸之于今而收之于後，足以振其艱乏，而終無損于儲峙之實。所實費者，錢五鉅萬貫而已。此可爲深思遠慮爲公家長計者也。又無給授之弊，疾癘之憂，民不必去其故居，苟有頹墻壞屋之尚可完者，故材舊瓦之尚可因者，什器衆物之尚可賴者，皆得而不失，況于全牛馬，保桑棗，其利又可謂甚也。雖寒氣方始，而無暴露之患，民安居足食，則有樂生自重之心，各復其業，則勢不暇乎他爲，雖驅之不去，誘之不爲盜矣。夫饑歲聚餓殍之民，而與之升合之食，無益于救災補敗之數，此常行之弊法也。今破去常行之弊法，以錢與粟一舉而賑之，足以救其患，復其業。河北之民，聞詔令之出，必皆喜上之足賴，而自安于畎畒之中，負錢與粟而歸，與父母妻子脱于流亡轉死之禍，則戴上之施而懷欲報之心豈有已哉？不早出此，或至于一有枹鼓之警，則雖欲爲之，將不及矣。且今河北州軍凡三十七，災害所被，十餘州軍而已。他州之田，秋稼足望。今有司于糴粟常價，斗增一二十錢，非獨足以利農，其于增糴一百萬石易矣。斗增一二十錢，吾權一時之事，有以爲之耳。以實錢給其常價，以茶荈香藥之類佐其虚估，不過損茶荈香藥之類，爲錢數鉅萬貫，而其費已足。茶荈香藥之類與百姓之命，孰爲可惜？不待議而可知者也。夫費錢五鉅萬貫，又捐茶荈香藥之類，爲錢數鉅萬貫，而足以救一時之患，爲天下之計，利害輕重，又非難明者，顧吾之有司能越拘攣之見、破常行之法與否而已。此時事之急也，故述斯議焉。

丘氏濬曰：曾鞏此議，所謂賜之錢，貸之粟，比之有司日逐給粟之説，其爲利病相去甚遠，所謂「深思遠慮以爲百姓長計者」，真誠有之。但饑民一户貸之米十石，一旦責其如數償之，難矣。不若因時量力，稍有力者償其半，無力者併與之，或立爲次第之限可也。

文獻通考：元祐六年，翰林學士承旨知杭州蘇軾言：「浙西二年諸郡災傷，今歲大水，蘇、湖、常三州水通爲一，杭州民死者五十餘萬，蘇州三十萬，未數他郡。今既秋田不種，正使來歲豐稔，亦須七月方見新穀，變故未易度量。乞令轉運司約度諸郡合糴米斛數目，下諸路封樁，及年計上供，赴浙西諸郡糴賣。」詔賜米百萬斛、錢二十餘萬緡，賑濟災傷。

宋史哲宗本紀：元祐八年十二月，出錢粟十萬賑流民。

食貨志：紹興三十一年正月，雪寒，民多艱食，詔臨安府城内外貧乏之家，人給錢二百、米一斗及柴炭錢，並于内藏給之。輔郡之民，令諸州以常平錢依臨安府振之。

王圻續通考：乾道四年，降僧牒一百道付建寧府，户部降米五千石賑衢州饑。荆南府僧牒二百道，衢州一百道，饒、信米各三萬石，雷州水賜十道。詔諸路運司行下所屬將災傷處，各選清强官遍詣地頭，盡行檢放。或不實不盡，有虧公私，被差官并所差不當官司，並重作行遣。其被水甚處，令監司守臣條具合措置存恤事件聞奏。知温州趙與可以支常平錢五百貫并係省錢五百貫賑給被災人户，自劾。上曰：「國家積常平米，正爲此也，可赦罪。」

宋史孝宗本紀：淳熙十四年八月，賜度牒一百道、米四萬五千石，備振紹興府饑。

王圻續通考：寶慶元年，滁州大水，詔撥會子三千緡、米千六百石賑恤被災之家。紹定三年，浙東大水，汪綱發粟三萬八千餘緡、錢五萬賑給之。景定二年十月，詔物價未平，出封樁庫楮幣二十萬賑二衛諸軍，出豐儲倉米五萬石賑都民。

遼史道宗本紀：太康元年九月，以南京饑，出錢粟賑之。大安三年正月，出錢粟振南京貧民。

元史食貨志：中統四年，以錢糧幣帛賑東平濟河貧民，鈔四千錠賑諸王濟必特穆爾部貧民。大德十一年，以饑賑安州高陽等縣糧五千石，滹州穀一萬石，奉符等處鈔二千定，兩浙、江東等處鈔三萬餘定、糧二十萬餘石。又勸率富户賑糶糧一百四十餘萬石，凡施米者，驗其數之多寡，而授以院務等官。是年，又以鈔一十四萬七千餘定、鹽引五千道、糧三十萬石，賑紹興、慶元、台州三路饑民。

自延祐之後，腹裏、江南饑民歲加賑恤。其所賑，或以糧，或以鹽引，或以鈔。

蕙田案：元史本紀所載賑恤之事，無歲無之，不能悉載，其大要已該于數言矣。

明會典：成化二年，奏准今後若有侵欺賑濟銀糧，或將官銀假以煎銷均散爲名，却乃插和銅鉛給與貧民者，一體解京發落。

王圻續通考：嘉靖二年，南北二京及山東、河南、湖廣、江西俱旱災。户部孫交請留蘇、松折兑銀、粳白米、兩浙鹽價、滸墅關鈔課、應天缺官薪皂贖鍰兼賑，又請發太倉銀二十萬，折漕米九十萬往賑。從之。

明會典：嘉靖五年，奏准湖廣地方災傷，將合屬各預備倉原積穀米雜糧八十二萬石、銀四萬兩，并太和山嘉靖四年五年分香錢銀兩見在實數，十分内摘取六分，酌量輕重賑濟。　七年，奏准河南災荒，將所屬庫貯各項錢糧動支，及准留改折兑軍米十册府元龜：太和三年七月，齊德州奏：「百姓自用兵已來，流移十分，只有二分，伏乞賜麥種、耕牛等。」敕：「量賜麥三千石，牛五百頭，共給綾一萬匹充價值。仍各委本州自以側近市糴分給。」

後唐長興三年，宋、亳、潁三州水災尤甚，樞密使范延光、趙延壽從容奏曰：「今秋宋、亳、潁等州水災甚，民户流亡，粟價暴貴。臣等量欲與本州官倉斛㪷，依如今時估出糶，以救貧民。大水之後，頗宜宿麥，窮民不便種子，亦望本州據民户等第支借麥種，自十石至三石，候來年收麥，據原借數納官。」從之。

宋史真宗本紀：大中祥符元年正月，幽州旱，求市麥種，許之。　五年五月，江、淮、兩浙旱，給占城稻種，教民種之。

食貨志：帝以江、淮、兩浙稍旱即水田不登，遣使就福建取占城稻三萬斛，分給三路爲種，擇民田高仰者蒔之，蓋旱稻也。內出種法，命轉運使揭榜示民。天禧元年，諸路蝗，民饑。鎮戎軍風雹害稼，詔貸其種糧。　二年三月，先貸貧民糧種，止勿收。　四年三月，以淄州民饑，貸牛種。

仁宗本紀：天聖六年四月，貸河北流民復業者種、食。

皇祐元年正月，詔以緡錢二十萬市穀種分給河北貧民。

嘉祐元年七月，貸被水災民麥種。

高宗本紀：建炎二年正月，録兩河流亡吏士，沿河給流民官田、牛、種。

紹興十八年十二月〔一〕，借給被災農民春耕費。

孝宗本紀：淳熙三年正月，振淮東饑，仍命貸貧民種。　八年五月，以久雨，貸貧民稻種錢。　九年正月，詔江、浙、兩淮旱傷州縣貸民稻種，計度不足者貸以樁積錢。

朱子乞給借稻種狀：本司準淳熙九年正月二十日，尚書省劄子勘會春耕，是時深慮江浙、兩淮州縣去歲旱傷之後，貧民下户并流移歸業之人，艱得稻種，却致妨廢農務，理宜措置。　正月十九日，三省同奉聖旨，令逐路轉運、提舉司疾速行下去歲旱傷州縣，多方措置稻種，勘量給借，務令及時布種，候豐熟却行拘還。　具已借支數目聞奏，仍多出文榜曉諭。　本司照對紹興府去歲旱傷爲甚，衢、婺州爲次，遂那撥錢發下紹興府及下衢、婺兩州諸縣，恭稟聖旨指揮，措置給借，并鏤版曉諭人

〔一〕「十二月」，原作「十一月」，據光緒本、宋史高宗本紀改。

則曰「振糶」。其濟之貸之也，或以米，或以銀錢，或以絹帛、鹽鈔諸物，或以粥，或以耔種、牛具。列代史書所載，其法具在，分類比附，俾言荒政者有所考。其但云振恤、振給而不著其振之法者，不能備載云。

通典：元嘉中，三吴水潦，穀貴人饑，彭城王義康立議，以東土災荒，人凋穀踊，富商蓄米，日成其價，宜班下所在隱其虚實，令積蓄之家聽留一年儲，餘皆敕使糶貨爲制平價。此所謂常道行于百代，權宜用于一時也。

周書武帝本紀：建德三年正月，詔以往歲年穀不登，民多乏絶，令公私道俗凡有貯積粟麥者〔一〕，皆准口聽留以外盡糶。

舊唐書高宗本紀：永徽六年八月，大雨，道路不通，京師米價暴貴，出倉粟糶之。

永隆元年十一月，洛州饑，減價出糶，以救饑人。

册府元龜：開元二年閏二月十八日，敕：「年歲不稔，有無須通，所在州縣，不得閉糴。各令當處長吏簡較。」十二年八月，詔曰：「蒲、同兩州，自春偏旱，慮至來歲，

〔一〕「私」，諸本作「卿」，據周書武帝本紀改。

貧下少糧。宜令太原倉出十五萬石米付蒲州，永豐倉出十五萬石米付同州，減時價十錢糶與百姓。」

舊唐書玄宗本紀：天寶十二載八月，京城霖雨，米貴，令出太倉米十萬石，減價糶與貧人。十三載秋，霖雨積六十餘日，京城垣屋頽壞殆盡，物價暴貴，人多乏食。令出太倉米一百萬石，開十場賤糶，以濟貧民。

册府元龜：天寶十四載正月，詔曰：「豐熟已來，歲時頗久。爰自二載，稍異有年。粟麥之間，或聞未贍。比開倉賤糶，以濟時須。雖且得支持，而價未全減。今更出倉，務令家給，俾其樂業，式副朕心。宜于太倉出糶一百萬石，分付京兆府與諸縣，糶每斗減于時價十文；河南府畿縣出三十萬石，太原府出三十萬石，滎陽、臨汝等郡各出粟二十萬石，河内郡出米十萬石，陝郡出米二萬石，并每斗減時價十文，糶與當處百姓。應緣開場，差官分配多少，一時各委府郡縣長官處置，乃令採訪使各自勾當。其太倉、含嘉出粟，兼令監倉使與府縣計會處分。其奉先、同官、華原等縣與中部郡地近，宜准諸縣例數，便于中部請受。其餘縣有司者仰准此。」

舊唐書代宗本紀：大曆四年八月丙申朔，自夏四月連雨至此月，京城米斗八百文。官出米二萬石，減估而糶，以惠貧民。

册府元龜：興元元年十月，詔曰：「歷河朔而至太原，自淮、沂而被雒汭，蟲螟爲害，雨澤愆時。其宋亳、淄青、澤潞、河東、常冀、幽州、易定、魏博等八節度管内，各賜米五萬石。河陽、東都畿二節度管内，各賜三萬石。所司即搬運，于楚州分付。各委本道領受，賑給將士百姓。江淮之間連歲豐稔，迫于供賦，頗亦傷農。收其有餘，濟彼不足。宜令度支于淮南、浙江東西道加價和糴米三五十萬石，差官搬運于諸道，減價出糶，貴從權便，以利于人。」

蕙田案：平糴之法始于李悝，蓋因穀賤而取之，穀貴而出之，取有餘補不足，使農民交利而已，軍國之用未嘗仰給于此也。唐開元以後，始有和糴之名，大抵取以充他用，不復爲凶荒平糶之計矣。其始也，官出錢，民出穀，彼此交易，兩得其便，民無科抑之累，官有儲蓄之利，故云和糴。及其弊也，善價不及鄉閭，美利皆歸司局，配户勒限，甚于税賦，此白居易有「和糴有害無利」之疏也。宋時養兵之費愈增，備邊之計愈亟，於是和糴、結糴、俵糴、均糴、博糴、兑糴、括糴之名目亦愈繁。然穀之糴于官者多，則藏于民者必少，一有凶歉，即無以接濟。而官吏抑配括索之弊，又有不可勝言者。故和糴之舉，特籌國用之一法，而未必便于農也。德宗此詔，以江淮和糴之米運至諸道，減價出糶，得周禮通財之意，故特録之，而附論其利弊如此。

貞元九年正月，詔曰：「分災救患，法有常規。通商惠人，國之令典。自今宜令州府不得輒有閉糴，仍委鹽鐵使及觀察使訪察聞奏。」十四年六月，詔曰：「訪聞蒸庶之間，米價稍貴，念兹貧乏，每用憂懷。苟利于人，所宜通濟。今令度支出官米十萬石，于街東西各五萬石，每斗賤較時價，糶與百姓。」七月，令賑給京兆府百姓麥種二萬石。

舊唐書德宗本紀：貞元十四年十月，以歲凶穀貴，出太倉粟三十萬石，開場糶以惠民。十二月，出東都含嘉倉粟七萬石，開場糶以惠河南饑民。十五年二月，出太倉粟十八萬石糶京畿諸縣。

食貨志：元和九年四月，詔出太倉粟七十萬石，開六場糶之，并賑貸外縣百姓。至秋熟徵納，便于外縣收貯，以防水旱。十二年四月，詔出粟二十五萬石，分兩街降估出糶。

穆宗本紀：長慶二年閏十月，詔：「江淮諸州旱損頗多，所在米價，不免踴貴。眷言疲困，須議優矜。宜委淮南、浙西東、宣歙、江西、福建等道觀察使，各于當道有水旱處，取常平、義倉斛㪷，據時估減半價出糶，以惠貧民。」

册府元龜：長慶四年二月，詔：「如聞京城米穀翔貴，百姓乏食者多，夏麥未登，須有救恤。宜出太倉陳粟四十萬石，委度支京兆府類會，減時價于東西街置場出糶，其價錢仍司府收貯，至秋收糴。」七月，敕：「近日訪聞京城，米價稍貴，須有通變，以便公私。宜令户部應給百官俸料其中一半合給匹段者，迴給官中所糴粟，每斗折錢五十文。其匹段委别收貯，至冬糴粟填納太倉。」時人以爲甚便。

蕙田案：此官俸折米之始。

太和六年二月，户部侍郎庾敬休奏：「兩州米價騰貴，百姓流亡至多，請糶兩州闕官職田禄米以救貧人。」從之。　八年九月，詔：「江淮、浙西等道仍歲水潦，遣殿中侍御史任畹馳往慰勞。以比年賑貸多爲奸吏所欺，徒有其名，惠不及下，宜委所在長吏，以軍州自貯官倉米減一半價出糶，各給貧弱。如無貯蓄處，即以常平、義倉米出糶。」又詔：「諸道有饑疫處，軍糧蓄積之外，其屬度支、户部雜穀，並令減價以出糶濟貧人。」

開成元年十二月，鹽鐵轉運使奏：「據江淮留後盧鋼，以江淮諸州人將阻饑，請于來年運米數内量留收貯，至春夏百姓饑乏之際減價出糶，收其直，待熟償之，無損于官，有利于人。」帝嘉之，詔留常運米三十萬石。

蕙田案：此截留漕米以爲平糶之用。

後唐同光四年正月，詔曰：「輦轂之中，郊甸之内，時物踊貴，人户饑窮。訪聞自陝已西，遐及邠、鳳，積年時熟，百穀價和，縱未能別備于貢輸，亦宜廣通于和糴。近聞輒有税索，已曾降敕指揮，尚恐關鎮阻滯行塗，增長物價。仰所在長吏，切加檢御，以濟往來。推救災卹患之心，明奉國憂人之道。又京圻之内，自張全義制置，已數十年，每聞開墾荒蕪，勸課稼穡，曾無歉歲，甚有餘糧。公私貯蓄，及多收藏，未肯出糶，更俟厚價，頗失衆情。宜令中書門下條疏應在京及諸縣，有貯斛㪷，並令減價出糶，以濟公私。」

後周廣順元年四月，敕：「天災流行，分野代有。苟或閉糴，豈是愛人？宜令沿淮渡口鎮鋪，不得止淮南人糴易。」三年十一月，敕膳部員外郎劉表微往兖州開倉減價糶粟，以水害稼，救饑民也。丙午，單州刺史劉禧言：「滄州充給歲餘軍糧外，有大麥六萬石，欲開倉官糶以濟貧民。」從之。十二月，以亳州、潁州大水，民饑，所有倉儲及永城倉度支，給軍食一年外，遣使減價出糶。

顯德元年正月，分命朝臣杜韡等五人往潁、亳、濮、永城、固河口開倉減價出糶，以濟饑民。六年正月，命廬州開倉出陳麥以糶之。蓋克復之後，民多阻饑，故廉其價以惠之也。二月，濠州上言：「准宣出糶省倉陳麥，以利饑民。」

宋史太宗本紀：淳化元年七月，京師貴糴，遣使開廩，減價分糶。

真宗本紀：大中祥符五年，京城、河北、淮南饑，減直鬻穀，以濟流民。

玉海：天禧元年，詔災傷州以常平倉元糴價出糶。

荒政考略：天禧元年，濮州侯日成上言：「本州富民，儲蓄不少，近價值日增。乞差使臣與通判點檢量留一年支費，餘悉令糶。」真宗有旨：「勸誘出糶，不得擾富民。」

真宗本紀：天禧四年閏十二月，京城穀貴，減直發常平倉。

仁宗本紀：天聖四年四月，詔京東西、河北、淮南平穀價。

慶曆元年十一月，發廩粟，減價以濟京城。八年十一月，出廩米，減價以濟畿内貧民。

至和二年四月，出米京城門，下其價，以濟流民。

吴及傳：嘉祐四年，及管勾登聞檢院，上書言：「春秋有告糴，陛下恩施動植，視人如傷。然州郡官司，各專其民，擅造閉糴之令。一路饑，則鄰路爲之閉糴；一郡饑，則鄰郡爲之閉糴。夫二千石以上，所宜同國休戚，而坐視流離，豈聖朝子育兆民之意哉！」遂詔鄰州、鄰路災傷而輒閉糴，論如違制律。

言行録：熙寧中，趙清獻公抃以大資政知越州。兩浙旱、蝗，米價踴貴。諸州皆榜衢路，禁人增米價。公獨榜衢路，令有米者增價糶之。於是諸州米商輻湊詣越，米價更賤，民無餓死者。

蘇頌乞糶官米濟民疏：臣竊聞近日甚有近北災傷人民，流移往鄰路州軍逐熟。尋有旨下諸路，令州縣常切存恤。恭惟聖恩溥施，靡所不逮，然恐州縣虚文，不能上副仁憫之意。何則？其流民所之，惟是歲豐物賤，便爲安居之地。今並淮諸郡，雖稍登稔，若食口既多，必是物價騰踴。萬一將來秋成失望，漂泊之民，未有歸業之期，坐食貴穀，便見失所。彼時須煩縣官賑救，爲惠差遲，則其無益甚矣。臣以謂，存恤之法，莫先於平物價。欲物貨之平，則莫若官爲糶給，使之常食賤價之物，則不覺轉移流徙之爲患也。臣欲望特降朝旨，應有流民所聚州縣，權將上供。或軍糧米斛，比見今在市實直，量減分數，估定價例，將來更不得添長，專差强幹官一員，置場出糶，直候流民歸業日即罷。其約束事件，並依昨來在京糶場施行。收到價錢，却委轉運司和糴斛㪷充數。如此擘畫，比之出粟賑濟，所費寡而所惠博。惟朝廷垂意，幸甚。

宋史徽宗本紀：元符三年正月，即皇帝位。十二月，出廩粟，減價以濟民。

高宗本紀：建炎二年十月，禁江、浙閉糴。三年二月，出米十萬斛，即杭、秀、常、湖州、平江府損直以糶，濟東北流寓之人。

紹興十三年三月，振淮南饑民，仍禁遏糴。

食貨志：紹興三十一年正月，雪寒，民多艱食。詔臨安府并屬縣以常平米減時之半，振糶十日。

朱子與星子諸縣議荒政書：一將來糶米，亦請一面早與上户及糴米人户公共商議，置場去處，務令公私、貧富、遠近之人各得其便。大抵官米只于縣市出糶，上户米穀即與近便鄉村置場出糶，不須般載往來，徒有勞費。如有大段有餘不足去處，及將來發糶常平米斛，即具因依申來，切待别行措置。

與建寧諸司論賑濟劄子：一安撫司賑濟米，合于冬前差船般運，免至冬後與民間般載租米互有相妨，或致延滯。一廣南最係米多去處，常歲商賈轉販，舶在海中。今欲招邀，合從兩司多印文牓，發下福州沿海諸縣，優立價直，委官收糴，自然輻湊。然後却用溪船，節次津般前來建寧府交卸。一般運米，須得十餘萬石方可濟用。合從使、府兩司及早撥定本錢，選差官員使臣，或募土豪，給與在路錢糧，令及冬前速到地頭，趁熟收糴。潮、惠州與本路界相近，往回别無疎虞，即與支賞，約運到米一千石，支錢三十貫充賞；其糴到米數最多之人，仍與别議保奏推賞施行。一上件福、廣米既到府城，即城下居人自無闕食之理，不須過有招邀上溪船米，反致鄉村匱乏，將來却煩官司般米賑濟，勞費百端。今合先次出牓曉諭諸縣，産户寺院，除日逐出糶不得閉糴外，每産錢一貫，樁米三十石。省禾亦依此紀數。兩貫以下不樁。委社首遍行勸諭，親自封樁，開具本都樁管米數及所樁去處，限十一月内申縣，祗備覆實，不得輒徇顔情，虚申數目，及妄挾怨仇，生事騷擾。其社首家禾，即委隅官封樁。　一鄉下有外里産户等寄莊，即仰社首及本處居人指定，經官陳説，封樁十分之七。　一鄉下有産錢低小而停積禾米之家，仰鄰保重立罪賞陳告，亦與量數封樁十分之五，並依前法。　一上户有願於合樁數外別行樁糴之人，許具實數，經縣自陳，收附出糴，量行旌賞。　一所樁禾米，更不預定價直，將來隨鄉原高下量估，平價出糴，不使太貴以病細民，亦不使太賤以虧上户。　一所樁禾米，自來年正月爲始，以十分爲率，至每月終，即給一分還元樁産户自行出糴，直至稍覺民饑，即據見數，五日一次，差隅官監糴，大人一斗，婦人七升，小兒四升。如至六月中旬，民間不甚告饑，即盡數給還，産户自行出糴。　一府城縣郭及鄉村居民，合糴禾米之家，合預行括責，取見户口實數，即見合用米數，及將來分定坊保給關收糴，庶免欺弊。大人、婦人、小兒逐户分作三項。　一上户自有蓄積，軍人自有衣糧，公吏自有廩禄，市户自有經紀，工匠自有手作，僧道自有常住，並不在收糴之限。　一鰥寡孤獨老病無錢糴米之人，候三四月間別議措置。　如是饑荒，須令得所。　右謹具呈第一項至第三項，乞使府兩司早賜詳度定議，第四項以後乞使、府出牓通衢，恐有未盡未便之處，令諸色人詳其利害，疾速具狀陳述，廣詢審議，然後施行，庶使大户細民兩得安便，伏候台旨。此米須留以待來歲之用，目今秋成在邇，般運到，人已食新。切乞存留，無爲虛費樁米。多則上户不易，少又儲蓄不足。此數更乞裁酌，更以户口之數計之，方見實用米數。

寶慶三年，監察御史汪剛中言：「豐穰之地，穀賤傷農；凶歉之地，濟糴無策。惟以其所有餘濟其所不足，則饑者不至于貴糴，而農民亦可以得利。乞申嚴遏糴之禁。凡兩浙、江東西〔一〕、湖南北州縣有米處，並聽販鬻流通；違，許被害者越訴，官按劾，吏決配，庶幾令出惟行，不致文具。」從之。

王圻續通考：紹定元年，資政殿學士、知潭州曾從龍奏：「州縣賑民之法有三：曰濟，曰貸，曰糴。濟不可常，惟貸與糴爲利可久。今撥緡錢一千萬有奇，分下潭州十縣，委令佐糴米置惠民倉，乞比附常平法。」從之。六年正月，監察御史何處久奏：「乞申飭諸道轉運司，嚴飭所部州縣，不許遏糴。如歉郡招誘客販，委官告糴，仍具數上之朝廷。其阻糴苛税者，令御史臺劾奏。」從之。

〔一〕「江東」，原誤倒，據光緒本、宋史食貨志上六乙正。

侯摯傳：貞祐四年正月，拜尚書右丞。是時，河北大饑，摯上言曰：「今河朔饑甚，人至相食。觀、滄等州，斗米銀十餘兩，殍殣相屬。伏見沿河上下許販粟北渡，然每石官糴其八，彼商人非有濟物之心也，所以涉河往來者特利其厚息而已。利既無有，誰復爲之？是雖有濟物之名，而實無所渡之物，其與不渡何異？昔春秋列國各列疆界，然晉饑則秦輸之粟，及秦饑，晉閉之糴，千古譏之。況今天下一家，河朔之民，皆陛下赤子，而遭罹兵革，尤爲可哀，其忍坐視其死而不救歟？人心惟危，臣恐弄兵之徒，得以藉口而起也。願止其糴，縱民輸販爲便。」詔尚書省行之。

元史食貨志：京師賑糶之制，至元二十二年始行。其法，於京城南城設鋪各三所，分遣官吏，發海運之糧，減其市直以賑糶焉。凡白米每石減鈔五兩，南粳米減鈔三兩，歲以爲常。成宗元貞元年，以京師米貴，益廣世祖之制，設肆三十所，發糧七萬餘石糶之，白粳米每石中統鈔一十五兩，白米每石一十二兩，糙米每石六兩五錢。二年，減米肆爲一十所，其每年所糶，多至四十餘萬石，少亦不下二十餘萬石。至大元年，增兩城米肆爲一十五所，每肆日糶米一百石。四年，增所糶米價爲中統鈔二十五貫。自是每年所糶，率五十餘萬石。泰定二年，減米價爲二十貫。致和元年，又減爲一十五貫云。賑糶糧之外，復有紅貼糧。紅貼糧者，成宗大德五年始行。初，賑糶糧多爲豪强嗜利之徒用計巧取，弗能周及貧民。於是令有司籍兩京貧乏户口之數，置半印號簿文貼，各書其姓名口數，逐月對貼以給。大口三斗，小口半之。其價視賑糶之直，三分常減其一，與賑糶並行。每年撥米總二十萬四千九百餘石，閏月不與焉。其愛民之仁，于此亦可見矣。

廣治平略：周忱巡撫直隸，初至蘇、松，屬大饑，穀貴。忱廉得江浙、湖廣大稔，令人橐金至其地，故抑其直勿糴，且給言「吴中米價高甚」，用是三省大賈載米數百艘來集。忱乃下令盡發官廪貸民，半收其直，城中米價驟減。各賈懷觀望，只得賤糶。忱復椎牛釃酒謝之，各賈悉大歡而去。米價既平，乃復官糴以實廪。此巧行其平糴者也。

杭州府志：正統六年二月，巡按浙江監察御史康榮奏：「杭州府地狹人稠，浮食者多仰給蘇、松諸府。今彼地水旱相仍，穀米不至，杭州遂困。又湖州府比因歲凶，米亦甚貴。竊計二府官廪尚有二十年之積，恐年久紅腐，請發三十五萬糴于民間，令依時值償納，則朝廷不費而民受其惠矣。」從之。

朱子奏救荒畫一事件狀：一檢準常平免役令，諸興修農田水利而募被災饑流民充役者，其工直糧食，以常平錢穀給。臣契勘本路水利，極有廢壞去處，亦有全未興創去處，欲俟將來給到錢物，即令逐州計度合興修處，雇募作役，既濟饑民，又成永久之利，實爲兩便。

奏救荒事宜畫一狀：一臣昨所奏逐項事理，並蒙開允。獨有依準舊制，募饑民修水利一事，未蒙施行。臣竊見連年災旱，國家不忍坐視夫民之死，大發倉廩以拯救之，其費以巨億計。蓋其賑給者固不復收，其賑糶者雖曰得錢，而所折閲亦不勝計。仁聖之心於此固無所吝，然饑民百萬安坐飽食，而於公私無毫髮之補，則議者亦深惜之。故臣嘗竊仰稽令甲，私計以爲若微於數外有所增加，以爲募民興役之資，則救災興利一舉而兩得之，其與見行糶給之法，利害之算相去甚遠。故不自揆，既以奏聞，而輒下諸州，委是通判，詢究水利合興復處，以俟報可。至於近日巡歷，又得親見所至原野極目蕭條，唯是有陂塘處，則其苗之蔚茂秀實，無以異於豐歲。於是竊嘆，益知水利之不可不脩。自謂若得奉承明詔，悉力經營，令逐村逐保各有陂塘之利，如此則民間永無流離餓莩之患，而國家亦永無蠲減糶濟之費矣。

不謂言語疎略，未蒙鑒照。敢竭其愚，重以爲請。伏望聖慈深察上件事理，許臣前項所請百七十萬貫者，而令於内量撥什三，候諸州通判申到合興修水利去處，即與審實應副。其合糶給人有應募者，即令繳納糶給由歷，就雇入役，俟畢工日糶給如舊，則所損不至甚多，而可以成永久之利，絶凶年之憂，費短利長，未爲失策。候聖旨。　簽黄：臣又竊恐興修水利所費太多，難以支給，即乞且令貸與食利人户雇工興役，却候將來豐熟年分，紐計米數量分料次，赴官送納樁管，在官尤爲利便。伏候聖旨。

宋史寧宗本紀：嘉定二年十一月，詔浙西監司募饑民修水利。

蕙田案：興工代賑之法，起於後代。然周宣王之集流民，則云「百堵皆作」；臧文仲之述旱備，則云「修城郭」，夫非古人已行之事乎？且聚數千百饑人仰首而待食于上，而於縣官無絲髮之補，詎若使之自食其力。巧者效其技，强者效其勤，於小民既覺得所，於公家亦爲有益，尤一舉而兩得也。宋時又有募饑民爲兵之法，亦是量其才力俾得就食于官，與此同意。

觀承案：興工代賑，官民俱利，此法誠善，他若增價來米及饑民爲兵，亦可參用。蓋米多則價自平，爲兵則盜自弭，惟在司牧者權其情勢輕重而兼行之可也。

蕙田案：以上以工代賑。

金史章宗本紀：明昌三年六月，諭户部：「可預給百官冬季俸，令就倉以時直糴與貧民，秋成各以其貲糴之，其所得必多矣，而上下便之。其承應人不願者，聽。」

明會典：成化六年，以京城米價騰貴，將文武官吏俸糧預支三個月。

蕙田案：以上預支俸米。

明史食貨志：弘治五年，户部尚書葉淇言：「蘇、松諸府連歲荒歉，民買漕米，每石銀二兩。而北直隸、山東、河南歲供宣、大二邊糧料，每石亦銀一兩。去歲，蘇州兑運已折五十萬石，每石銀一兩。今請推行于諸府，而稍差其直。災重者，石七錢；稍輕者，石仍一兩。俱解部轉發各邊，抵北直隸三處歲供之數，而收三處本色以輸京倉，則費省而事易集。」從之。自後歲災，輒權宜折銀，以水次倉支運之糧充其數，而折價以六七錢爲率，無復至一兩者。

蕙田案：明會典成化十九年，鳳陽等府被災，秋糧減免三分，其餘七分，除存留外，起運者照江南折銀則例，每石徵銀二錢五分。是折銀之例，不始于孝宗之世。

王圻續通考：神宗二十九年十一月，户部覆直隸巡按何熊祥題蘇、松水災異常，乞將嘉定縣永折漕糧，姑准減折一年，毋分正改，每石折徵銀五錢，以後仍照原題起解。被災十分，江陰一縣；被災九分以上，太倉州、吴江、崑山、武進、江陰、宜興、金壇七縣，本年漕糧俱准折七分，仍徵本色三分。被災八分以上，長洲、吴縣、常熟、華亭、上海、青浦、無錫、丹徒、丹陽九縣，俱准改折五分，仍徵本色五分。其改折之數，不分正改，照例每石折銀五錢，連蓆板耗脚、輕齎在内，每同本色齊徵。其改折項下運軍月糧，亦准扣數免編。及查靖江縣被災雖止七分以上，姑念疲邑，准將該年應解南京光禄寺白糧每石折銀八錢，四門倉糙米每石折銀六錢，與别縣本色一同徵解南京户部。其正徵、帶徵、金花銀兩等項，已經差官守催，速令追完解進，及南京各衛倉米，已經題准改折，毋容别議。奉旨是。

蕙田案：以上改折漕糧。

右散利下

五禮通考卷二百四十九

凶禮四

荒禮

薄征

周禮地官大司徒：二曰薄征。注：鄭司農云：薄征，輕租税也。

高氏愈曰：散利，發已藏之公帑。薄征，減未輸之民租。宋制，諸州歲歉，凡賦租未入、入未滿者，或縱不取，或寡取之，或倚閣以需豐年，鬻牛者免算，運米舟車除沿路力勝錢，皆周官所謂「薄征」之意也。

大荒，則令邦國薄征。

周書孝閔帝本紀：元年三月，詔曰：「浙州去歲不登，厥民饑饉，其當州租輸未畢者，悉宜免之。」

隋書文帝本紀：開皇六年八月，關内七州旱，免其賦税。

通典：唐武德二年，制：「凡水旱蟲霜爲災，十分損四分以上免租，損六分以上免租調，損七分以上課役俱免。」

唐書太宗本紀：貞觀元年夏，山東旱，免今歲租。

册府元龜：上元二年正月，敕雍、岐、同、華、隴等州給復一年，自餘諸州咸亨年遭旱澇蟲傷損免之家，雖經豐稔，家産未復，宜更免一年租。

舊唐書高宗本紀：永隆二年正月，詔雍、岐、華、同民户宜免兩年地税，河南、河北遭水處一年。

册府元龜：開元三年七月，詔曰：「比者山東邑郡歷年不稔，朕爲之父母，欲安黎庶，恤彼貧弊，拯其流亡。今者風雨咸若，京坻可望，若貸糧地税，庸調正租，一時併徵，必無辦法。河北諸州，宜委州縣長官勘責，灼然不能支濟者，税租且于本州納，不須徵，却待至春中，更别處分。有貸糧迴溥等，亦量事減徵。」

唐書玄宗本紀：開元五年二月，免河南北蝗、水州今歲租。　八年三月，免水旱州逋負。

冊府元龜：開元十二年三月，詔曰：「河南、河北去歲雖熟，百姓之間，頗聞辛苦。今農事方起，蠶作就功，其有貸糧未納者，並停到秋收。」　十三年正月，詔曰：「元率地稅，以置義倉，本防儉年，賑給百姓。　頻年不稔，逋租頗多，言念貧人，將何以濟？自開元十二年閏十二月以前，所有未納懸欠地稅，宜放免。」　十五年四月，詔曰：「河南、河北諸州，去年緣遭水澇，雖頻加賑貸，而恐未小康。　爰自春夏，雨澤以時，兼聞夏苗非常茂好，既即收穫，不慮少糧。　然以產業初營，儲積未贍，若非寬惠，不免艱辛。　其貸糧麥種穀子迴轉變造諸色欠負等，並放候豐年，以漸徵納。　蠶麥事畢，及至秋收後，並委刺史縣令專勾當，各令貯積，勿使妄有費用。」　二十年九月，河南道宋、滑、兗、鄆等州大水，傷禾稼，特放今年地稅。　二十二年十一月，敕曰：「如聞京畿及關輔有損田，百姓等屬頻年不稔，久乏糧儲，雖今歲薄收，未免辛苦，宜從蠲省，勿用虛弊。　至如州縣不急之務，差科徭役，并積年欠負等，一切並停。　其今年租入等已下，特宜放免。　地稅受田一頃已下者，亦宜放免。」

大曆四年十一月，詔曰：「比屬秋霖，頗傷苗稼，百姓種麥，其數非多。如聞村閭不免流散。其大曆五年夏麥所税，特宜與減常年税。」乙亥，敕曰：「淮南數州獨罹災患，秋夏無雨，田萊卒荒，閭閻艱食，百價皆振。其淮上今年租庸、地税、旨支米等，宜三分放二分。」十二年十一月，詔曰：「巴南諸州頻歲仍儉，户口凋耗。其巴、蓬、渠、集、壁、克、通、開等州，宜放二年租庸，及諸色徵科，亦宜蠲免。」

文苑英華：貞元八年十二月，敕：「頃以諸道水災，遣使宣慰。其州府水損田苗及五六分者，今年税米及諸色官田租子並減放一半，損七分以上一切全放。」

舊唐書德宗本紀：貞元十二年十月，詔以京畿旱，放租税。

册府元龜：貞元十四年正月，詔曰：「累經水旱，或有流庸，積成逋懸，寖以凋瘵。其諸道州府應欠負貞元八年、九年、十年兩税及榷酒錢，總五百六十萬七千餘貫，在百姓腹内，一切並免。如已徵得在官者，宜令所司具條疏聞奏。」輿議以所欠錢物等多是浮于編甿腹中，各已逃移，年月且久，縱令所司徵納，亦無從而致。雖有此詔，亦無益于百姓矣。

蕙田案：歷年之宿逋，蠲之固無益于民，不蠲亦無可斂之理。然使留此數百千萬之逋額不爲除豁，有司亟于催科，民間詎無擾累？是宿逋之除，亦未可謂之全無益也。

唐書權德輿傳：貞元十九年，大旱。德輿因是上陳闕政曰：「臣聞銷天災者修政術，感人心者流惠澤，和氣洽則祥應至矣。畿甸之内，大率赤地而無所望，轉徙之人斃踣道路，慮種麥時，種不得下。宜詔在所裁留經用，以種貸民。今兹租賦及宿逋遠貸，一切蠲除。設不蠲除，亦無可斂之理，不如先事圖之，則恩歸于上矣。十四年夏旱，吏趣常賦，至縣令爲民毆辱者，不可不察。」帝頗采用之。

册府元龜：貞元二十年二月，詔曰：「去夏迄秋，頗愆時雨。京畿諸縣，稼穡不登。今宿麥未收，其逋租、宿貸六十五萬貫石，宜蠲除之。」

元和二年正月，制：「淮南、江南去年以來，水旱疾疫，其租税節級蠲放。」二月，制：「以浙江西道水旱相仍，蠲放去年兩税上供三十四萬餘貫。」四年正月，制曰：「近者江淮之間水旱作沴。其元和三年諸道應遭水旱所損州府應合放兩税錢米等，損四分已下，宜准式處分；四分已上者，並准元和元年六月十八日敕文放免。」六年二月，敕：「泗州二年水旱，所損不虚，其欠元和五年錢米，宜並放免。」閏十二月，敕：

「畿内百姓，頃以秋稼旱損，農收不登。言念疲黎，每務矜恤。乃者詔命既下，各已加恩。如聞村閭之間尚慮乏食，其粟及大豆，除已徵納外，見在百姓腹内者，宜令全放；青苗錢欠在百姓腹内者，量放一半。」

文苑英華：元和七年，敕：「比者田穀致損，芻藁隨之。今已過時，益難濟辦。其并職田草共一百一十五萬束，並宜放免。又有常賦錢穀，蠲放之餘，貧弊者多慮難輸入。其京兆府欠去年兩税、青苗等錢二萬一千八百貫，欠秋租雜斛斗及職田粟五萬三千三百石，並宜放免。元和六年春振貸京畿百姓義倉粟二十四萬石，亦宜放免。」

舊唐書憲宗本紀：元和九年二月，詔以歲饑，放關内元和八年以前逋租錢粟。五月，以旱，免京畿夏税十三萬石、青苗錢五萬貫。

册府元龜：元和十一年四月，制曰：「頃自春及夏，時澤未降。其京畿百姓所有積欠元和九年、十年兩税及青苗，并折糴、折納斛㪷及税草等，除在官典所由腹内者，並宜放免。」

穆宗以元和十五年正月即位。六月，京兆府上言：「興平、醴泉縣雹傷夏苗，請免其租入。」九月，宋州奏：「雨水敗田稼六千頃，請免今年租入。」並從之。

太和三年十一月，京兆上言：「奉先等八縣旱雹損田稼二千三百四十頃。」有詔蠲免。　四年七月，許州上言：「去年六月二十一日被水。」有詔應遭水損百姓等，宜量放今年租子。　十月，詔潤、和兩州應水漂溺人户處，宜委本道仔細檢勘，全放今年秋税錢米。　其浙西、浙東、宣歙、鄂岳、江西、鄜坊、山南東道，並委所在長吏，據淹損田苗、漂壞廬舍及蟲螟所損，節級矜減，指實奏聞。　其京兆、河南府所損縣，即據頃畝依常例檢覈，分數蠲減。　五年十月，京兆府、同官、奉先、渭南縣今年夏風雹大雨，害田稼，至是請蠲免其租。　可之。　八年九月，詔江淮、浙西等道，仍歲水潦，其田苗全損處，全放其年青苗錢，餘亦量議蠲減。

開成元年正月，詔河中、同州、絳州去年旱歉，賦斂不登，宜特放免開成元年夏青苗錢。

舊唐書文宗本紀：開成二年三月，詔諸州遭水旱處並蠲租税。　三年正月，詔去秋蝗蟲害稼處放逋賦。

唐書宣宗本紀：大中四年四月，以雨霖，詔蠲度支、鹽鐵、户部逋負。

文苑英華：大中九年七月十三日，詔：「應揚、潤、廬、壽、滁、和、宣、楚、濠、泗、光、宿等州，其間或貞元以來舊欠逃移後闕額錢物，均攤見在人户，頻年災荒，無可徵納，宜特放三年，待稍完復却，即令依舊。或逋懸錢物斛斗數内，先已放免，度支却徵收者，宜委本司細詳元敕磨勘，如合放免，不得追徵。或先因水旱賑貸，欠常平、義倉斛斗，若終不可徵收，亦宜放免。或今年合徵兩税錢物，量百姓疾疫處，各委逐州準分數于上供留州留使三色錢内均攤放免。或收管諸色逋懸錢物等，年月深遠，但掛簿書，空務追徵，益生勞擾，宜委有司速勘會，了絶蠲放，不得留爲應在，以資奸蠹之徒。其濠、泗、宿三州，大中六年以前所在逋懸，亦宜放免。」

舊唐書懿宗本紀：咸通二年二月，鄭滑節度使李福奏：「屬郡潁州去年夏大雨，沈丘、汝陰、潁上等縣田稼、屋宇淹没皆盡，乞蠲租賦。」從之。

唐書僖宗本紀：咸通十四年十二月，免水旱州縣租賦。

册府元龜：後唐同光元年十月，詔：「應天下諸道水旱災沴之鄉，苗稼不登，征賦宜減。應今年經雹旱所損田苗處，檢覆不虚，據畝壠蠲免。」二年二月，詔：「諸道州縣有經雹水旱之處，所損田苗，納税不迨懸欠處，仰仔細檢詳，如不虚妄，特與蠲放。」十一月，中書奏：「天下州府，今秋多有水潦處，百姓所輸秋税，請特減，以慰貧民。」

敕：「俟來年蠲免。」　四年正月，制：「應同光三年經水災處，有不迨及逃移人户差科、夏秋兩税及諸折配，委官吏切皆點檢，並與放免。」

天成二年十月，詔：「今歲岐、華、登、萊自夏稍旱，其所損田苗，宜令簡行，詣實申奏，與蠲減税租，仍不得輒有差徭科配。」

長興四年九月，敕曰：「據河中、同、華、耀、陝、青、齊、淄、絳、萊等州各申災旱損田處，已令本道判官檢行，不取額定頃畝。如保内人户逃移，不得均攤抵納本户租税。其税子如闕本色，許納諸雜斛㪷。蔔黍元每斗折粟八升，今許納本色稗子，特與免税。前件遭旱州府，據檢到見苗，仍恐輸管不迨，今秪徵一半税物，仍許于便近州府送納，其餘一半放至來年。其逃移户田産，仰村鄰看守，不得殘毁。」

清泰元年七月，詔曰：「省三司使奏，自長興元年至四年十二月已前，諸道及户部營田逋租三十八萬八千六百七十二端、匹、束、貫、斤、量，或頻經水旱，或併值轉輸，悉至困窮，甕成逋欠，加以連年災沴，比户流亡，殘租空係于簿書，計數莫資于經費。蓋州縣不公之吏，鄉吏無識之夫，乘便欺官，多端隱税，三司使患其僥倖，便欲推尋。朕閔彼蒸黎，慮成淹滯，示體物憂民之旨，徵滌瑕盪垢之文，特議含容，且期均濟。應自長興四年已前三京諸道及營田委三司使各下諸州、府、縣，除已納外並放。」

後晉天福二年四月，詔：「昨行至鄭州滎陽縣界，路旁見有蟲食及旱損桑麥處，委所司差人檢覆，量與蠲免租税。」五月，敕：「雒京魏府管内所有旱損夏苗縣分，特于五分中減放一分苗子，其餘四分仍許將諸色斛㪷，依倉式例與折納。」三年八月，敕：「河南、同州、絳州三處逃移人户下所欠累年殘税，并今年夏税差科及麥苗子、沿徵諸色錢物等，並放。其逃户下秋苗，據見檢到數，不計是元額及出剩頃畝，並放一半。」十月，敕：「蒲、同、晉、絳、滑、漢、魏府、鎮、定州等，或經亢旱，或屬兵戈，逃移人户等，應逐户所欠今年已前諸雜税物，並特除放。」

五代史晉高祖本紀：天福六年三月，除民二年至四年以前税。

册府元龜：天福六年八月，制曰：「歲因災沴，民用艱辛，久係逋懸，宜示蠲免。應欠天福五年終已前夏秋租税，并沿徵諸物及營田租課，並與除放。應沿路有旁道稍損却田苗處，其令納苗子及沿徵錢物等，據畝數並與除放。」

少帝天福七年七月即位，赦制：「蟲蝗作沴，苗稼重傷。特示矜蠲，俾令蘇息。應諸道州府經蝗蟲傷食苗稼者，並據所損頃畝與蠲放賦税。」八年，敕：「諸州應欠天福七年夏税，並與除放。秋税一半，其餘一半，候到蠶麥納。逃户與放一半差徭，却令歸業。」

馬氏端臨曰：漢以來始有蠲貸之事。其所蠲貸者有二：田賦，一也；逋債，二也。何三代之時獨不聞有所蠲貸耶？蓋三代之所以取民，田賦而已，貢、助、徹之法雖不離乎什一，然往往隨時隨地爲之權衡，未嘗立爲一定不易之制。故禹貢九州之地，如人功多則田下而賦上，人功少則田上而賦下。兖州之地，蓋十有三載而後可同于他州，又有雜出于數等之間，如下上、上錯、下中三錯之類，可見其未嘗立爲定法。孟子曰：「治地莫善于助，莫不善于貢。」亦病其較數歲之中以爲常。然則數歲之外，亦未嘗不變易，非如後世立經常之定額。其登于賦額者，遂升合不可懸欠也。蓋其所謂田賦者，既隨時斟酌而取之，則自不令其輸納不敷而至于逋懸。既無逋懸，則何有于蠲貸？而當時之民，亦好義以急其上〔一〕，所謂「雨我公田，遂及我私」，私田稼不善則非吏，公田稼不善則非農，則又不至如後世徇私忘公，而徼幸其我蠲。至于田賦之外，則又未嘗他取于民，雖有「春省耕補不足，秋省斂助不給」之制，然未聞責其償也。春秋時，始有施舍已責之説，家量貸而公量收之説。秦、漢而下，賦税之額始定，而民不敢逋額内之租，征斂之名始多，而官復有税外之取。夫如是，故上之人不容不視時之豐歉、民之貧富

〔一〕「好」、「急」，文獻通考卷二七作「秉」、「事」。

而時有蠲貸之令，亦其勢然也。繇唐以來，取民之制愈重，其法愈繁，故蠲貸之令愈多，或以水旱，或以亂離。改易朝代，則有所蠲；恢拓土宇，則有所蠲；甚至三歲郊祀之赦，亦必有所蠲，以爲常典。蓋征斂之法本苛，逋欠之數日多，故蠲貸之令不容不密，而桀黠頑獷之徒，至有故逋常賦以待蠲而以爲得策，則上下胥失之矣。

宋史食貨志：諸州歲歉，賦租之未入、入未備者，或縱不取，或寡取之，或倚閣以須豐年。寬逋負，休力役，賦入之有支移、折變者省之，應給蠶鹽若和糴及科率追呼不急、妨農者罷之。

太祖本紀：乾德二年四月，免諸道今年夏税之無苗者。　四年七月，華州旱，免今年租。　五年七月，免水旱災户今年租。

開寶元年六月，詔民田爲霖雨、河水壞者，免今年夏税。　五年六月，詔沿河民田有爲水害者，有司具聞，除租。　七年十一月，秦、晉旱，免蒲、陜、晉、絳、同、解六州逋賦，關西諸州免其半。

太宗本紀：雍熙元年三月，蠲水所及州縣今年租。

其租。

淳化元年六月〔一〕，開封、陳留、封丘、酸棗、鄢陵旱，賜今年田租之半，開封特給復一年。八月，京兆長安八縣旱，賜今年租十之六。十月，以乾、鄭二州、河南壽安等十四縣旱，州蠲今年租十之四，縣蠲其税。四年十月，遣使按行畿縣民田，被水者蠲其租。五年九月，遣使分往宋、亳、陳、潁等州按行民田，被水及種蒔不及者並蠲其租。

真宗本紀：咸平元年六月，以旱，免開封二十五州軍田租。是歲，定州雹傷稼，除今年租。

文獻通考：咸平元年，判三司催欠司王欽若上言：「諸路所督逋負并十保人償納未盡者，請令保明聞奏，均在吏屬科理者，請蠲放之。」詔可。自是，每有大赦，必令臺省官與三司同詳定逋負，引對蠲放。

真宗本紀：咸平四年六月，詔東川民田先爲江水所害者，除其租。

大中祥符二年七月，蠲京東徐、濟七州水災田租。四年七月，詔先蠲濱、棣州

〔一〕「六月」，諸本作「七月」，據宋史太宗本紀改。

水災田租十之三，今所輸七分，更除其半。　七年八月，除江、淮、兩浙被災民租。

九年，諸州有隕霜害稼及水災者，除其租。

天禧四年十月，減水災州縣秋租。　五年三月，京東、西水災，賜民租十之五。

十月，蠲京東西、淮、浙被災民租。

乾興元年正月，蠲秀州水災民租。

仁宗本紀：天聖元年七月，詔：「職田遇水旱，蠲租如例。」　三年八月，蠲陝西州軍旱災租賦。　十一月，以襄州水，蠲民租。　四年六月，畿内、京東西、淮南、河北被水民田，蠲其租。　五年十一月，以陝西旱蝗，減其民租賦。　六年八月，詔免河北水災州軍秋税。　七年四月，免河北被水民租賦。

明道二年〔一〕，畿内、京東西、河北、河東、陝西蝗，淮東、江東、兩川饑，除民租。

景祐元年三月，免諸路災傷州軍今年夏税。　六月，免畿内被災民税之半。

荒政考略：景祐元年，京東大旱，民多饑殍。　有司以徵賦不完，上其數于朝，仁

〔一〕「二年」，原作「元年」，據光緒本、宋史仁宗本紀改。

宗諭曰：「江南歲饑，貸民種粟數千萬斛，且屢經停閣，而轉運督責不已，民貧不能自償。昨遣使安撫，始以事聞，不爾何由上達？其悉蠲之。」又蠲三千三百一十六萬。然有司或務聚斂，不即寬除，朝廷知其弊，下詔戒飭。

皇祐元年六月，蠲河北復業民租賦。二年閏十一月，河北水，詔蠲民租。四年，河北路及鄜州水，蠲河北民積年逋負、鄜州民税役。

至和二年三月，以旱除畿内民逋芻及去年秋逋税。

嘉祐元年正月，蠲被災田租。六月，免畿内、京東西、河北被水民賦租。六年七月，詔淮南、江、浙水災，差官體量蠲税。

神宗本紀：熙寧二年四月，免河北歸業流民夏税。三年八月，以衛州旱，蠲租賦。是歲，河北、陝西旱饑，除民租。四年五月，詔恩、冀等州災傷，蠲其税。十年九月，詔河決州縣蠲其税。

元豐元年八月，詔河北被水者蠲其租。四年八月，詔蠲河北東路災傷州軍今年夏料役錢。七年，河北水，壞洺州廬舍，蠲其税。

哲宗本紀：元祐元年四月，詔諸路旱傷，蠲其租。

紹聖元年三月，詔振京東、河北流民，蠲是年租稅。

高宗本紀：建炎二年七月，以春霖夏旱蝗，詔災甚者蠲田賦。紹興六年三月，蠲旱傷州縣民積欠錢帛租稅，寬四川災傷州縣户帖錢之半。七年閏十月，蠲江東路月樁錢萬緡。十三年七月，蠲浙西貧民逋負丁鹽錢。十八年十二月，蠲被災下户積欠租稅。二十三年七月，寬理平江府、湖秀二州被水民夏稅。九月，潼川被水州縣，蠲其賦。二十四年十月，蠲旱傷州縣租賦。二十七年十月，詔四川諸司察旱傷州縣，蠲其稅。二十八年八月，檢放風水災傷州縣苗稅。九月，蠲平江、紹興、湖州被水民逋賦。

文獻通考：紹興二十八年，三省言：「平江、紹興府、湖、秀州被水，欲除下户積欠，擬令户部開具有無侵損歲計。」上曰：「不須如此，止令具數，便於内庫撥還。朕平時不妄費，内庫所積，正欲備水旱。本是民間錢，却爲民間用，何所惜！」乃詔平江等處應日前積欠税賦並蠲之。

宋史高宗本紀：紹興二十九年正月，蠲沙田蘆場爲風水所侵者租之半。三月，除湖州、平江、紹興流民公私逋負。九月，蠲江、浙蝗潦州縣租。

食貨志：紹興二十九年，上謂輔臣曰：「輕徭薄賦，所以息盜。歲之水旱，所不能免，儻不寬恤而惟務科督，豈使民不爲盜之意哉？」於是詔諸路州縣，紹興二十七年以前積欠官錢三百九十七萬餘緡及四等以下户官欠〔一〕，悉除之。九月，詔：「兩浙、江東西水，浙東、江東西螟，其租税盡蠲之。」自是水旱、經兵時有蠲減，不盡書也。

宋史孝宗本紀：隆興元年，以兩浙大水、旱、蝗，江東大水，悉蠲其租。二年二月，蠲秀州貧民逋租。

乾道元年二月，蠲兩浙災傷州縣身丁錢絹〔二〕。

施師點傳：師點爲臨安府教授。乾道元年，陳康伯薦，賜對，言：「歷年屢下詔恤民，而惠未加浹。陛下軫念，惟恐一夫失所；郡邑搜求，惟恐財賦不集。毋惑乎日降絲綸，恩不霑被。細民困於倍輸，重以歲惡，室且垂罄，租不如期，積多逋負。今明堂肆赦，户自四等以下，逋自四年以前，願悉除免。」上曰：「非卿不聞此言。」詔

〔一〕「户」，諸本脱，據宋史食貨志上二補。

〔二〕「兩浙」，諸本作「兩淮」，據宋史孝宗本紀改。

從之。

四年五月，以邛州安仁縣荒旱，失于蠲放，致饑民擾亂，守貳、縣令降罷追停有差。　九年二月，蠲江西旱傷五州逋負米。

王圻續通考：淳熙元年，辛執進呈檢放過乾道九年災傷停閣錢物，浙東路自淳熙元年爲始作三年帶納，江東路候豐熟作兩年帶納，江西路即不曾據州軍報到災傷數。上曰：「既是災傷，若與停閣，税賦亦無從出，可並與蠲免。如有已納數目，與理充一年合輸之數。」是年，詔江西、湖南路累經災傷，所有上供米斛逐年已行減放外，今年雖無豐熟，尚慮民力未甦，所有第四、第五等人户合給淳熙元年秋苗，特與蠲放一半。如州縣輒敢違戾拘催，許人户越訴，及不得縱容吏人作弊，將第三等以下人户減免，令監司覺察按劾聞奏。

二年，辛執進呈江西、湖南昨得旨，以頻年旱傷，第四等、第五等人户合納秋苗特蠲一半，切恐諸郡支遣不足，緣此敷擾及民。上曰：「此是特恩，又所爭止七八十萬斛，可並於上供數内除豁，仍禁戢不得輒有敷擾，許人户越訴，將違戾官吏重治施行。」

宋史孝宗本紀：淳熙三年正月，以常州旱，寬其逋負之半。七年正月，蠲淮東民貸常平錢米。五月，袁州分宜縣大水，蠲其税。

文獻通考：淳熙七年，池州言：「檢放旱苗米四萬五千餘石，其經總制錢二萬六千餘貫，係於苗上收趁，無所從出。」詔蠲之。浙東提舉朱熹言：「去年水旱相繼，朝廷命檢放秋苗，蠲閣夏税。緣起催在前，善良畏事者多已輸納，其得減放者，皆頑猾人户。事件不均，望詔將去年剩納數目理作八年蠲豁。」詔户部詳看。

蕙田案：災歉之歲，蠲閣税賦，爲惠宜均，而或起催在前，蠲放在後，則良民之急公者多已全完，惟頑猾之户獨霑其惠。況未徵之額，必不如已徵之多，所謂寬免者僅什之一二耳。而官吏之不肖者，黄封未下，白紙亟催，乘間以恣其漁蠹者，其弊尤難究詰也。朱子提舉浙東日，建議請以去年剩納之數理作明年蠲豁之數，如此則百姓之被澤不致偏枯，而官吏亦無由滋弊，真可爲後世法矣。考之續通考所載，則淳熙元年先已行之，非朱子之刱議也。

宋史孝宗本紀：淳熙八年六月，除淳熙七年諸路旱傷檢放米一百三十七萬石、錢二千六萬緡。八月，詔紹興府諸縣夏税、和市、折帛、身丁錢絹之類，不以名色，截日寧宗本紀：慶元元年九月，蠲臨安府水災貧民賦，台、巖、湖三州被災民丁絹。

三年九月，以四川旱，詔蠲民賦。

嘉泰四年七月，蠲兩浙闕雨州縣逋租。

開禧二年七月，罷旱傷州軍比較租賦一年。

嘉定元年閏四月，蠲兩浙闕雨州縣貧民逋賦。　三年三月，蠲荒歉諸州民間逋負。

王圻續通考：嘉定七年，江東轉運副使真德秀奏乞停閣夏税蠲放秋苗疏曰：「臣聞乾德二年四月詔曰：『自春徂夏，時雨尚愆，深恐黎民失於播殖，所宜優卹，俾獲蘇安。一應諸道所催今年夏租，委所在官吏檢視民田，無見苗者上聞，並與除放。』紹興二十八年八月二日，詔令諸路轉運疾速行下州縣，開具實被災傷頃畝數目及合放分數以聞。仰惟太祖皇帝開造我朝配天之業，高宗皇帝中興萬世無疆之基，二聖一心，皆以保全民命爲本，故於災傷之歲切切如此。夫以四月而蠲夏税，以八月而檢秋苗，自常情觀之，毋乃太早，蓋救災卹患，當於民未甚病之時。若待其飢莩流離，然後加惠，則所全寡矣。爲民父母，忍使至斯！兩朝詔書可爲大法。

今臣所陳三事，如蒙聖慈降出三省，早賜施行，其於公私，皆有便利。一則征斂既寬，逃亡必少，所在田畝不至拋荒，公家租賦亦免失陷；二則農人肯行播種，自救其饑，不致大段缺食，全仰官司糶濟；三則窮窶之民粗有生理，何苦輕捐其身而爲盜賊？未萌之禍，銷弭尤多。」

八年七月，蠲臨安、紹興府貧民夏稅。　九年九月，詔兩浙、江東監司覈州縣被水最甚者，蠲其租。

理宗本紀：紹定二年十月，詔台州水災，除民田租及茶、鹽、酒酤諸雜税，郡縣抑納者，監司察之。

淳祐十年九月，以嚴州水，復民田租。　十二年六月，嚴、衢、婺、台、處、上饒、建寧、南劍、邵武大水，除今年田租。

寶祐二年九月，詔：山陰、蕭山、諸暨、會稽四縣水，其除今年田租。

度宗本紀：咸淳六年閏十月，安吉州水，免公田租四萬四千八十石。　十一月，嘉興、華亭兩縣水，免公田租五萬一千石，民田租四千八百一十石。

蕙田案：景定中，賈似道用陳堯道、曹孝慶等之議，買民田爲公田。公田之租十倍于民田，而民之困弊極矣。觀咸淳免租之詔，民田止四千餘石，而公田乃五萬一千石，厚斂如是，國安得不亡乎？

七年正月，紹興府諸暨縣湖田水，免租三千二百石有奇。八年十月，以秋雨水溢，詔減錢塘、仁和兩縣民田租什二，會稽湖田租什三，諸暨湖田租盡除之。九年十二月，沿江制置使所轄四郡夏秋旱潦，免屯田租二十五萬石。十年正月，江東沙圩租米，以咸淳九年水災，詔減什四三。

瀛國公本紀：咸淳十年九月，免被水州縣今年田租。十二月，詔淮西四郡水旱，去年屯田未輸之租，其勿徵。

遼史穆宗本紀：應曆三年十一月，以南京水，詔免今歲租。

聖宗本紀：統和十二年二月，免南京被水户租賦。十五年正月，免流民税。三月，免南京逋税及義倉粟。

興宗本紀：重熙十二年十一月，以上京歲儉，復其民租税。

道宗本紀：咸雍四年十月，永清、武清、安次、固安、新城、歸義、容城諸縣水，復一歲租。七年十一月，免南京流民租。八年二月，歲飢，免武安州税。

太康元年九月，以南京饑，免租稅一年。　二年二月，南京路饑，免租稅一年。九月，以南京蝗，免明年租稅。　六年十二月，免西京流民租賦一年。

大安三年正月，南京貧民復其租賦。　三月，免錦州貧民租一年，免上京貧民租如錦州。　四年正月，免上京逋逃及貧户租賦。

壽隆六年十月，以平州饑，復其租賦一年。

金史太宗本紀：天會元年十二月，詔以咸州以南，蘇、復州以北，年穀不登，其應輸南京軍糧免之。　二年正月，以東京比歲不登，詔減田租、市租之半。

食貨志：大定三年，以歲歉，詔免二年租稅。　六年，以河北、山東水，免其租。

世宗本紀：大定九年二月，以中都等路水，免稅。　又以曹、單二州被水尤甚，給復一年。　十二年正月，以水旱，免中都、西京、南京、河北、河東、山西、陜西去年租稅。　十四年二月，詔免去年被水、旱百姓租稅。　十六年正月，詔免去年被旱、蝗租稅。　十七年三月，詔免河北、山東等路去年被旱、蝗租稅。　十八年正月，免中都、河北、河東、山東、河南、陜西等路前年被災租稅。　十九年二月，免去年被水、旱民田租稅。

食貨志：大定十九年秋，中都、西京、河北、山東、河東、陝西以水、旱傷民田十三萬七千七百餘頃，詔蠲其租。二十一年六月，上謂省臣曰：「近者大興府平、灤、薊、通、順等州，經水災之地，免今年租稅；不罹水災者，姑停夏稅，俟稔歲徵之。」九月，以中都水災，免租。

世宗本紀：大定二十六年四月，尚書省奏：「年前以諸路水旱，于軍民地土二十一萬餘頃内，擬免稅四十九萬餘石。」從之。詔曰：「今之稅，考古行之，但遇災傷，常加蠲免。」二十七年六月，免中都、河北等路嘗被河決水災軍民租稅。十一月，詔：「河水泛溢，農夫被災者，與免差稅一年。」

章宗本紀：明昌三年六月，有司言：「河州災傷，民乏食，而租稅有未輸。」詔免之。九月，諭尚書省，去歲山東、河北被災傷處，所閣租稅及借貸錢粟，若便徵之，恐貧民未蘇，俟豐收日以分數察徵可也。

泰和四年四月，免旱災州縣徭役及今年夏稅。

食貨志：興定四年〔二〕，御史中丞完顏伯嘉奏：「亳州大水，計當免租三十萬石，而三司官不以實報，止免十萬而已。」詔命治三司官虚妄之罪。七月，以河南大水，下詔免租。三年，令逃户復業者但輸本租，餘苦役一切皆免。能代耕者，免如復户。有司失信擅科者，以違制論。

宣宗本紀：興定四年八月，上諭宰臣：「河南水災，唐、鄧尤甚。其被災州縣，已除其租。餘順成之方，止責正供，和糴、雜徵並免。仍自今歲九月始，停周歲桑皮故紙折輸。流民佃荒田者如上優免。」

元史食貨志：蠲免，有以恩免者，有以災免者。災免之制，世祖中統元年，以各處被災，驗實減免科差。三年，以鑾寇攻掠，免三叉沽竈户一百六十五户其年絲料、包銀。四年，以秋旱霜災，減大名等路税糧。至元三年，以東平等處蠶災，減其絲料。五年，以益都等路禾損，蠲其差税。六年，以濟南、益都、懷孟、德州、淄萊、博州、曹州、真定、順德、河間、濟州、東平、恩州、南京等處桑蠶災傷，量免絲料。十九年，減京

〔二〕「四年」，諸本作「二年」，據金史食貨志二改。

縶于桁楊。藉當宁之曠恩，爲潤篋之便計，乃其姓名猶有不入撫按之白簡者，何其貪而不黜乎？故苛政之察宜密也。民草食不充，而大吏猶華軒輶，使至餽送充斥，供張豐腆，此非民膏，何以給之？故官守之自奉宜薄也，兹善行其蠲之三策也。」

蕙田案：薄征之政，以後代所行言之，大約有三端：曰蠲，曰減，曰緩。大災當議蠲，偏災當議減，災輕當議緩。蠲免之詔，宜速不宜遲。減放之數，宜多不宜少。停閣之後，宜帶徵不宜併徵。周官薄征，其要不外是矣。

右薄征

緩刑

周禮地官大司徒：三曰緩刑。疏：謂凶年犯刑，緩縱之。

鄭氏鍔曰：凶荒則犯禁多，憫而不刑，則犯者益衆。嚴以示禁，則饑民之犯，或出於不得已，姑緩之可也。

高氏愈曰：緩刑者，因歲凶民易犯法而寬之也。民迫于饑寒，不幸而有過失，當緩其刑辟，以示哀矜之意。

大荒，則令邦國緩刑。

秋官士師：若邦凶荒，則以荒辯之法治之。注：鄭司農云：「辯，讀爲『别』。救荒之政十有二〔一〕，而士師别受其教條，是爲荒别之法。」玄謂：「辯，當爲『貶』，聲之誤也。遭饑荒，則刑罰、國事有所貶損，作權時法也。朝士職曰：『若邦凶荒、札喪，則令邦國、都家、縣鄙慮刑貶〔二〕。』」

蕙田案：士師荒辯之法，即朝士所謂慮刑貶也。朝士定其議，士師治其法。

令緩刑。注：緩刑，紓民心也。

王氏昭禹曰：刑雖不可去，亦緩之而不急。

朝士：若邦凶荒、札喪、寇戎之故，則令邦國、都家、縣鄙慮刑貶。注：故書「慮」爲「憲」，「貶」爲「窆」。杜子春云：「『窆』當爲『禁』，憲謂幡書以明之。」玄謂〔三〕：慮，謀也。貶，猶減也。謂當圖謀緩刑，且減國用，爲民困也，所貶視時爲多少之法。

劉氏迎曰：刑之貶而以朝士慮之者，蓋凶荒、札喪、寇戎之際，法不寬減，則民滋不安，而盜賊之

〔一〕「十有二」，原作「十有三」，據味經窩本、乾隆本、光緒本、周禮注疏卷三五改。
〔二〕「國」，原作「家」，據光緒本、周禮注疏卷三五改。
〔三〕「玄」，原脱，據味經窩本、乾隆本、光緒本、周禮注疏卷三五補。

變起，正朝士所當慮，而令邦國、都家、縣鄙議刑貶也。先儒以減用爲慮貶，朝士何與于減用哉？

蕙田案：鄭康成注士師荒辯引此文，所謂貶者，於刑罰之法有所貶損，非減損國用之謂也。此注乃又有減用之解。制國用視年之豐耗，冢宰之職也，與秋官無涉，劉氏駁之甚是。

漢書元帝本紀：永光二年夏六月，詔曰：「間者連年不收，四方咸困。元元之民，勞于耕耘，又亡成功，困于饑饉，亡以相救。朕爲民父母，德不能覆，而有其刑，甚自傷焉。其赦天下。」

後漢書光武帝本紀：建武五年夏四月，旱，蝗。五月丙子，詔曰：「久旱傷麥，秋種未下，朕甚憂之。將殘吏未勝，獄多冤結，元元愁恨，感動天地乎？其令中都官、三輔、郡、國出繫囚，罪非犯殊死，一切弗案，見徒免爲庶人。」

章帝本紀：建初元年正月，詔曰：「比年牛多疾疫，墾田減少，穀價頗貴，人以流亡。方春東作，宜及時務。罪非殊死，須立秋案驗。」五年二月，詔曰：「去秋雨澤不適，今時復旱，其令二千石理冤獄，録輕繫。」

和帝本紀：永元十六年七月，詔曰：「今秋稼方穗而旱，雲雨不霑，疑吏行慘刻，不宣恩澤，妄拘無罪，幽閉良善所致。其一切囚徒于法疑者勿決。」

獻帝本紀：興平元年，三輔大旱，自四月至于七月，遣使者洗囚徒，原輕繫。

晉書武帝本紀：泰始七年五月，雍、涼、秦三州饑，赦其境内殊死以下〔一〕。

哀帝本紀：隆和元年四月，旱，詔出輕繫。

宋書孝武帝本紀：大明七年八月，詔曰：「炎精損和，陽偏不施，歲云不稔，咎實朕由。近道刑獄，當親料省。其王畿内及神州所統，可遣尚書與所在共詳〔二〕；畿外諸州，委之刺史。并詳省律令〔三〕，思存利民。」

後廢帝本紀：元徽元年八月，京師旱，詔尚書令與執法以下就訊衆獄，使冤獄洗遂，困弊昭蘇。

南齊書武帝本紀：建元四年六月，詔曰：「水潦爲患，星緯乖序。京都囚繫，可剋日訊決；諸遠獄，委刺史以時察判。」

〔一〕「以下」，原脱，據光緒本、晉書武帝本紀補。
〔二〕「詳」，諸本作「訊」，據宋書孝武帝本紀改。
〔三〕「詳」，諸本作「議」，據宋書孝武帝本紀改。

魏書孝文帝本紀：太和十一年十一月，詔曰：「歲既不登，民多饑窘，輕繫之囚，宜速決了，無令薄罪久留獄犴。」

宣武帝本紀：延昌元年四月，以旱，詔尚書與群司鞫理獄訟。　二年八月，詔曰：「頃水旱互侵，頻年饑儉，百姓窘敝，多陷罪辜。其殺人、掠賣人、群強盜首，及雖非首而殺傷財主，曾經再犯公斷道路刼奪行人者，依法行決；自餘恕死，徒流以下各準減降。」

孝明帝本紀：熙平元年五月，詔曰：「災旱積辰，苗稼萎悴。尚書可釐恤獄犴，察其淹枉，簡量輕重，隨事以聞。無使一人怨嗟，增傷和氣。」正光元年五月，詔曰：「災旱爲災，八座可推鞫見囚，務申枉濫。」

周書武帝本紀：保定元年七月，詔曰：「亢旱歷時，嘉苗殄悴，豈獄犴失理，刑罰乖中歟？其所在見囚死以下、一歲刑以上，各降本罪一等，百鞭以下悉原免之。」

舊唐書虞世南傳：貞觀八年，山東及江、淮大水，帝憂之，以問世南。對曰：「山東淫雨，江、淮大水，恐有寃獄枉繫，宜省録纍囚，庶幾或當天意。」帝然之。于是遣使申理獄訟，多所原赦。

册府元龜：貞觀十七年三月，以久旱，詔曰：「今州縣獄訟常有寃滯，宜令覆囚使至州縣，科簡刑獄，以申枉屈，務從寬宥。」

總章二年二月，以旱，親慮京城囚徒。其天下見禁囚，委當州長官慮之。

唐書高宗本紀：儀鳳三年四月，以旱，避正殿，慮囚。

册府元龜：神龍二年正月，以旱，親録囚徒，多所原宥。其東都及天下諸州，委所在長官詳慮。

唐書玄宗本紀：開元二年正月，以關内旱，寬繫囚。三年五月，以旱，録京師囚。六年八月，以旱，慮囚。

册府元龜：開元七年七月，親慮囚于宣政殿，事非切害，悉原之。詔天下諸州見繫囚徒，宜令所由長官便慮，有司即此類作條件處分。十六年九月，以久雨，詔兩京及諸州繫囚，應推徒已下罪並宜釋放，死罪及流各減一等。

長慶二年十二月，詔曰：「自冬以來，甚少雨雪，農耕方始，災旱是虞。慮有寃滯，感傷和氣。宜委御史臺、大理寺及府縣長吏自録囚徒，仍速決遣。除身犯罪應支證追呼近繫者，一切並令放出。須辨對者，任其責保，冀得克消沴氣，延致休祥。」四年六月，詔曰：「近者夏麥垂熟，霖雨稍多，雖不甚損傷，亦是陰陽小沴。必慮囚徒之中或有冤濫，宜令御史中丞、刑部侍郎、大理卿同疏理決，遣訖聞奏。其在内諸軍使囚徒，亦委本司疏決聞奏。」

蕙田案：唐以尚書刑部、御史臺、大理寺爲三司，今之三法司也。

太和七年七月，敕曰：「今緣稼穡方滋，旬月少雨，慮其冤滯，或有感傷。宜委左僕射李程及御史大夫鄭覃同就尚書省疏理諸司囚徒，務從寬降，限五日内畢聞奏。其外府州爲有水旱處，委長史速准此處分。」

開成二年七月，詔曰：「秋旱未雨，慮有幽冤，縲禁多時，須議疏決。京師刑獄，宜令右僕射兼門下侍郎平章事鄭覃親往疏理。」

唐書宣宗本紀：大中四年四月，以雨霖，詔京師、關輔理囚。

文苑英華：大中九年七月十三日，詔近者江淮數道水旱疾癘，宜委所在長吏慎恤刑獄，疏決囚徒，必務躬親，俾無冤滯。

唐書懿宗本紀：咸通十年六月，以蝗、旱，理囚。

册府元龜：後唐天成元年八月，敕：「久雨不晴，慮傷農稼，可曉諭天下州府疏理繫囚，無令寃滯。」

長興三年六月，敕：「霖雨積旬，尚未晴霽。睠言刑獄，慮在滯淹。京城諸司繫囚，並宜疏理釋放。」

後晉天福八年五月，敕：「以飛蝗作沴，膏雨久愆，應三京、鄴都諸道州府見禁囚人，除十惡行刼諸殺人者，及僞行印信、合造毒藥、官典犯贓外，罪者減一等，餘並放。」

開運三年，敕令以漸及春農，久愆時雨，深慮囹圄，或有滯淹。其諸道州府見禁人等，並須據罪輕重疾速斷遣，仍限半月内有斷遣訖奏。

宋史食貨志：諸州歲歉，選官分路巡撫，緩囚繫，省刑罰，饑民刼囷窖者薄其罪。

太宗本紀：淳化五年正月，遣使決諸路刑獄，應因饑刼藏粟，誅爲首者，餘減死。

仁宗本紀：天聖七年，河北水，遣使決囚。

嘉祐七年二月，命官録被水諸州繫囚。

神宗本紀：熙寧三年八月，以旱，慮囚，死罪以下遞減一等，杖笞者釋之。

孝宗本紀：淳熙八年五月，以久雨，減京畿及兩浙囚罪一等，釋杖以下。

金史章宗本紀：泰和四年四月，以久旱，遣使審繫囚，理寃獄。

明史太祖本紀：洪武二十四年六月，久旱，録囚。　二十六年四月，旱，省獄囚。

宣宗本紀：宣德八年六月〔一〕，禱雨不應，詔中外疏決罪囚。

英宗前紀：正統三年六月，以旱，讞中外疑獄。　十四年五月，旱，太監金英同法司録囚。

刑法志：正統初，刑部尚書魏源以災旱上疑獄，請命各巡撫審録。從之，無巡撫者命巡按。清軍御史、行在都察院亦以疑獄上，通審録之。

憲宗本紀：成化八年四月，京師久旱，録囚。　十七年四月，以久旱風霾，諭法司慎刑獄，太監懷恩同法司録囚。

武宗本紀：正德五年三月，禱雨，釋獄囚。

神宗本紀：神宗十三年四月，以旱，詔中外理冤抑，釋鳳陽輕犯及禁錮年久罪宗。

莊烈帝本紀：崇禎十年四月，旱，清刑獄。

刑法志：崇禎十五年四月，亢旱，下詔清獄。中允黄道周言：「中外齋宿爲百姓

〔一〕「八年」，原作「五年」，據光緒本、明史宣宗本紀改。

請命，而五日之内繫兩尚書，不聞有抗疏爭者，尚足回天意乎？」兩尚書謂李日宣、陳新甲也。帝方重怒二人，不能從。

明會典：景泰四年，奏准山東、河南、江北、直隸、徐州等處災傷，令所在問刑衙門責有力囚犯，于缺糧州縣倉納米賑濟，雜犯死罪六十石，流徒三年四十石，徒二年半三十五石，徒二年三十石，徒一年半二十五石，徒一年二十石，杖罪每一十一石，笞罪每一十五斗。

嘉靖二十四年，議准徒、杖、笞罪，審有力者俱令照例納米入預備倉，不許以稻黍雜糧准折上納。

蕙田案：景泰、嘉靖間，令罪人得入粟免罪，以備賑濟，此寓勸分之法于緩刑之中，亦捄災之一術，附見於後。

右緩刑

弛力

周禮地官大司徒：四曰弛力。注：鄭司農云：「弛力，息徭役也。」

大荒，則令邦國弛力。

均人：凡均力政，以歲上下，豐年則公旬用三日焉，中年則公旬用二日焉，無年則公旬用一日焉。凶札則無力政，不均地政。注：無力政，恤其勞也。

漢書宣帝本紀：本始三年五月，大旱，詔三輔民就賤者，且毋收事，盡四年。注：晉灼曰：不給官役也。師古曰：收，謂租賦也。事，謂役使也。盡本始四年而止。

後漢書和帝本紀：永元九年六月，詔：「今年秋稼爲蝗蟲所傷，皆勿收租、更、芻稾。」

安帝本紀：永初四年正月，詔以三輔比遭寇亂，人庶流亢，除三年逋租、過更、口算、芻稾。

元初元年十月，詔除三輔三歲田租、更賦、口算。

順帝本紀：永建五年四月，詔郡國貧人被災者，勿收責今年過更。

蕙田案：漢法有口算，有更賦。口算者，年十五而算，出口賦，至五十六而除。此户口之賦，於古未有，後世户調丁税之制，蓋由此也。更賦者，年二十而傅給徭役，亦五十六而除。其别有卒更、踐更、過更之目。此力役之征，唐時謂之庸錢。自兩税法行，租庸并而爲一，無所謂力役之征矣。宋時所謂差役者，如衙前、里正、户長、保正、耆長之屬，考之於古，即鄉遂州、黨之吏，漢之三老、亭長、游徼亦即其職。自唐以後，浸以卑下，凡官府期會、輦運官物、逐捕盜賊之類，皆得而役使之，謂之户役。馬貴與嘗爲之辨，以爲户役非古之力役，其説固然，然既出其力以役于官，則亦與古之力征更賦名異而實同矣。

晉書成帝本紀：咸康二年三月，免所旱郡縣繇役。

隋書文帝本紀：開皇十八年七月，詔以河南八州水，免其課役。

通典：唐武德二年制：「凡水旱蟲霜爲災，損七分以上，課役俱免。」

宋史寧宗本紀：嘉定二年七月，募民以振飢免役。

金史章宗本紀：泰和四年四月，免旱災州縣徭役。

元史食貨志：中統三年閏九月，以濟南路遭李璮之亂，軍民皆飢，盡除差發。

至元七年，南京、河南蝗、旱，減差徭十分之六。

世祖本紀：至元十七年十一月，詔以瑪噶珊民貧，免其役三年。十二月，賑鞏昌、常德等路飢民，仍免其徭役。

成宗本紀：大德二年正月，詔以水旱老病單弱者差稅並免三年[一]。

食貨志：大德五年，各路被災重者，其差稅並除之[二]。

明會典：成化六年，敕：「順天、河間、永平、真定、保定災傷地方，一應差徭，俱暫優免。」

蕙田案：宋、元以後所謂徭役及差徭者，皆户役也。

右弛力

舍禁

周禮地官大司徒：五曰舍禁。注：舍禁，若公無禁利。疏：山澤所遮禁者，舍去其禁，使民取蔬食。

劉氏彝曰：山澤林麓，既不以封于諸侯，則設虞衡之禁，所以蕃鳥獸，毓草木，以盡乎萬物之性也。民既失食，則宜開其禁，故舍禁之政行焉。

[一]「稅」，諸本作「務」，據元史成宗本紀改。
[二]「稅」，諸本作「務」，據元史食貨志四改。

高氏愈曰：「舍」、「釋」通。釋禁，謂釋山澤之禁，與民同也。

大荒，則令邦國舍禁。

漢書文帝本紀：六年四月〔一〕，大旱，蝗，弛山澤。

元帝本紀：初元元年四月，詔曰：「關東今年穀不登，民多困乏。江海陂湖園池屬少府者以假貧民，勿租稅。」二年三月，詔水衡禁囿、宜春下苑、少府佽飛外池、嚴籞池田假與貧民。

後漢書和帝本紀：永元五年二月，詔：「京師離宫果園、上林、廣成囿悉以假貧民，恣得采捕，不收其稅。」九月，令郡縣官有陂池，令得采取，勿收假稅二歲。九年六月，詔：「今年秋稼爲蝗蟲所傷，其山林饒利，陂池漁採，以贍元元，勿收假稅。」十一年二月，遣使循行郡國，稟貸被災害不能自存者，令得漁采山林池澤，不收假稅。十二年二月，詔郡國流民，聽入陂池漁采，以助蔬食。十五年六月，詔令百姓鰥寡漁采陂池，勿收假稅二歲。

〔一〕「六年」，原作「四年」，據光緒本、漢書文帝本紀改。

安帝本紀：永初元年二月，以廣成游獵地及被災郡國公田假與貧民。三年三月，詔以鴻池假與貧民。四月，詔上林、廣成苑可墾闢者，賦與貧民。

晉書安帝本紀：義熙九年四月，罷臨沂、湖熟皇后脂澤田四十頃，以賜貧人，弛湖池之禁。

宋書孝武帝本紀：孝建二年八月，三吴民飢，詔：「諸苑禁制綿遠，有妨肆業，可詳所開弛，假與貧民。」

魏書孝文帝本紀：太和二十年十二月，開鹽池之禁，與民共之。

册府元龜：貞觀十一年七月，廢明德宫之玄圃苑院，分給河南、雒陽遭水者。

儀鳳三年四月，以同州飢，沙苑及長春宫並許百姓樵採漁獵。

宋史食貨志：諸州歲歉，利有可與民共者不禁，水鄉則蠲蒲、魚、果、蓏之税。

真宗本紀：咸平二年閏月，詔江、浙飢民入城池漁採勿禁。

遼史天祚帝本紀：乾統三年二月，以武清縣大水，弛其陂澤之禁。

金史章宗本紀：承安二年十一月，以薪貴，敕圍場地内無禁樵採。

元史世祖本紀：至元十年九月，遼東飢，弛獵禁。十四年五月，以河南、山東水旱，除河泊課，聽民自漁。　二十四年三月，遼東飢，弛太子河捕漁禁。　二十六年十月，以平灤、河間、保定等路飢，弛河泊之禁。　閏十月，檀州飢民劉德成犯獵禁，詔釋之。　二十八年三月，杭州、平江等五路飢，弛湖泊蒲魚之禁〔一〕。　遼陽、武平飢，弛捕獵之禁。　十一月，武平、平灤諸州飢，弛獵禁，其孕字之時勿捕。

成宗本紀：元貞元年六月，江西行省所轄郡大水無禾，弛江河湖泊之禁，聽民採取。

大德元年閏十二月，淮東飢，弛湖泊之禁，仍聽正月捕獵。　二年正月，建康、隆興、臨江、寧國、太平、廣德、饒池等處水，弛澤梁之禁，聽民漁採。　三年五月，江陵路旱、蝗，弛其湖泊之禁。　四年二月，湖北饑，弛山澤之禁。　五年十月，以歲饑，弛山澤之禁，聽民捕獵。　七年正月，弛饑荒所在山澤河泊之禁一年。　九年八月，以冀寧歲復不登，弛山澤之禁，聽民採捕。

荒政考略：至大元年，詔曰：「近年以來，水旱相仍，缺食者衆。諸禁捕野物地面，除上都、大同、隆興三路外，大都周圍各禁五百里，其餘禁斷處所及應有山場、河

〔一〕「泊蒲魚」，原作「北捕漁」，據光緒本、元史世祖本紀改。

泊、蘆場，詔書到日，並行開禁一年，聽從民便採捕。」

元史武宗本紀：至大二年正月，詔天下弛山澤之禁。

仁宗本紀：皇慶二年七月，諸被災地並弛山澤之禁，獵者毋入其境。

延祐六年六月，以濟寧等路水，開河泊禁，聽民採食。

英宗本紀：皇慶六年九月，瀋陽水旱害稼，弛其山場河泊之禁。

至治二年閏月，真定、山東諸路饑，弛其河泊之禁。　四年十一月，以歲饑，開內郡山澤之禁。

文宗本紀：天曆二年四月，河南廉訪司言：「河南府路民饑，乞弛山林川澤之禁，聽民採食。」從之。

順帝本紀：至元三年二月，江、浙等處饑，開所在山場、河泊之禁，聽民樵採。

右舍禁

去幾

周禮地官大司徒：六曰去幾。注：鄭司農云：「去幾，關市不幾也。」玄謂：「去幾，去其稅耳。」疏：幾謂呵禁，雖凶年猶幾呵，但去稅而已。

王氏詳説：先鄭以爲關市不譏，誠得其説矣。然諸儒惑于司關之文有曰「國凶札，則無關門之征，猶幾」，曾不謂門、關與市蓋異乎？司市曰：「國凶荒札喪，則市無征而作布。」去幾者，市之去幾也。門關所以防姦人之出入，不幾得乎？

蕙田案：幾者，幾之而征其稅也。凶荒去稅，亦可謂之去幾矣。異言異服之輩，任其出入而不加詆訶，可乎？大司徒主通商，故云「去幾」；司關主禦暴，故云「猶幾」，非有牴牾也。

司關：國凶札，則無關門之征，猶幾。注：鄭司農云：「凶，謂凶年饑荒。無關門之征者，出入關門無租稅。猶幾，謂無租稅猶苛察，不得令姦人出入。」

王氏昭禹曰：司門「幾出入不物者」，則關門固亦有幾矣。今以荒札之時宜去幾矣，然而不已焉，故曰猶幾。禍故多藏于細微，發于人之所忽，故雖凶札之時猶幾。

司市：國凶荒札喪，則市無征而作布〔一〕。注：有災害，物貴，市不稅，爲民乏困也。金銅無凶年，因物貴，大鑄泉以饒民。

〔一〕「作」，原作「有」，據光緒本、周禮注疏卷一四改。

所過不免收税，則商賈亦自不行。議者或欲立法，如一路災傷，則鄰路免税；一州災傷，則鄰州亦然。雖比今之法小爲通流，而隔一州一路之外，豐凶不能相救，未爲良法。須是盡削近日弊法，專用天聖附令指揮，乃爲通濟。右臣竊謂：若行臣言，税錢必不至大段失陷，何也？五穀無税，商賈必大通流，不載見錢，必有回貨。見錢回貨，自皆有税，所得未必減於力勝。而災傷之地，有無相通，易爲振救，官司省費，其利不可勝計。今肆赦甚近，若得於赦書帶下，益見聖德，收結民心，實無窮之利，取進止。

朱子奏救災事宜畫一狀：臣伏覩歲既不登，所在艱食全賴商賈阜通之利，所宜存恤，不可騷擾。今米穀不得收税，雖有成法，而州縣場務多不遵守。至於往糴而有所挾之資，既糴而有所貿之貨，則往來之間，經由去處，尤以邀阻抽税爲苦，是致客人憚於興販。欲望聖慈特降睿旨，申嚴舊法，仍詔有司，諸被災州縣人户，欲興販物貨往外州府收糴米穀就闕米處出糴者，各經所在，或縣或州或監司，自陳所帶貨物，判執前去，其糴米訖，所買回貨，亦各經所在，自陳判執回歸，往回所過，並不得輒收分文税錢，違者並依税米穀法，必行無赦。如蒙開允，即乞徑下轉運司約束沿江瀕海所過場務遵稟施行，庶幾商販流通，民食不匱。

蕙田案：蘇氏、朱子兩議，各有不同。東坡謂五穀無税，而見錢回貨則有税，其所得者，既未必少于穀税之額，則穀税可以永停，此爲通商久遠之計也。朱子時五穀久不征税，而被災之所猶以别項抽税爲苦，致販户觀望不前，故議令米商之至災所者，往來所帶貨物皆特免其税，則販户競勸而客米日至，其損國課有限，其利民食實多，此爲救災一時之計也。

宋史何異傳：嘉定元年五月，不雨，異上封事，言：「陛下閔念飢民，藥病殯死，遐荒僻嶠，安得實惠？多方稱提，不如縮造楮幣；阜通商米，不如稍寬關市之征。」

右去幾

眚禮

周禮地官大司徒：七曰眚禮。注：鄭司農云：「眚禮，掌客職所謂『凶荒殺禮』者也。」玄謂：「眚禮，殺吉禮也。」　疏：謂吉禮之中眚其禮數。

劉氏彝曰：省祭祀之禮，所以節財用、厚賑恤也。

徐氏乾學曰：荒政十有二聚萬民，則通君民而言。眚禮者，凡吉嘉之禮，皆當減損而行之，不止損夫吉禮也。

蕙田案：先鄭解「眚禮」，以「凶荒殺禮」爲言，其所包甚廣。凡禮節之可省者皆省之，所以示貶損，節物力，如天官膳夫所謂「大荒則不舉」、曲禮「膳不祭肺，馬不食穀」、玉藻「素服、素車」之類皆是也。康成耑指吉禮，似太偏，況荒政有索鬼神之禮，靡神不舉，靡愛斯牲，正爲民請命之大者，豈當概議減省乎？

天官小宰：喪荒，受其含襚幣玉之事。注：凶荒有幣玉者，賓客所賙委之禮。

膳夫：王日一舉。大荒則不舉。注：殺牲盛饌曰舉。大荒，凶年。

春官司服：大荒，素服。注：君臣素服縞冠。

秋官掌客：凡禮賓客，凶荒殺禮。

禮記曲禮：歲凶，年穀不登。注：登，成也。君膳不祭肺，馬不食穀，馳道不除，祭事不縣，大夫不食粱，士飲酒不樂。注：皆自爲貶損憂民也。禮，食殺牲則祭先，有虞氏以首，夏后氏以心，殷人以肝，周人以肺。不祭肺，則不殺也。天子食，日少牢，朔月太牢。諸侯食，日特牲，朔月少牢。除，治也。不治道，爲妨民取蔬食也。縣，樂器鐘磬之屬也。粱，加食也。不樂，去琴瑟。

玉藻：年不順成，則天子素服，乘素車，食無樂。注：自貶損也。至于八月不雨，君不舉。注：爲旱變也，此謂建子之月不雨，盡建未月也。春秋之義，周之春夏無雨，未能成災，至其秋秀實之時而無雨則雩。雩而得之，則書「雩」，喜祀有益也。雩而不得，則書「旱」，明災成也。年不順成，君衣布，搢本，關梁不租，山澤列而不賦，土功不興，大夫不得造車馬。注：皆爲凶年變也。君衣布者，謂若衛文公大布之衣、大帛之冠是也。搢本，去珽荼，佩士笏也。士以竹爲笏，飾本以象。關梁不租，此周禮也，殷則關但譏而不征。列之言遮列也。雖不賦，猶爲之禁，不得非時取也。造，謂作新也。

檀弓：歲旱，穆公召縣子而問然。曰：「天久不雨，吾欲暴尪而奚若？」注：尪者，面鄉天，覬天哀而雨之。曰：「天則不雨，而暴人之疾子，虐，毋乃不可與！」「然則吾欲暴巫而奚若？」曰：「天則不雨，而望之愚婦人，於以求之，毋乃已疏乎！」注：巫主接神，亦覬天哀而雨之。周禮女巫：「旱暵則舞雩。」「徙市則奚若？」曰：「天子崩，巷市七日；諸侯薨，巷市三日。爲之徙市，不亦可乎！」注：徙市者，庶人之喪禮。今徙市，是憂戚于旱若喪。

漢書文帝本紀：四年四月，大旱，蝗，減諸服御。

宣帝本紀：本始四年正月，詔曰：「今歲不登，其令大官損膳省宰。」

元帝本紀：初元元年九月，詔曰：「間者陰陽不調，黎民饑寒，無以保治。其令諸宮館希御幸者勿繕治，太僕減穀食馬，水衡省肉食獸。」二年三月，詔罷黄門乘輿狗馬。五年夏四月，詔曰：「迺者關東連遭災害，饑寒疾疫，夭不終命。其令大官毋日殺，所具各減半。乘輿秣馬，無乏正事而已。罷角觝、上林宫館希御幸者、齊三服官。」

晉書武帝本紀：咸寧五年三月，以百姓饑饉，減御膳之半。

成帝本紀：咸康二年三月，旱，詔大官減膳。

安帝本紀：義熙元年三月，詔曰：「自頃國難之後，人物彫殘，常所供奉，猶不改舊，豈所以視人如傷，禹、湯歸過之誠哉？可籌量減省。」

宋書孝武帝本紀：大明七年八月，詔曰：「炎精損和，陽偏不施，歲云不稔，咎實朕由。大官供膳，宜從貶撤。」

明帝本紀：泰始元年十二月，詔曰：「久歲不登，公私歉弊。方刻意從儉，弘濟時艱。大官供膳，可詳所減撤。尚方御府雕文篆刻無益之物，一皆蠲省。」

魏書孝文帝本紀：太和十一年十一月，詔罷尚方錦繡綾羅之工。四民欲造，任之無禁。其御府衣服、金銀、珠玉、綾羅、錦繡，大官雜器，太僕乘具，内庫弓矢，出其大半，班賚百官及京師士庶〔一〕，下至工商皁隸，逮于六鎮戍士，各有差。

韓麒麟傳：太和十一年，京都大饑，麒麟表陳時務曰：「自承平日久，豐穰積年，競相矜夸〔二〕，遂成侈俗。車服第宅，奢僭無限；喪葬婚娶，爲費實多；貴富之家，童妾袪服〔三〕；工商之族，玉食錦衣。農夫餔糟糠，蠶婦乏裋褐。故今耕者日少，田有荒蕪。穀帛罄于府庫，寶貨盈于市里；衣食匱于室，麗服溢于路。饑寒之本，實在于斯。愚謂凡珍玩之物，皆宜禁斷，吉凶之禮，備爲格式，令貴賤有別，民歸樸素。制天下男女，計口受田。宰司四時巡行，臺使歲一按檢。勤相勸課，嚴加賞罰。數年之中，必有盈贍，雖遇災凶，免于流亡矣。」

宣武帝本紀：延昌元年四月，帝以旱故減膳。

文獻通考：隋開皇十四年，關中大旱，民饑。上遣左右視民食，得豆屑雜糠以獻，爲之流涕，不御酒，殆將一朞。

〔一〕「官」，原作「物」，據光緒本、魏書高祖紀改。
〔二〕「相」，原作「自」，據光緒本、魏書韓麒麟傳改。
〔三〕「袪」，原作「袨」，據光緒本、魏書韓麒麟傳改。

于祖廟，致物髟于墠壇，蓋用祭天地之明日。杜子春云：「禬，除也。」

肆師：若國有大故，則令國人祭。注：大故，謂水旱凶荒。所令祭者，社及禜、酺。

大祝：國有大故、天烖，彌祀社稷，禱祠。注：天烖，疫癘水旱也。彌猶徧也。徧祀社稷及諸所，禱既，則祠之以報焉。

詩大雅雲漢：靡神不舉，靡愛斯牲。圭璧既卒，寧莫我聽。箋：靡、莫，皆無也。言王爲旱之故，求于群神，無不祭也。無所愛于三牲，禮神之圭璧又已盡矣，曾無聽聆我之精誠而興雲雨〔一〕。　疏：國有凶荒，則索鬼神而祭之，是遭遇天災，必當廣祭群神。神皆用牲祭之，天地五帝當用特牲，其餘諸神或用太牢，或用少牢。三牲皆用，故言「無所愛于三牲」也。祭神又用玉器，禮神之玉器，自有多名，言「圭璧」，爲其總稱。以三牲用不可盡，故言「無愛」；圭璧少而易竭，故言「既盡」。

不殄禋祀，自郊徂宫。上下奠瘞，靡神不宗。傳：上祭天，下祭地，奠其禮，瘞其物。宗，尊也。國有凶荒，則索鬼神而祭之。　箋：宫，宗廟也。爲旱故，絜祀不絶，從郊而至宗廟，奠瘞天地之神，無不齋肅而尊敬之。言徧至也。

群公先正，則不我助。父母先祖，胡寧忍予？傳：先正，百辟卿士也。　箋：百辟卿士雩

〔一〕「精誠」，諸本作「精神」，據毛詩正義卷一八改。

祀所及者，今曾無肯助我憂旱。先祖文、武，又何爲施忍于我，不使天雨？疏：月令：「仲夏，乃命雩祀百辟卿士有益于民者。」注云：「百辟卿士，古之上公以下，若勾龍、后稷之類。」彼以經無群公之文，故鄭注百辟之文兼群公矣。此則群公與先正別文，故以先正爲卿士以下。

蕙田案：二至祭神祇鬼鬽，常時之祭也。「彌祀社稷，禱祠」，即詩所謂「靡神不舉」，因災之祭也。

又案：列代因災禱祈百神之禮，略見吉禮「大雩」門，可以參考，今不復載。

右索鬼神

除盜賊

周禮地官大司徒：十有二曰除盜賊。注：鄭司農云：「除盜賊，急其刑以除之。饑饉則盜賊多，不可不除也。」

史氏浩曰：傳曰：「牧民如牧羊，當去其敗類者。」凶荒而除盜賊，防其嘯聚爲民害也。

李氏景齊曰：除盜賊必見于荒政者，誠以盜賊于凶年爲多，盜賊不可不除。然使賙救撫存之責未盡，而遽欲除之，則是罔民而已。故散利、薄征、弛禁、去幾，凡所以生養吾民，無所不盡其至，而彼猶爲盜賊之歸，則不得已而除之。故荒政以除盜賊爲末。

高氏愈曰：除盜賊，謂儆循嚴警也。

秋官士師：若邦凶荒，令糾守。注：糾守，備盜賊也。

文獻通考：熙寧元年，帝以内侍有自淮南來者，言宿州民饑多盜，繫囚衆，本路不以聞。詔遣太常博士陳充等視宿、亳等州災傷。又詔河北災傷州軍刦盜罪死者並減死〔一〕，刺配廣南牢城，年豐如舊。

司馬光上疏論曰：臣竊聞降敕下京東、京西災傷州軍，如人户委是家貧偷盜斛斗因而盜財者，與減等斷放，未知虚的，若果如此，深爲不便。臣聞周禮荒政十有二，散利、薄征、緩刑、弛力、舍禁、去幾，卒皆推寬大之恩，以利於民，獨於盜賊愈更嚴急。所以然者，蓋以饑饉之歲盜賊必多，殘害良民，不可不除也。頃年嘗見州縣官吏，有不知治體，務爲小仁者。或遇凶年，有刦盜斛斗者，小加寬縱，則盜賊公行，更相刦奪，鄉村大擾，不免廣有收捕，重加刑辟，或死或流，然後稍定。今若朝廷明降敕文，豫言偷盜斛斗因而盜財者與減等斷放，是勸民爲盜也。百姓乏食，官中當輕徭薄賦，

〔一〕「又詔」，原脱，據光緒本、文獻通考卷二一六補。

開倉賑貸，以救其死，不當使之相刼奪也。今歲府界、京東、京西水災極多，嚴刑峻法以除盜賊，猶恐春冬之交，饑民嘯聚，不可禁禦，又況降敕以勸之？臣恐國家始于寬仁而終于酷暴，意在活人而殺人更多也。

馬氏端臨曰：温公此奏，乃言之於英宗治平年間，非此時所上，今姑附此。

蕙田案：温公所奏，深得周官除盜賊之旨。其云「始于寬仁終于酷暴」，尤切中姑息之病。

大學衍義補：辛棄疾帥湖南賑濟，榜文祇用八字，曰：「刼禾者斬，閉糴者配。」

丘氏濬曰：荒歉之年，民間閉糴，固是不仁。然當此際，米價翔踴，正小人射利之時也。而必閉之者，蓋彼亦自量其家口之衆多，恐嗣歲之不繼耳。彼有何罪而配之耶？若夫刼禾之舉，此盜賊之端，禍亂之萌也。周人荒政除盜賊，正以此耳。小人乏食，計出無聊，謂飢死與殺死，等死耳，與其饑而死，不若殺而死，況又未必殺耶？聞粟所在，群趨而赴之，哀告求貸，苟有不從，即肆刼奪。自諉曰：「我非盜也。迫于饑餓，不得已耳。」嗚呼！白晝攫人所有，謂之非盜，可乎？漸不可長，彼知其負罪于官，因之鳥駭鼠竄，竊弄鋤梃，以扞遊徼之吏。不幸而傷一人焉，勢不容已，遂至變亂，亦或有之。臣願明敕有司，遇有旱災之歲，勢必至飢窘，必先牓示，禁其刼奪，諭之不從，痛懲首惡，以警餘衆，決不可行姑息之政。此非但救飢荒，乃弭禍亂之先務也。

朱子奏救荒晝一事件狀：訪聞諸州府村落，已有强借刧奪之患。此在官司，固當禁約，然亦須先示存恤之意，然後禁其爲非，庶幾人心懷德畏威，易以彈戢。若慢不加省，待其生事，然後誅鉏，則所傷已多，所費又廣。況其不勝，何患不生？乞降指揮，早撥上項錢數，使如臣者得以奉承宣布，遍行曉諭，即德意所孚，固有以銷厭禍亂之萌矣。然後明詔安撫、提刑兩司，察其敢有作過唱亂之人，及早擒捕，致之典憲，庶幾姦民知畏，不至生事。

金史章宗本紀：承安二年十二月，諭宰臣：「今後水潦旱蝗，盜賊竊發，命提刑司預爲規晝。」

宣宗本紀：興定五年九月，以京東歲饑多盜，遣御史大夫赫舍哩呼實美往撫安之。

元史世祖本紀：至元八年二月癸卯，四川行省伊蘇岱爾言：「比因饑饉，盜賊滋多，宜加顯戮。」詔令群臣議。安圖以爲：「强竊盜賊，一皆處死，恐非所宜。罪至死者，仍舊待命。」

明會典：正統二年，令各處有司委官，挨勘流民名籍、男婦、大小、丁口，排門粉壁，十家編爲一甲，互相保識，分屬當地里長帶管。若團住山林湖濼，或投托官豪勢要之家藏躲，抗拒官司，不服招撫者，正犯處死，户下編發邊衛充軍。里老窩家，知而不首，及占恡不發者，罪同。

杭州府志：神宗十六年四月，浙、直饑民，多迫脅借貸。事聞，命撫按嚴法懲警首惡，以靖地方。

明史神宗本紀：神宗二十二年正月，詔以各省災傷，山東、河南、徐、淮尤甚，盜賊四起，有司玩愒，朝廷詔令不行。自今以安民弭盜爲撫按有司黜陟。

右除盜賊

葉氏時禮經會元：大司徒之于民，既庶而又富之，可謂得地利也；既富而又教之，可謂得人和矣。然而天時不常，水旱爲沴，則地利有所不能殖，人和有所不足恃，聖人有憂之，是故爲之荒政以聚萬民，所以救天時之不常，而濟地利、人和之不及也。散利，貸種食也；薄征，輕税賦也；緩刑，寬刑罰也；弛力，息徭役也；舍禁，山澤無禁也；去幾，關市無幾也；眚禮，殺吉禮也；殺哀，節凶禮也；蕃樂，徹樂而弛縣也；多昏，殺禮而多昏也；索鬼神，而爲凶年禱也；除盜賊，而使良民安也。蓋天災國家代有，歲凶年穀不登，上之人苟不有以賑救之，不有以存恤之，則老弱轉乎溝壑，壯者散而之四方矣，民安得而聚哉？周人「以荒政十有二聚萬民」，又曰「大荒、大札，則令邦國移民通財、舍禁、弛力、薄征、緩刑」，其拳拳于聚民，可謂至矣；而其存恤賑救之意，又散見于六屬之中。鄉師「以歲時賙萬民之艱阨，以王命施惠」，司救「凡歲時有天患民病，則以王命施惠」，司稼則「均萬民之食而賙其急，而平其興」，即荒政之散利也。司市「凶荒則市無征」，司關「國凶荒則無關門之征」，即荒政之去幾也。司徒救荒，故言「去幾」；司關禦暴，故言「猶幾」。均人「凶札則無力征，無財賦」，即荒政之弛力也。廩人「若食不能人二鬴，則令移民就穀，詔王殺邦用」，膳夫「大荒則不舉」，掌客「凶荒則殺禮」，司服「大荒則素服」，即荒政之眚禮也。大司樂「大荒大烖，令弛縣」，即荒政之蕃樂也。士師「若邦凶荒，則令移民通財，糾守緩刑」，朝士「若邦凶荒，則令邦國、都縣慮刑貶」，即荒政之緩刑也。小宗伯「大烖，及執事禱祠于上下神示」，太祝「天烖，彌祀社稷，禱祠」，家宗人案：「家宗人」，當作「凡以神仕者」。「以至日致天神人鬼地示物鬽，以禬國之凶荒」，即荒政之索鬼神也。六官之屬，苟可以爲荒政之助者，無不致其詳焉。成周聚民之意，可謂仁之至、義之盡矣。然此十有二政，曰弛力，曰薄征，曰舍禁，曰去幾，固皆有以利民矣。一以散利爲先，則其關係民命尤急也。利不散則民不聚，雖有眚禮、蕃樂、殺哀、多昏之政，未必有實惠及民。先王荒政，以散利爲急。蓋古者三年耕必餘一年之食，九年耕必餘三年之食，預爲先備，以爲散利之地。故堯有九年之水，湯有七年之旱，民無菜色者，備先具也。是以周人有倉人「掌粟入之藏，有餘則藏之，以待凶而頒之」，旅師則「聚野粟，平頒其興積，施其惠」，遺人「掌縣都之委積，以待凶荒」，皆先爲之條也。後世如梁之移民河東，漢人之就食蜀、漢，亦得周人移民就穀之意。發倉廩以振貧民，遣使以振貸無種食者，亦得周人賙民施惠之意。然皆可暫而不可常也，獨一常平義倉之法有倉人藏粟、旅師聚粟、遺人委積之政，誠可以爲荒政散利之助，而後人不能遵守其法，而推廣其意，常平義倉之名存而實廢，卒有水旱之變，國胡以相恤哉？上無以散其利，下無以聚其民，則有去而爲盜賊者矣。盜賊方興，乃相與講求其弭盜之策，甚者必重法立威以求勝之，不思禮義生于富足，盜賊起于貧窮，周人荒政以「除盜賊」居其末，蓋亦甚不得已也。鄭氏謂「急其刑而除之」，則失之矣。且周人非不除盜賊也，在司稽則「執市之盜賊以狥且刑之」，在士師則「掌邦賊、邦盜之成」，在朝士則「凡盜賊，殺之無罪」，在司厲則「掌賊盜之任器，貨賄」，在掌囚則「守盜賊」，在掌戮則「搏盜賊」，在司隸則「帥其民而搏盜賊」，在環人則「諜賊」，然此非凶荒之時，其除之必急，固宜也。凶年盜賊，蓋亦饑寒所迫耳，何後世不求所以救凶荒之政，而徒求其所以勝盜賊之術歟？然則，欲除盜賊者當如何？曰：自散利始。

呂氏祖謙曰：荒政十有二，其目須當詳講。一曰散利，二曰薄征。此兩者，荒政之始。散利是發公財之已藏者，薄征是減民租之未輸者。已藏者既發之，未輸者又薄之，荒政之大綱既舉矣。三曰緩刑，四曰弛力。緩刑，謂民迫於飢寒，不幸而有過失，緩其辟以示哀矜之意。弛力者，平時用民之力，歲不過三日，今則當用者亦弛之不用，所以休息百姓。五曰舍禁。平時所謂山虞、林衡，皆有所掌，至荒政則徹藩籬，恣民取之。六曰去幾。平時關防皆有幾察，荒歲必要百物流通，使天下商旅出於其市，此救荒之要術也。七曰眚禮。此則專理會荒政，凡禮文之可省者省之，如有幣無牲之類。八曰殺哀。凡是喪紀之節一皆減損，所謂「不以死傷生」，專理會荒政。九曰蕃樂。時和歲豐，所以與民共樂，樂民之樂亦當憂民之憂，所以荒歲不樂。十曰多昏。凶荒之年，多是匹夫匹婦不能自保，所以殺禮而多昏，使男女自相保之義。十有一曰索鬼神。靡神不舉，並走群望之類是也。十有二曰除盜賊。前面説「緩刑」，此説「除盜賊」，此便是經權皆舉處。既與民共憂，不幸民有過固可哀矜，至於姦人亦有伺變竊發者。凶荒之歲，民心易動，一夫叫喚，萬夫皆集，所以必以除盜賊終之。此止亂之道。大抵聖人之經，蓋通萬世而可行者，其條目固止於此。然周禮之書，六官分職，合之則有總，散之則有所司，其關節脈理，皆自相應。只去大司徒上看未盡，若徧考六官，則荒政秩序可見。且如散利，須考大府、天府、內府凡掌財賦之官；如薄征，須考九職、九賦、九貢；如緩刑，須考司寇、士師所掌之刑。它莫不然。參觀徧考，然後可知。

古今治平略：周禮大司徒「以荒政十有二聚萬民，一曰散財，二曰薄征，三曰緩刑，四曰弛力，五曰舍禁，六曰去幾，七曰眚禮，八曰殺哀，九曰蕃樂，十曰多昏，十一曰索鬼神，十二曰除盜賊」，可謂仁之至義之盡矣。然以治荒，非待荒也。古稱荒政，貴不治之治；而治荒，尚無功之功。周先王肅乂時若，弭之密矣；治溝浚澮，禦之周矣；嬰芽代犧，鑒之素矣。此皆未災而兢兢，非必十二政而後爲救也。必待政而救，則司徒氏之「聚萬民」，其法亦甚疎矣。故周禮春官歲獻民穀之數，冢宰以三十年之通制國用，至餘十年之食，此量出入也，常法也。遺人掌鄉關之委積以恤囏阨，養孤老，此待施惠也，常法也。廩人數邦用，稽民食，食不能人一鬴，則令邦移民就穀，此待匪頒也，常法也。旅師泉府積三粟與斂不售者，平頒而貸之，此貴國服也，常法也。周惟先時而待法如此，其詳且豫，是以歲連豐穰，熯潦無侵，即熯潦不爲災，即爲災不病民也，未嘗不旱而以不瘠告，未嘗不饑而以不害聞。語曰：「三代而上，有荒歲，無荒民。」夫無荒民矣，安所事荒政哉？不特此也。玉藻：「年不順成，則天子素服，乘素車，食無樂。」又曰：「年不順成，君衣布，搢本，關梁不租，山澤列而不賦，土功不興，大夫不得造車馬。」穀梁赤曰：「五穀不升爲大饑。一穀不升謂之嗛，二穀不升謂之饑，三穀不升謂之饉，四穀不升謂之康，五穀不升謂之大侵。大侵之禮，君食不兼味，臺榭不塗，弛候廷道不除，百官布而不制，鬼神禱而不祀，此大侵之禮也。」王制：「三年耕必有一年之食，九年耕必有三年之食，以三十年之通，雖有凶旱水溢，民無菜色。然後天子食，日舉以樂。」古昔帝王遇災必懼，凡事皆加減節貶損，非獨以憂民之憂，蓋亦以畏天之災。故周禮大荒則不舉，大札則不舉，天地大裁則不舉。舉者，殺牲盛饌也，豈但飲食爲然？則凡所服之衣，所乘之車，凡百興作，皆爲休息，此無他，君臣之分雖懸絶，而實相資以相成也。當此凶荒之時，吾民嗷嗷然以待哺，垂于阽危，瀕于死亡，爲人上者，何忍獨享其奉哉？至其喪荒之式，見于小行人之官，札喪、凶荒、厄窮爲一書，當時天下各自有廩藏之所，遇凶荒則賑發濟民而已，故斂散輕重之式未嘗講，而候甸采衛皆有餽遺，不至穀價翔踊，此弛張斂散之權，所以不復究也。至王政既衰，秦饑乞糴于晉，魯飢乞糴于齊，歲一不登則乞糴于鄰國，所謂九年之制已自敗壞，而管子輕重諸篇，不過君民互相攘奪，收其權于上而已。舉周官荒政，一變爲斂散輕重之權，又豈復有及民之意哉？

蕙田案：以上統論周官荒政。

勸分

周禮地官大司徒：五族爲黨，使之相救。五黨爲州，使之相賙。疏：民有凶禍者，使相救助；有禮物不備，使賙給之。

陳氏傅良曰：大利害，大患難，非百家所可禦，必五百家然後足以相救。水旱凶荒，欲以相賙，又非五百家所能辦，惟二千五百家，則其地必闊，必無皆水皆旱之理，庶幾有無可以相通。

春秋僖公二十一年左氏傳：臧文仲曰：「務穡勸分。」注：勸分，有無相濟。

蕙田案：成周盛時，民有常産，無甚富甚貧之家。然其中有餘不足，勢莫能齊，故周官教六行，任恤居其二。又於州黨之中，示以相賙相救之法。以故天災流行，而民不至有病饑者，其厚民生而善民俗之意遠矣。自任恤之教不講，一有水旱，賑恤所不繼，不能無藉富人之捐輸。不得已而勸之以賞格，或行入粟納官之令，亦權宜之一法也。

名聞。

漢書武帝本紀：元狩三年秋，遣謁者勸有水災郡種宿麥，舉吏民能假貸貧民者以名聞。

元鼎二年九月，詔：「吏民有振救饑民免其戹者，具舉以聞。」

宣帝本紀：本始四年正月，詔曰：「今歲不登，已遣使者振貸困乏。其令丞相以下至都官令丞上書入穀，輸長安倉，助貸貧民。」

成帝本紀：永始二年二月乙酉，詔曰：「關東比歲不登，吏民以義收食貧民、入穀物助縣官振贍者，已賜直；其百萬以上，加賜爵右更；欲爲吏，補三百石，其吏也遷二等。三十萬以上，賜爵五大夫，吏亦遷二等，民補郎。十萬以上，家無出租賦三歲。萬錢以上，一年。」

蕙田案：此吏民入粟助賑賜爵之始。

平帝本紀：元始二年四月，郡國大旱，蝗，青州尤甚。安漢公、四輔、三公、卿大夫、吏民爲百姓困乏獻其田宅者二百三十人，以口賦貧民。

後漢安帝本紀：永初三年三月，京師大饑。四月，三公以國用不足，奏令吏人入錢穀，得爲關內侯、虎賁、羽林郎、五大夫官府吏緹騎營士，各有差。

桓帝本紀：永壽元年二月，司隸、冀州饑，人相食。敕州郡賑給貧弱。若王侯吏民有積穀者，一切貸十分之三〔一〕，以助稟貸；其百姓吏民者，以見錢雇直，王侯須新租乃償。

宋書徐耕傳：元嘉二十一年，大旱，民饑。耕詣縣陳辭曰：「今年亢旱，禾稼不登，氓黎饑餒，採掇存命。聖上哀矜，已垂存拯。但饉罄來久，困殆者衆，米穀轉貴，糴索無所。方涉春夏，日月悠長，不有微救，永無濟理。不惟凡瑣，敢憂身外。鹿鳴之求，思同野草。氣類之感，能不傷心。民糴得少米，資供朝夕，志欲自竭，義存分飡。今以千斛助官賑貸。此境連年不熟，今歲尤甚。晉陵境特爲偏枯〔二〕。此郡雖弊，猶有富室，承陂之家，處處而是，並皆保熟，所失蓋微。陳積之穀，皆有巨萬，旱之所弊，實鍾貧民。温富之家，各有財寶。謂此等並宜助官，得過儉月，所損至輕，所濟甚重。今敢自勵，爲勸造之端。實願掘水揚塵，崇益山海。」縣爲言上。當時議者以

〔一〕「貸」下，諸本衍「得」字，據後漢書桓帝本紀删。
〔二〕「枯」，諸本作「祐」，據宋書徐耕傳改。

耕比漢卜式，詔書褒美，酬以縣令。

魏書宣武帝本紀：延昌元年五月，詔天下有粟之家，供年之外，悉貸饑民。

荒政考略：唐肅宗時，百姓殘于兵盜，米斗至錢七千，鬻糠爲糧，民行乞食者屬路。乃詔能賑貧乏者，寵以爵秩。

舊唐書憲宗本紀：元和十二年七月，詔以定州饑，募人入粟受官及減選、超資。

册府元龜：後晉天福八年正月，敕：「河南、懷、孟、鄭等州管内百姓有積粟者，仰均分借，以濟貧下。」

宋史太宗本紀：淳化五年正月，詔諸州能出粟貸饑民者賜爵。

真宗本紀：大中祥符九年九月，詔民有出私廩振貧乏者，三千石至八千石，第授助教、文學上佐之秩。

仁宗本紀：慶曆四年五月，詔募人納粟，振淮南饑。

至和元年三月〔一〕，詔京西民饑，宜令所在勸富人納粟以振之。

〔一〕「三月」，諸本作「四月」，據宋史仁宗本紀改。

蓄積矣。

文獻通考：治平四年，河北旱，御史中丞司馬光上疏，請富室有蓄積者，官給印歷，聽其舉貸，量出利息，候豐熟日，官爲收索，示以必信，不可誑誘，則將來百姓爭務蓄積矣。

熙寧元年，降空名度牒五百道，付兩浙運司，令分賜本路，召人納米或錢賑濟。

紹聖元年，帝以京東、河北之民乏食，流移未歸，詔給空名假承務郎敕十、太廟齋郎補牒十、州助教不理選限敕三十、度牒五百，付河北東、西路提舉司，召人入錢粟充賑濟。

宋史食貨志：紹興以來，歲有水旱，當艱難之際，兵食方急，儲蓄有限，而振給無窮，復以爵賞，誘富人相與補助，亦權宜不得已之策也。元年，詔出粟濟糶者，賞各有差。糶及三千石以上，與守闕進義副尉〔一〕；一萬五千石以上，與進武校尉〔二〕；二萬石以上，取旨優賞；已有官蔭不願補授者，比類施行。

〔一〕「副」，諸本作「校」，據宋史食貨志上六改。
〔二〕「武」，諸本作「義」，據宋史食貨志上六改。

大學衍義補：隆興中，中書門下省言：「湖南、江西旱傷，立賞格以勸積粟之家。凡出米賑濟，係崇尚義風，不與進納同。」

丘氏濬曰：鬻爵，非國家美事也。然用之他則不可，用之于救荒，則是國家爲民無所利之也。宋人所謂「崇尚義風，不與進納同」，是也。臣願遇歲凶荒，民間有積粟者，輸以賑濟，則定爲等第，授以官秩。自遠而來者，并計其路費。授官之後，給與璽書，俾有司加禮優待，與見任同，雖有過犯，亦不追奪。如此，則平寧之時人爭積粟，荒歉之歲民爭輸粟矣，是亦救荒之一策也。

文獻通考：隆興二年，淮民流於江、浙十數萬，官司雖濟，而米斛有限。乃詔民間不曾經水災處占田萬畝者，糶二千石；萬畝以下，糶一千石。

宋史食貨志：乾道七年八月，湖南、江西旱，立賞格以勸積粟之家：無官人，一千五百石補進義校尉，願補不理選將仕郎者聽；二千石補進武校尉，進士與免文解一次；四千石補承信郎，進士與補上州文學；五千石補承節郎，進士補迪功郎。文臣，一千石減二年磨勘，選人轉一官；二千石減三年磨勘，選人循一資，各與占射差遣一次；三千石轉一官，選人循兩資，各與占射差遣一次。武臣，一千石減二年磨勘，選人轉一資；二千石減三年磨勘，選人循一資，各與占射差遣一次；三千石轉一官，選人循兩資，各與占射差遣一次。五千石以上，文武臣並取旨優與推恩。

孝宗本紀：淳熙三年十月，詔自今非歉歲，不許鬻爵。八年十一月，以淳熙元年減半推賞法募民振糶。

文獻通考：淳熙十年，江東憲臣尤袤言：「救荒之政，莫急於勸分。昨者朝廷立賞格以募出粟，富家忻然輸納，故庚子之旱不費支吾者，用此策也。自後輸納既多，朝廷吝於推賞，多方沮抑。或恐富家以命令爲不信，乞詔有司施行。」

朱子上宰相書：荒政之中有兩事焉，其二曰速行賞典，激勵富室。蓋此一策本以誘民，事急則藉之以爲一時之用，事定則酬之以爲後日之勸。旋觀今日，失信已多，别有緩急，何以使衆？欲望明公察此事理，特與敷奏，照會元降，即與推恩，使已輸者無怨恨不滿之意，未輸者有歆豔慕用之心。信令既行，願應者衆，則緩急之間，雖百萬之粟可指揮而辦。況是此策不關經費，揆時度事，最爲利宜。而乃遷延歲月，沮抑百端，使去歲者至今未及霑賞，而今歲者方且反覆卻難，未見涯際。是失信天下，固足以爲今日之所甚憂，而自壞其權宜濟事之策者，亦今日之所可惜也。

與建寧傅守劄子：糴秔之害，前已陳之。然千里之内，户口不知其幾，若必人人糴米而食之〔一〕，恐無以濟。其勢須令上户樁留禾米，如前日之説，儲備乃廣。但所遇縣道官吏之説，皆憚於此計。蓋恐上户見怨，又慮見欺。殊不知救災之政與常日不同，決無靜拱而可以獲禽之理。夫富人之多粟者，非能獨炊而自食之，其勢必糴而取錢以給家之用。今但使之存留分數，以俟來歲聽官司之命，以恤鄰里之闕，何所不可？正使其間不無冥頑難喻之人，然喻之以仁恩，責之以大義，其不從者俟之以刑，其樂從者報之以賞，何至憚其怨怒，且慮其欺己而不敢爲哉？似聞建陽之西已有自言於官，願以家貲二百萬糴米以俟來歲之荒，而以本價出之。若果如此，則人亦豈爲鬼爲魅全不可化者，但患上之人先以無狀期之，故强者視以爲深仇而肆其凌暴，弱者畏之如大敵而不復能以正義相裁〔二〕，二者其失均也。

與星子諸縣議荒政書：一勸諭上户，請詳本軍立去帳式，令鄉衆依公推舉，約定所蔭客户、所糴米穀數目。縣司略備酒果，延請勸諭，厚其禮意，諭以利害，不可

〔一〕「人人」，原不重，據光緒本、晦庵先生朱文公文集卷二五補。

〔二〕「正義」，原作「仁能」，據光緒本、晦庵先生朱文公文集卷二五改。

縱令胥吏非理騷擾。上户既是富足之家，必能體悉此意。其間恐有未能致悉之人，亦當再三勸諭，審其虛實，量與增減。如更詐欺抵拒，即具姓名申軍，切待別作施行。

文獻通考：嘉定二年，起居郎賈從熟言：「出粟賑濟，賞有常典，多者至命以官，固足示勸，然應格霑賞者未有一二。偏方小郡，號爲上户者，不過常産耳。今不必盡責以賑濟，但隨力所及，或糶或貸，廣而及於一鄉，狹而及於一都。有司核實，量多寡與之免役一次，少者一年或半年，庶幾官不失信，民必樂從。」從之。

蕙田案：勸捐之法，惟此議最爲簡便易行。

宋史理宗本紀：淳祐六年秋七月，泉州歲饑，其民謝應瑞非因有司勸分，自出私鈔四十餘萬糴米以振鄉井，所全活甚衆，詔補進義校尉。

遼史聖宗本紀：統和十五年二月，勸品部富民出錢以贍貧民。

金史食貨志：皇統三年三月，陝西旱饑，詔許富民入粟補官。

熙宗本紀：皇統四年十月壬辰〔一〕，立借貸饑民酬賞格。

食貨志：世宗大定元年，以兵興歲歉，下令聽民進納補官。又募能濟饑民者，視其人數，爲補官格。

章宗本紀：明昌二年八月，敕山東、河北闕食等處，許納粟補官。三年十一月，以有司言：「河州定羌民張顯孝友力田，焚券已責，又獻粟千石以賑饑。棣州民榮楫賑米七百石、錢三百貫，冬月散柴薪三千束。皆别無希覬。」特各補兩官，仍正班叙。

胥鼎傳：鼎知大興府事兼中都路兵馬都總管，貞祐二年正月，鼎以在京貧民缺食者衆，宜立法振救，乃奏曰：「京師官民有能贍給貧人者，宜計所贍遷官陞職，以勸獎之。」遂定權宜鬻恩例格，如進官陞職、丁憂人許應舉求仕、官監户從良之類，入粟草各有數，全活甚衆。

蕙田案：鬻恩之例，爲救荒權宜之策。如無官者許入仕，有位者許遷職，所以獎其好善樂施之誼，此於民有濟而於理亦無害也。至如丁憂人應舉求仕之

〔一〕「十月」，諸本作「十一月」，據金史熙宗本紀改。

類，名教所關，不容假借，啓一時之倖門，壞百世之公義，所得者少，所失者多矣。

元史世祖本紀：至元元年五月，以平陰縣尹馬欽發私粟六百石贍饑民，又給民粟種四百餘石，詔奬諭，特賜西錦一端以旌其義〔一〕。

武宗本紀：大德十一年閏七月，江浙、湖廣、江西、河南、兩淮屬郡饑，詔富家能以私粟賑貸者，量授以官。

英宗本紀：至治三年正月，曹州禹城縣人邢著、程進出粟以賑饑民，命有司旌其門。

食貨志：入粟補官之制，元初未嘗舉行。天曆三年，内外郡縣，亢旱爲災，於是用太師達爾罕等言，舉而行之。凡江南、陝西、河南等處定爲三等，令其富實民户依例出米，無米者折納價鈔。陝西每石八十兩，河南并腹裏每石六十兩，江南三省每石四十兩，實授茶鹽流官，如不仕，讓封父母者聽。錢穀官考滿，依例陞轉。夫入粟補官，雖非先王之政，然荒札之餘，民賴其助者多矣。

〔一〕「一端」，諸本作「五端」，據元史世祖本紀改。

蕙田案：入粟封贈父母之例始此。

文宗本紀：至順二年正月，大名魏縣民曹革輸粟賑陝西饑，旌其門。五月，益都路宋德讓、趙仁各輸米三百石，賑膠州饑民九千户，中書省臣請依輸粟補官例予官。從之。

順帝本紀：至元二年十二月，江州諸縣饑，總管王大中貸富人粟以賑貧民，而免富人雜徭以爲息，約年豐還之，民不病饑。慶元慈溪縣饑，遣官賑之。至正五年四月，汴梁、濟南郡、邠州、瑞州等處民饑，賑之。募富户出米五十石以上者，旌以義士之號。六月，廬州張順興出米五百餘石賑饑，旌其門。

紀事本末：宣德五年，江西、淮安饑，吉水民胡有初、山陽民羅振出穀千餘石賑濟，命行人齎璽書，旌爲義民，復其家。

杭州府志：景泰五年七月，浙江按察司副使羅篪奏勸民出粟賑濟。篪因杭州荒歉，乞准照江西例，勸民出穀一千六百石以上者給冠帶，千石以上者旌異之，百石者免役。已冠帶者，八品以上三百石，從七品以上至正六品六百石，俱陞一級，不支俸等。事奏下，户部請如其言。從之。

成化十二年冬十二月，巡按御史吕鍾定擬救事宜，奏略曰：「一民間無礙子弟有願納米充吏者，都、布、按三司一百石，各府并運司七十石，司府經歷司、理問所斷事司、各縣并有品級文職衙門五十石，雜職衙門三十石，俱先查勘考試，相應于缺糧倉分納米完日，零次撥充，俟豐年有積則止。一閩中、浙江見在不係存積鹽課一十五萬引，每引米三斗五升，于沿海缺糧倉分上納。」以是歲八月風潮雨水泛溢，故有是請。

明會典：嘉靖八年，令撫按官曉諭積糧之家，量其所積多寡，以禮勸借。若有仗義出穀二十石、銀二十兩者，給與冠帶；三十石、三十兩者，授正九品散官；四十石、四十兩者，正八品；五十石、五十兩者，正七品，俱免雜泛差役。出至五百石、五百兩者，除給與冠帶外，有司仍于本家竪立坊牌，以彰尚義。又題准災傷地方軍民人等，有能收養小兒者，每名日給米一升；埋屍一軀者，給銀四分。鄰近州縣不得閉糴。十年，奏准陝西災傷重大，令各州縣官員戒諭富室，將所積粟麥先扣本家食用，其餘照依時價糶與饑民。若每石減價一錢至五百石以上者，給與冠帶；一千石以上，表爲義門。若民家有能自收養遺棄子女至二十口以上者，給與冠帶。

觀承案：貸富人粟以賑民，而免其雜徭以爲息，此即周官「國服爲息」之意也，豈有取利二分之説哉？青苗取民，正是名同而實異者，不得因此以病周官也。

右勸分

移民通財

周禮地官大司徒：大荒，則令邦國移民通財。注：移民，辟災就賤。其有守不可移者，則輸之粟，春秋定五年「夏，歸粟于蔡」是也。疏：移民通財，此謂兩事。移民，謂分口往就賤。財是米穀也，其有留守不得去者，則賤處通穀米與之。

王氏昭禹曰：移民，若梁惠王移其民於河東。通財，若晉饑，秦輸之粟。

高氏愈曰：大司徒荒政，惟通財之道最爲廣遠。或以上之財利通之民，或以民間之利自相通，或以遠近之利相爲通。得通財之術，而先王救荒之道其幾矣。

蕙田案：此止云「通財」，不及「散利、去幾」者，言通財，則散利、去幾之政在其中矣。

廩人：若食不能人二鬴，則令邦移民就穀。注：就穀，就都鄙之有者。

鄭氏鍔曰：梁惠王移民就粟，孟子譏之，何耶？蓋周官之民有田以耕，其饑偶出于天時之水旱而已。惠王不能制民之産，凶歲則移民，是爲無政。

秋官士師：若邦凶荒，則令移民通財。

蕙田案：移民通財，不在荒政十二之内。而大司徒「令邦國移民通財」，獨居舍禁、弛力、薄征、緩刑之先；士師「若邦凶荒，令移民通財」，則居糾守緩刑之先。蓋散利以下，荒政經常之法也。移民通財，必斯地所聚之財不足以贍斯民之急而後行之，則荒政權宜之法也。法雖出於權宜，而其爲利于民則甚大，故周禮屢及之。荒政主于聚萬民，移民而使之不失其所，民雖散猶不散也。自移民之法不講，民之流移在外者遂以失所，或致生變故。列代所載安集流民之事，俱附見于此。

春秋隱公六年左氏傳：京師來告饑，公爲之請糴于宋、衛、齊、鄭，禮也。

莊公二十有八年冬，大無麥、禾，臧孫辰告糴于齊。左氏傳：禮也。

國語魯語：魯饑，臧文仲言于嚴公，曰：「夫爲四鄰之援，結諸侯之信，重之以婚姻，申之以盟誓，固國之艱急是爲。鑄名器，藏寶財，固民之殄病是待。今國病矣，君盍以名器請糴于齊？」公曰：「誰使？」對曰：「國有饑饉，卿出告糴，古之制也。辰也備卿，辰請如齊。」公使往。從者曰：「君不命吾子，吾子請之，其爲選事乎？」文仲曰：「賢者急病而讓夷，居官者當事不避難，在位者恤民之患，是以國家無違。今我不如齊，非急病也。在上不恤下，居官而惰，非事君也。」文仲以鬯圭與玉磬如齊告糴，曰：「天災流行，戾于敝邑，饑饉荐降，民羸幾卒，大懼殄周公、太公之命祀，職貢業事之不共而獲戾。不腆先君之敝器，敢告滯積，以紓執事，以救敝邑，使能共職。豈唯寡君與二三臣實受君賜，其周公、太公及百辟神祇實永饗而賴之！」齊人歸其玉而予之糴。

春秋僖公十三年左氏傳：晉薦饑，使乞糴于秦。秦伯謂子桑：「與諸乎？」對曰：「重施而報，君將何求？重施而不報，其民必攜，攜而討焉，無衆必敗。」謂百里：「與諸乎？」對曰：「天災流行，國家代有。救災恤鄰，道也。行道有福。」丕鄭之子豹在秦，請伐晉。秦伯曰：「其君是惡，其民何罪？」秦于是乎輸粟于晉，自雍及絳相繼，命之曰「汎舟之役」。

十四年左氏傳：秦饑，使乞糴于晉，晉人弗與。慶鄭曰：「背施無親，幸災不仁，貪愛不祥，怒鄰不義。四德皆失，何以守國？」虢射曰：「皮之不存，毛將安傅？」慶鄭曰：「棄信背鄰，患孰恤之？無信患作，失援必斃，是則然矣。」虢射曰：「無損于怨，而厚于寇，不如勿與。」慶鄭曰：「背施幸災，民所棄也。近猶讎之，況怨敵乎？」弗聽。退曰：「君其悔是哉！」

十五年左氏傳：是歲，晉又饑，秦伯又餼之粟，曰：「吾怨其君而矜其民。」

定公五年左氏傳：歸粟于蔡，以周亟，矜無資。穀梁傳：諸侯無粟，諸侯相歸粟，正也。孰歸之？諸侯也。不言歸之者，專辭也，義邇也。

蕙田案：齊桓葵丘之會，申遏糴之禁，而春秋所載告糴歸粟之事，列國時或有之。蓋周官通財之教，猶未遠也。

孟子：梁惠王曰：「寡人之於國也，盡心焉耳矣。河内凶，則移其民于河東，移其粟于河内。河東凶亦然。注：言凶年以此救民也。察鄰國之政，無如寡人之用心者。」注：言鄰國之君用心憂民無如己也。

朱子曰：移民以就食，移粟以給其老稚之不能移者。惠王不能制民之産，又使狗彘得以食人之食，至于民饑而死猶不知發，則其所移，特民間之粟而已。

漢書高祖本紀：二年六月，關中大饑，米斛萬錢，人相食，令民就食蜀、漢。

景帝本紀：元年春正月，詔曰：「間者歲比不登，民多乏食，夭絶天年，朕甚痛之。郡國或磽陿，無所農桑毄畜；或地饒廣，薦草莽，水泉利，而不得徙。其議民欲徙寬大地者，聽之。」

武帝本紀：建元三年春，河水溢于平原，大饑，人相食。賜徙茂陵者，户錢二十萬。

食貨志：山東被水災，民多饑乏，于是天子遣使虚郡國倉廩以振貧〔一〕。猶不足，又募豪富人相假貸。尚不能相救，廼徙貧民于關以西，及充朔方以南新秦中，七十餘萬口，衣食皆仰給于縣官。數歲，貸與産業，使者分部護，冠蓋相望，費以億計。

武帝本紀：元鼎二年夏，大水，關東餓死者以千數。秋九月，詔曰：「仁不異遠，義不辭難。今京師雖未爲豐年，山林池澤之饒與民共之。今水潦移于江南，迫隆冬

〔一〕「廩」，諸本作「稟」，據漢書食貨志改。

至，朕懼其饑寒不活。江南之地，火耕水耨，方下巴、蜀之粟致之江陵，遣博士中等分循行，諭告所抵，無令重困。」

元帝本紀：初元元年九月，關東郡國十一大水，饑，或人相食，轉旁郡錢穀以相救。

平帝本紀：元始二年四月，郡國大旱，蝗，民流亡。罷安定呼沲苑以爲安民縣，起官寺市里，募徙貧民，縣次給食。至徙所，賜田宅什器，假與犂、牛、種、食。又起五里于長安城中，宅二百區，以居貧民。

後漢書章帝本紀：元和元年二月甲戌，詔曰：「自牛疫已來，穀食連少。其令郡國募人無田欲徙它界就肥饒者，恣聽之。到在所，賜給公田，爲雇耕傭，賃種餉，貰與田器，勿收租五歲，除筭三年。其後欲還本鄉者，勿禁。」

樊準傳：永元之初，連年水旱災異，郡國多被饑困。準上疏曰：「伏見被災之郡，百姓凋殘，恐非賑給所能勝贍，雖有其名，終無其實。可依征和元年故事，遣使持節慰安。尤困乏者，徙置荆、揚熟郡，既省轉運之費，且令百姓各安其所。如遣使者與二千石隨事消息，悉留富人守其舊土，轉尤貧者過所衣食，誠父母之計也。願以臣言下公卿平議。」太后從之。

和帝本紀：永元六年三月，詔流民所過郡國皆實稟之，其有販賣者勿出租稅，又欲就賤還歸者，復一歲田租、更賦。十五年春閏月乙未，詔流民欲還歸本而無糧食者，過所實稟之，疾病加致醫藥。其不欲還歸者，勿强。

安帝本紀：永初元年九月，調揚州五郡租米，贍給東郡、濟陰、陳留、梁國、陳國、下邳、山陽。七年九月，調零陵、桂陽、丹陽、豫章、會稽租米，賑給南陽、廣陵、下邳、彭城、山陽、廬江、九江饑民。

晉書食貨志：嘉平四年，關中饑，宣帝表徙冀州農夫五千人佃上邽。

魏書食貨志〔一〕：神瑞二年，帝以饑，將遷都于鄴，用博士崔浩計，乃止。于是分簡尤貧者就食山東，敕有司勸課留農者。

孝文帝本紀：太和十一年七月，詔曰：「今年穀不登，聽民出關就食，遣使者造籍，分遣去留，所在開倉賑恤。」九月，詔曰：「去夏以歲旱民饑，須遣就食，舊籍雜亂，

〔一〕「食貨志」，諸本作「明元帝本紀」，據魏書食貨志改。

難可分簡，故依局割民，閲户造籍，欲令去留得實，賑貸平均。然迺者以來，猶有餓死衢路，無人收識。良由本部不明，籍貫未實，廪恤不周，以至于此。朕猥居民上，聞用慨然。可重遣精檢，勿令遺漏。」

東陽王丕傳：文明太后引見公卿于皇信堂，太后曰：「京師旱儉，欲聽饑貧之人出關逐食。如欲給過所，恐稽延時日，不救災窘，若任其外出，復慮姦良難辨。卿等可議其所宜。」丕議：「諸曹下大夫以上，人各將二吏，別掌給過所，州郡亦然，不過三日，給之便訖，有何難也？」高祖從之，四日而訖。

宣武帝本紀：延昌元年四月戊辰，詔河北民就穀燕、恒二州。辛未，詔饑民就穀六鎮。

周書武帝本紀：建德三年十月，詔蒲州民遭饑乏絶者，令向郿城以西及荆州管内就食。

隋書食貨志：開皇十四年，關中大旱，人饑，上幸洛陽，因令百姓就食，從官並准見口賑給，不以官位爲限。

舊唐書高宗本紀：咸亨元年，天下四十餘州旱及霜蟲，百姓饑乏，關中尤甚。詔令任往諸州逐食，仍轉江南租米以賑給之。

永隆二年是年改元開耀。八月，河南、河北大水，許遭水處往江、淮已南就食。

册府元龜：開元十四年十一月，詔曰：「近聞河南、宋、沛等州百姓多有沿流逐熟去者，須知所詣，有以安存。宜令本道勸農事與州縣檢責其所去及所到户數奏聞。」

舊唐書玄宗本紀：開元十五年，河北饑，轉江、淮之南租米百萬石以賑給之。

册府元龜：後周廣順元年八月，契丹瀛、莫、幽州界大水，饑饉流散、襁負而歸者，不可勝計。比界州縣，亦不禁止。太祖愍之，詔沿邊州郡安卹流民，仍口給斗粟。前後繼至數十萬口。

宋史太祖本紀：乾德二年四月，靈武饑，轉涇粟以饟。

開寶六年二月，曹州饑，漕太倉米二萬石振之。

太宗本紀：雍熙二年三月，江南民饑，許渡江自占。

王圻續通考：天聖七年閏二月，詔河北轉運司，契丹流民，其令分送唐、鄧、襄、汝州，以閒田處之。仍令所過，人給米二升。初，河北轉運司言契丹大饑，民流過界河。上謂輔臣曰：「雖境外之民，皆朕赤子，可賑救之。」

文獻通考：慶曆八年，河北大水，民流就食京東者不可勝數。知青州富弼擇所部豐稔者三州勸民出粟，得十五萬斛，益以官廩，隨所在貯之。擇公私廬舍十餘萬區，散處其人，以便薪水。官吏自前資待缺、寄居者，皆給之禄，使即民所聚，選老弱者廩之。山林河泊之利，有可取以爲生者，聽流民取之，其主不得禁。官吏皆書其勞，約爲奏請，使他日得以次受賞于朝。率五日輒遣人以酒肉糗飯勞之，人人爲盡力。流民死者，爲大冢葬之，謂之「叢冢」，自爲文祭之。及流民將復其業，又各以遠近受糧。凡活五十餘萬人，募爲兵者又萬餘人。前此救災者皆聚民城郭中，煮粥食之，饑民聚爲疾疫，及相蹈藉死，或待次數日不食，得粥皆僵仆，名爲救人，而實殺之。弼所立法，簡便周至，天下傳以爲法。

富弼乞分給河北流民田土劄子：臣昨在汝州，竊聞河北流民來許、汝、唐、鄧州界逐熟者甚多。臣以朝廷前許請射，係官田土，後却不令請射，盡須發遣，歸還本貫。臣訪聞流民必難發遣得回，既已流移至此，又却不得田土，徒令狼狽道路，轉見失所。遂專牒本州通判張恂立便往州界諸縣流民聚處，一一相度，或發遣情願人歸還本貫，或放令前去别州，或相度口數給與民田土，或自令樵漁採捕，或計口支散官粟。諸般救濟，庶幾稍可存活。内只有給田一項，違著朝廷後來指揮。比欲奏候朝旨，又爲流民來者日益多，深恐救卹稍遲，轉有死損，遂且用上項條件施行去後，方具奏聞。尋准中書劄子，奉聖旨一依奏陳事理，其後來者，即教不得給田，候春暖勸諭令歸上路。後方知其餘州軍所到流民，不拘新舊，並只用元降朝旨，盡不許給與田土。臣其時以急于赴召，不及再有奏陳。自襄城縣至南薰門共六程，臣見緣路流民，大小車乘及驢馬馱載以至擔仗等，相繼不絶。臣每逢見逐隊老小，一一問當，及令逐旋抄劄子。只路上所逢者，約共六百餘户，四千餘口。其逐州縣鎮以至道店中已安下，臣不見者，并臣于許州驛中住却一日，路上之人臣亦不見者，比臣曾見之數，恐又不下一二百户，二三千口。都計約及八九百户，七八千口。其前後已過，并今未來及有往唐、鄧、萊州等處，臣所不見者，又不知其數多少。扶老攜幼，纍纍滿道，寒饑之色，所不忍見。亦有病而死者，隨即埋于道傍，骨肉相聚，號泣而去。臣親見而問得者，多是鎮、趙、邢、洺、磁、相等州下等人户。以十分爲率，約四五分並是鎮人，其餘五六分即共是趙州與邢、洺、磁、相之人。又十中約六七分是第五等人，三四分是第四等人及不濟户與無土浮客，即絶無第三等已上之家。臣逐隊徧問，因甚如此離鄉土，遠來它州？其間甚有垂泣告者曰：「本不甚拋離墳墓骨肉及破壞家産，只爲災傷物貴，存濟不得，憂慮餓殺老小，所以須至趁斛㪷賤處逃命。」又問得有全家起離來更不歸者；亦有減人口暫來逐熟、候彼中無災傷斛斗稍賤即却歸者；亦有去年先令人來請射，或買置田土，稍有准備者；亦有無准備望空來者。大約稍有准備來無一二，餘皆茫然，並未有所歸，只是路上逐旋問人斛㪷賤處便去。臣竊聞有人聞于朝廷，云流民皆有車仗驢馬，蓋是上等人户，不是貧民，致朝廷須令發遣却歸本貫。此説蓋是其人只以傳聞爲詞，不曾親見親問，但知却有車乘行李次第頗多，便稱是上等之人。臣每親見有七八輛大車者，約及四五十家，二百餘口；四五輛大車者，約及三四十家，一百餘口；一兩輛大車者，約及五七家，五七十口。其小車子及驢馬擔仗之類，大抵皆似。大車並是彼中鄉村相近鄰里，或出車乘，或出驢牛，或出繩索，或出撘蓋之物，遞相併合，各作一隊起來，所以行李次第如上等人户也。今既是貧窮之家，決意離去鄉土，逃命逐熟，而朝廷須令發遣却回，必恐有傷和氣。臣亦曾仔細説諭，云朝廷恐你拋離鄉井，欲擬發遣却歸河北，不知如何？其丈夫婦人皆向前對曰：「便是死在此處，必更難歸。兼一路盤纏已有次第，如何歸得？除是將來彼中有可看望才有歸者也。」此已上事，便是臣親見親問，所得最爲詳悉，與夫外面所差體究之人不同。簿尉幕職官畏懼州府，州府畏懼提、轉，提、轉畏懼朝省，而不敢盡理而陳述。或心存諂佞，不肯説盡災患之事；或不切用心，自作鹵莽。申陳不實者，萬不侔也。伏望聖慈早賜指揮，京西一路如流民到處，且將係官荒閒田土及見佃人占剩無税地土産，有心力、廉公官員四散分俵，各令住田，更不得逼逐發遣，却歸河北。其餘或與人家作客，或自能樵漁採捕，或支官粟計口養飼之類，更令中書檢詳前後條約，疾速嚴行指揮約束。所貴趁此日月尚淺，未有大段死損之人，可以救卹得及。

富弼支散流民斛斗畫一指揮行移：當司昨爲河北遭水，失業流民擁併過河南，于京東青、淄、濰、登、萊五州豐熟處，逐處散在城郭鄉村不少。當司雖已諸般擘畫，採取事件，指揮逐州官吏多方安泊存恤，救濟施行。本使體量，尚恐流民失所，尋出揭告諭文字，送逐州給散與諸縣，令逐耆長將告諭指揮鄉村等第人户并客户，依所定石斗出辦米豆數。内近州縣鎮，只于城郭内送納。其去州縣鎮城遠處，只于逐耆令耆長置曆受納。于逐耆第一等人户處，圖那房屋，盛貯收附封鎖，施行去訖。自後，據逐州申報，已告諭到斛米數目，受納各有次第。今體量得饑餓死損，須至令上項五州，一例于正月一日委官分頭支散上件勸諭到斛斗救濟饑民者。

一請本州纔候牒到，立便酌量逐縣耆分多少差官，每一官令專十耆或五七耆，據耆分合用員數，除逐縣正官外，請于見任并前資、寄居及文學、助教、長史等官員内，須是揀擇有行止清廉、幹當得事、不過犯官員。仍勘會所差官員本貫，將縣分交互差委支散，免致所居縣分親故顔情，不肯盡公。及將封去帖牒書，填定官員職位姓名、所管耆分去處，給與逐官收執。火急發遣往差定縣分，計會縣司，晝時將在縣所收贓罰錢或頭子錢，并檢取遠年不用故紙賣錢，收買小紙，依封去式樣、字號、空歇，雕造印板。酌量流民多少，寬剩出給印押曆子頭。各于曆子後，粘連空紙三兩張，便令差定官員，令本縣約度逐耆流民家數，分擘曆子與所差官員〔一〕，便令親自收執，分頭下鄉，勒耆壯引領，排門點檢，抄劄流民。每見流民，逐家盡底喚出本家骨肉數目，當面審問的實人口，填定姓名口數，逐家便各給曆子一道，收執照證，准

〔一〕「擘」，諸本作「劈」，據救荒活民書卷下改。

備請領米豆。即不差委公人、耆壯抄劄，別致作弊，虛僞重疊，請却曆子。一指揮差委官抄劄給曆子時，仔細點檢逐處流民。如内有雖是流民，見今已與人家作客，鋤田養種，及有錢本機織販舂諸般買賣圖運過日不致失所人，更不得一例抄劄姓名〔一〕，給與曆子，請領米豆。一應係流民，雖有屋舍權時居住，只是旋打刈柴草，日逐求口食人等，並盡底抄劄，給與曆子，令請領米豆。一應有流民，老小羸疲，全然單寒及孤獨之人，只是尋討乞丐，安泊居止不定等人〔二〕，委所差官員劈畫歸着耆分，或神廟寺院安泊，亦便出給曆子，令請米豆。不得謂見難爲拘管，輒敢遺棄，却致抛擲死損。請提舉官常切覺察。一應係土居貧窮年老〔三〕、殘患孤獨、見求乞貧子等，仰抄劄流民官員躬親檢點，如別不是虛僞，亦各依曆子，令依此請領米豆。一指揮差委官員，須是于十二月二十五日已前，抄劄集定流民家口數，給散曆子。一流民所支米豆，十五歲已上每人日支一升，十五歲已下每日

〔一〕「抄」，諸本脱，據救荒活民書卷下補。
〔二〕「定」，諸本作「然」，據救荒活民書卷下改。
〔三〕「居」，諸本作「官」，據救荒活民書卷下改。

給五合，五歲已下男女不在支給。仍曆子頭上分明細算定一家口數、合請米豆都數，逐旋依都數支給，所貴更不臨時旋計者。一緣已就門抄劄見流民逐家口數及歲數〔一〕，則支散日，更不令全家到來，只每家一名，親執曆子請領。一逐官如管十耆，即每日支兩耆，逐耆并支五日口食，候五日支遍十耆，即却從頭支散。所貴逐耆每日有官員躬親支散。如管五七耆者，即將耆分大者每日支散一耆，耆分小者每日支散兩耆。亦須每日一次支遍，逐次併支五日口食。仍預先有村莊剩出曉示，及令本耆壯丁四散各報流民，指定支散日分、去處，分明開説甚字號耆分。纔候仍仰差去官員，須是及早親自先到所支斛斗去處，等候流民到來，逐旋支散。一耆支絶一耆，速往下次合支耆分，不得自作違慢，拖延過時，别至流民歸家遲晚，道途凍露。一指揮差管官員，相度逐處受納下米豆。如内有在耆分遥遠，第一等户人家收附，恐流民所去請領遥遠，即勒耆壯，量事圖那車乘，般赴本耆地分中心穩便人家房屋室内收附，就彼便行支散。貴要一耆之内，流民盡得就近請領。一

〔一〕「門」，諸本作「民」，據救荒活民書卷下改。

指揮所差官員，除抄劄、籍定給散流民外，如有逐旋新到流民，並須官員親到審問仔細，點檢本家的實口數、安泊去處。如委不是重疊虚僞，立便給與曆子，據所到日分起請〔一〕。如有已得曆子流民起移，仰居停主人畫時令流民將原給曆子于監散官員毀抹。若是不來申報及稱帶却曆子，並仰量行科決。不得鹵莽，重疊印給曆子，亦不得阻滯流民。一逐耆盡各均匀納下斛斗，切慮流民于逐耆安泊不均。仰縣司勘會，據流民多處耆分，酌量人數，發遣趲併于少處耆分安泊，令逐耆均匀支散救濟。若是流民安泊處穩便，不願起移，即趲併别耆斛斗，就便支俵，不得抑勒流民，須令起移。一州縣鎮城郭内流民，若差委本處見任官員，亦先且躬親排門抄劄逐户家口數，依此給與曆子。每一度併支五日米豆，候食盡挨排日分，接續支給米豆，一般施行。一逐州除逐處監散官員，仍請委通判，或選差清幹職官一員，往本州界内，往來都大提舉諸縣支散米豆官吏。仍點檢逐耆元納，并逐官支散文曆，一依逐件鈐束指揮施行。仍親到所支散米豆處，仔細體問流民所請米豆委

〔一〕「日」，諸本作「口」，據全宋文卷六〇七改。

的均濟，別無漏落。　如有官員弛慢，不切用心，信縱手下公人作弊，減剋流民合請米豆，不得均濟。　即密具事由，申報本州，別選差官充替訖，申當司不得蓋庇。　一所支斛斗，如州縣内支絶已納到告諭斛㪷外，有未催到數目，便且于省倉斛㪷内權時借支〔一〕，據見欠斛㪷如未足處，亦逐旋請緊切催促，不得闕絶支借，悮誤流民。　一每官一員在縣，摘道、手分、斗子各一名，隨行幹當。　仍給升斗各一隻，乃差本縣公人三兩人當直。　如在縣公人數少，即權差壯丁，亦不得過三人。　一所差官員，除見任官外，應係權差請官。　如手下幹當人并耆壯等，及流民内有作過者，本官不得一面區分，具事由押送本縣勘斷施行。　一權差官，每月于前項贓罰錢内支給食直錢五貫文，見任官不得一例支給。　一權差官已有當司封去帖牒，若差見任官員，即請本州出揭文示幹當，其賞罰，一依當司封去權差官帖牒内事理施行。　一纔候起支，當司必然别州差官，徧詣逐州逐縣逐耆點檢。　如有一事一件違慢，本州承牒手分并縣司官吏，必然勘罪嚴斷，的不虛行指揮。　一逐州縣

〔一〕「且」，諸本作「宜」，據救荒活民書卷下改。

鎮，候差定官員，將印行指揮畫一抄劄一本，付逐官收執〔一〕，照會施行。一勘會二麥將熟，諸處流民，盡欲歸鄉，尋指揮逐州并監散官員，將見今籍定流民，據每人合請米豆數目，自五月初一日算至五月終，一併支與流民充路糧，令各任便歸鄉。一指揮出榜青、淄等州河口，曉示與免流民稅渡錢，仍不得邀難住滯。一指揮青、淄等州，曉示各道店，不得要流民房宿錢。右具如前事，須各牒青、淄、濰、登、萊五州。候到，各請一依前項逐件指揮施行訖，報所有當司。封去帖牒，如有剩數〔二〕，却請封送當司，不得有違。

富弼救濟流民劄子：臣復奉聖旨，取索擘畫救濟流民事件〔三〕，今節略編作四册，具狀繳奏去訖。臣部下九州軍，其間近河五州頗熟，遂醵于民，得粟十五萬斛，只令人户就本村耆隨處散納，貴不傷士民。又先時已于州縣城鎮及鄉村，抄下舍宇十餘萬間，流民來者，隨其意散處民舍中。逐家給一曆，曆各有號，使不相侵欺。

〔一〕「付」，諸本作「收」，據救荒活民書卷下改。
〔二〕「有」，諸本作「右」，據救荒活民書卷下改。
〔三〕「擘」，諸本作「劈」；「流民」上，諸本衍「過」字，據全宋文卷六〇三改、删。

仍于曆前計定逐家口數及合給物數〔一〕，令官員諂逐廂逐耆，就流人所居處，每人日給生豆米各半升，流民至者安居而日享食物。又以其散在村野，薪水之利，甚不難致。以此直養活至去年五月終麥熟，仍各給與一去路糧而遣歸。而按籍總三十餘萬人，此是于必死之中救得活者也〔二〕。與夫只于城中煮粥，使四遠饑羸老弱每日奔走屯聚城下，終日等候，或得或不得，閃誤死者，大不侔也。其餘未至羸病老弱，稍營運自給者，不預此籍。然亦徧曉示五州人民，應是山林河泊有利可取者，其地主不得占悋，一任流民採掇。如此救活者甚多，即不見數目。山林河泊，地主寧非所損，然損者無大害，而流民獲利者便活性命，其利害皎然也。又減利物，廣招兵從一萬餘人。有四五口，及四五萬人。大約通計不下四五十萬人。生全傳云百萬者，妄也。謹具劄子奏聞。

蕙田案：古今救濟流民之法，以富鄭公爲第一，觀其指揮行移，極簡要又極

〔一〕「于」，諸本脱，據全宋文卷六〇三補。
〔二〕「于」，諸本作「以」，據全宋文卷六〇三改。

周密，可云才大而心細矣。

宋史仁宗本紀：皇祐二年三月，詔兩浙流民聽人收養。

荒政考略：滕元發知鄆州，歲方饑，乞淮南米二十萬石爲備，百姓安之。次年大稔，會淮南、京東皆大饑，元發召城中富民與約曰：「流民且至，無以處之，則疾疫起，併及汝矣。吾得城外廢營地，欲爲席屋以待之。」民曰：「諾。」爲屋二千五百間，一夕而成，流民至，以次授地，井竈器用皆具。以兵法部勒，少者炊，壯者樵，老者休，民至如歸。上遣工部郎中王右按視，廬舍道巷，引繩棊布，肅然如營陣。右大驚，圖上其事。有詔褒美，蓋活五萬人云。

元發爲倡義，富户計田百畝，出穀十石，籍得米二萬有奇，爲粥以濟。其病弱者，督令醫治。强可任工役者，使營舍學宫。所活五六萬人。四方聞風，歸之如市。

祁氏爾光曰：滕達道之處流民，大類富鄭公。富散而不擾，滕聚而能整，皆可法也。

宋史寧宗本紀：嘉定二年六月，命江西、福建、二廣豐稔諸州，糴運以給臨安，仍償其費。

王圻續通考：嘉定十七年，袁甫進區處流民故事曰：「臣竊爲區處流民之策，惟富弼之法最爲簡要。所謂簡要之策，惟日散處其民於下，而總提其綱於上而已。竊聞金陵諸邑，流民群聚，皆來自淮西，荷戈持刃，白晝肆掠，動輒殺傷。沿江出兵驅之，其在句容之境者，軼入金壇。若宣城，若池陽，若當塗，所在蟻聚，剽刼成風，逃亡之卒，皆入其黨，江南姦民，率多附和。目前勢已若此，冬杪春初，日月尚長，蔓延不已，各將潰裂四出，不可收拾。臣愚欲乞朝廷行下督府及諸閫與凡安撫總漕諸司，作急措置。自一路而推之諸路，由諸路而推之諸郡，每處流民，隨所在分之。凡贍養之費，惟分則易供；居止之地，惟分則易足。此非臣之臆説也。弼擇所部五州，勸民出粟，得十五萬斛，益以官廩，隨所在貯之，又擇公私廬舍十餘萬區，散處其人，以便薪水。弼之所作，可謂委曲詳盡矣。今日果能推行此策，非但勸民出粟而已，或撥上供之數，或撥樁管之錢，或乞科降，則上下當相視如一家；或請團給，則彼此當聯絡爲一體。而所謂團給者，又不止一途而已。能勞苦者庸其力，有伎藝者食其業。其間有爲士者，則散於庠序。爲商者，則使之貿遷。心有所繫，而姦無所萌，此皆分説也。是故民貴分之愈多，則養之愈易。而其要在督府制閫以及總漕諸司爲之領袖而已。

平分，而權貴平合，所謂散處其民而總提其綱者，正謂此也。臣願朝廷使長吏任責一如青州故事，流民幸甚。」

宋史理宗本紀：嘉熙元年春正月，詔：「兩淮、荆、襄之民，避地江南，沿江州縣，間有招集振卹，尚慮恩惠不周，流離失所。江陰、鎮江、建寧、太平、池、江、興國、鄂岳、江陵境内流民，其計口給米，期十日竣事以聞。」

金史世宗本紀：大定三年二月，上謂宰相曰：「灤州饑民，流散逐食，甚可矜恤。移于山西，富民贍濟，仍于道路計口給食。」三月，詔臨潢漢民逐食于會寧府濟、信等州。十二月，詔流民未復業，增限招誘。　二十八年十一月，詔南京、大名府等處避水逃移不能復業者，官與津濟錢，仍量地頃畝給以耕牛。

章宗本紀：明昌三年七月，敕尚書省曰：「饑民如至遼東，恐難遽得食，必有饑死者。其令散糧官問其所欲居止，給以文書，命隨處官長計口分散，令富者出粟養之。限以兩月，其粟充秋稅之數。」

宣宗本紀：貞祐三年四月，諭田琢留山西流民少壯者充軍，老幼者令就食于邢、洺等州，欲趣河南者聽。

興定五年八月，上諭樞密：「河北艱食，民欲南來者日益多，速令渡之，毋致殍死。」

元史食貨志：中統二年，遷伊聶濟地貧民，就食河南、平陽、太原。

世祖本紀：至元七年八月，諸王拜達哈部曲告飢，命有車馬者徙居鴻和爾玉良之地，計口給糧，無車馬者就食肅、沙、甘州。二十四年閏二月，以女直、碩達勒達部連歲饑荒，移粟賑之。二十五年七月，諸王伊濟部曲飢，分五千户就食濟南。

續文獻通考：洪武七年，詔各處人民流移願歸，或身死抛下老幼，還者聽從其便。鰥寡篤廢之人、貧難存活者，有司勘實，官給衣糧養贍。

通紀會纂：永樂三年，山西民飢，流徙至南陽諸郡，不下十餘萬口。有司軍衛各遣人捕逐，民死亡者多。上諭夏原吉曰：「民饑流移，豈其得已？仁人君子，所宜矜念。今乃驅逐，使之失所，不仁甚矣。其即遣官，加意撫綏，發倉廩給之，隨所至居住。有捕治者，罪之。」

先憂集：成化初，陝西至荆襄、唐鄧一路皆長山大谷，綿亘千里。所至流逋藏聚爲梗，劉千斤因之作亂，至李鬍子復亂。流民慮百萬。都御史項忠下令有司逐之，道死者不可勝計。祭酒周洪謨憫之，乃著流民説，略曰：「東晉時，廬、松、滋之民流至荆州，乃僑置松滋縣於荆江之南，陝西、雍州之民流聚襄陽，乃僑置南雍州於襄水之側。其後松滋遂隸于荆州，南雍遂并於襄陽。迄今千載，寧謐如故。此前代處置得宜之效。今若聽其近諸縣者附籍，遠諸縣者設州縣以撫之，置官役，編里甲，寬徭役，使安生理，則流民皆齊民矣，何以逐爲？」李賢深然其説。至成化十一年，流民復集如前，賢乃援洪謨説上之。上命右副都御史原傑往莅其事。傑乃偏歷諸郡縣深山窮谷，宣上德意，延問流民父老，皆欣然願附籍爲良民。於是大會湖、陝、河南三省撫按，合謀僉議籍良，得十二萬三千餘户，皆給與閒曠田畝，令開墾以供賦役。建設州縣，以統治之。遂割竹山之地置竹溪縣，割鄖津之地置鄖西縣，割漢中洵陽之地置白河縣，又陞西安之商縣爲商州，而析其地爲商南、山陽二縣，又析唐縣、南陽、汝州之地爲桐柏、南台、伊陽三縣，使流寓土著，參錯而居。又即鄖陽城置鄖陽府，以統鄖及竹山、竹溪、鄖西、房、上津六縣之地；又置湖廣行都司及鄖陽衛於鄖陽，以爲保障之地。經畫已定，乃上言：「民猶水也。水之就下，猶民之秉彝而好德也。曩脇從之黨，豈皆盜耶？設若置立州縣，簡任賢能，輕徭薄税，先以羈縻其心，佩犢帶牛，漸以化成其俗，則荆棒疆土入貢於版籍之間，反側蒼生安枕于閭閻之下，撫安之策，莫良於此。」因妙選賢能，薦爲郡邑守。復慮新設郡縣，漫無統紀，薦御史吴道宏代己任，總治三省，上悉從之。擢道宏大理少卿，撫治三省八府州縣，進傑右都御史，尋遷南京兵部尚書。漢南諸郡縣之民，聞之莫不流涕，皆爲立祠焉。

泳化篇：成化二十一年，詔陝西、山西、河南災傷軍民，全家逃往鄰境南山、漢中、徽州、商洛、湖廣、荆襄、四川、利順等處趁食求活者，情實可憫，各該巡撫、巡按、司府、州縣、衛所官不許趕逐，務要善加撫恤，設法賑濟，安插得所，候麥熟官爲應付口糧，復業免其糧差三年，本處不許科擾及追逼私債。

弘治十七年，令撫按安嚴督所屬，清察地方流民，久住成家不願回籍者，令附籍，優免糧差三年。如隻身無産，并新近逃來軍匠等籍，遞回原籍，仍從實具奏稽考。

陳氏芳生曰：民之得免於流，與夫既流而得還，其利害不啻什伯也。當民之未流，有以賑撫之，使之得免於流，與夫流之後，欲以招徠之，使之復還其舊，其繁簡難易，尤不啻什伯也。然而民之不免於流，當事者必待民之既流而始以勞來還定安集見功，皆由於預防之道未得也。古人三年耕必有一年之蓄，九年耕必有三年之蓄，誠得循良有司平時預爲講求，事事爲生民計久遠，不爲竭澤之漁，不爲速化之術，而上下交必不以深文爲之掣肘，使得專心致志，如保赤子者。十年二十年如此，而吾境中縱或間有一二年之水旱，當必不至于流亡，又何必問所以撫流民哉！設或未然，前乎我久矣，泄泄從事，其爲上下左右者，於民生休戚，皆漠然無與于己，既已釀成流亡之局，而忽又繼之以水旱，而我適當其時，不能禁民之不流。又或者鄰邑鄰郡偶有一二年方數百里千餘里之饑饉，彼不能使其民之不流，而我又何能禁其流民之不至於此。則凡所以綜理而撫綏之者，不可不早爲之區畫矣。

大學衍義補：丘氏濬曰：人生莫不戀土，非甚不得已，不肯舍而之他也。苟有可以延性命，度朝夕，孰肯捐家業，棄墳墓，扶老攜幼而爲流浪之人哉？人而至此，無聊甚矣。夫有土，此有民，徒有土而無民，亦惡用是土爲哉？是以知治本者，恒於斯民完聚之時，預爲一旦流離之慮，必擇守令，必寬賦役，必課農桑，汲汲然惟民食之爲急。先水旱而爲水旱之備，未饑饉而有飢饉之儲，此無他，恐吾民之一旦不幸無食而至于流離也。夫蓄積多而備先具，則固無患矣。若夫不幸蓄積無素，雖蓄積而連年荒歉，請之官，無可發；勸之民，無可貸；乞諸鄰，無可應。將視其民坐守枵腹以待斃乎？無亦聽其隨處趁食以求生也。然是時也，赤地千里，青草不生，市肆無可糴之米，旅店無充饑之食，民之流者，未必至所底止而爲途中之殍多矣。然則如之何而可？曰：國家設若不幸而有連年之水旱，量其勢必至饑饉，則必豫爲之計，通行郡縣，察考有無蓄積，於是量其遠近多寡，或移民以就粟，或轉粟以就民，或高時估以招商，或發官錢以市糴。不幸公私乏絶，計無所出，知民不免於必流，則亟達朝廷，豫申會府，多遣官屬，分送流甿，縱其所如，隨處安插，所至之處，請官庾之見儲，官爲給散，不責其償；借富民之餘積，官爲立券，估以時值。此處不足，又聽之他。既有底止之所，苟足以自存，然後校其老壯强弱。老而弱者留于所止之處，壯而强者量給口糧，俾歸故鄉，官與之牛具種子，趁時耕作，以爲嗣歲之計。待歲時可望，然後搬挈以歸。如此，則民之流移者有以護送之，使不至於潰散而失所；有以節制之，使不至於劫奪而生亂。又有以還定安集之，使彼之室家已破而復全，我之人民已散而復集。是雖所以恤民之災患，亦所以弭國禍亂也。臣嘗因是而論之。周宣王所以中興者，以萬民離散，不安其居，而能勞來還定安集之也。晉惠帝所以分崩離析者，以六郡薦饑，流民入于漢川者數萬家，不能撫恤之，而有李特之首亂也。然則流民之關係，亦不小哉！

蕙田案：明之亡，亡于盜賊。盜賊之興，由於饑饉薦臻，民流移于四方，而有司莫爲之區處也。民莫不安土而重遷，非計無所出，誰肯舍其鄉井廬墓，棄其親戚故舊，而轉徙于外者！惟其官吏無可告訴，比鄰無可假貸，束手待斃，朝不及夕，始不得已而爲趁食之舉。倘所在長吏，有富彦國、滕達道其人者，爲之計口而賑給，分地而安插，俾有更生之樂，而無離散之苦，則流民皆良民也。不然而進無所往，退無所歸，弱者有轉死而已耳，强者有刦奪而已耳。大盜因之，亡不旋踵。揆厥所由，固人事之失也。丘瓊山生于有明全盛之時，而於周宣、晉惠興亡之故，反覆指陳如此。後百餘年，其語卒驗，可謂能遠慮者矣。

右移民通財

統論荒政

呂氏祖謙論荒政：荒政條目，始于黎民阻饑。「舜命棄爲后稷，播時百穀」，其詳見于生民之詩。到得後來，如所謂禹之水、湯之旱，民無菜色，其荒政制度不可考。及至成周，自大司徒「以荒政十有二聚萬民」，其詳又始錯見于六官之書。然古者之所謂荒政，以三十年之通制國用，則有九年之蓄，遇歲有不登，爲人主者則貶損減省。喪荒之式，見于小行人之官，「札喪、凶荒、厄窮爲一書」。當時天下，各自有廩藏所，遇凶荒則賑發濟民而已。當時措置，與後世不同。所謂移民、平糴，皆後世措置。且自周論之，太宰以九式均節財用，三曰「喪荒之式」。又遺人「掌縣鄙之委積以待凶荒」，而大司徒又以「薄征、散利」，凡諸侯莫不有委積以待凶荒。凶荒之歲，爲符信，發粟賑饑而已。當時斂散輕重之式未嘗講，侯、甸、采、衛皆有饋遺，不至于穀價翔踴。如弛張斂散之權，亦不曾講。惟到春秋戰國，王政既衰，秦饑乞糴于晉，魯饑乞糴于齊，歲一不登則乞糴于鄰國，所謂九年之制度已自敗壞，見管子輕重一篇，無慮百千言，不過君民互相攘奪，收其權于君上，已非君道。所謂荒政，一變爲斂散輕重。先王之制因壞。到後來，斂散輕重之權又不能操，所以啓姦民幸凶年以謀禍害，民轉死于溝壑，至此一切急迫之政。五代括民粟，不出粟者死，與斂散輕重之法又殆數等。大抵其法愈壞，則其術愈粗。論荒政，古今不同。且如移民易粟，孟子特指爲苟且之政，已非所以爲王道；秦、漢以下，却謂之善政。漢武帝詔令「水潦移于江南，方下巴、蜀之粟，致之江陵」。唐西都至歲不登，關中之粟不足以供萬乘，荒年則幸東都。自高祖至明皇，不特移民就粟，其在高宗時，且有「逐糧天子」之語。後來玄宗溺于苟安〔一〕，不出長安。以此論之，時節不同。孟子所謂苟且之政，乃後世所謂善政。且三十年之通制國用，須必世百年而可行，亦未易及。此後之有志之士，如李悝之平糴法，非先王之政，豐年收之甚賤，凶年出之賑饑，此又思其次之良規。到得平糴之政不講，一切趣辦之政，君子不幸遇凶荒之年，不得已而講，要之，非常行。使平糴之法常行，則穀價不貴，四民各安其居，不至于流散，各有以自生養。至于移民移粟，不過以饑殍之養養之而已。若設糜粥，其策又其下者。大抵荒政，統而論之，先王有預備之政，上也；使李悝之政

〔一〕「苟」，原作「可」，據光緒本改。

修，次也；所在蓄積，有可均處，使之流通，移民移粟，又次也；咸無焉，設糜粥，最下也。雖然如此，各有差等。有志之士，隨時理會，便其民。戰國之時，要論三十年之通計，此亦虚談，則可以行平糴之法。如漢、唐坐視無策，則移民通財，雖不及先王，亦不得不論。又不得已而爲糜粥之養，隨所寓之時，就上面措置得有法亦可。大抵論荒政，統體如此。今則所論可行者甚多，試舉六七條。且如漢載粟入關中，無用傳，後來販粟者免税，此亦可行之法。此法一行，米粟流通。如後世勸民出粟，散在鄉里，以田里之民，令豪户各出穀散而與之，此一條亦可行。又如富鄭公在青州，處流民于城外，所謂室廬措置，種種有法，當時寄居游士分掌其事，不以吏胥與于其間。又如趙清獻公在會稽，不減穀價，四方商賈輻輳，此一條亦是可行之法。凡六七條，皆近時可舉而行之。自此推之，不止六七條，亦見歷世大綱，須要參酌其宜于今者。大抵天下事，雖古今不同，可行之法，古人皆施用得遍了，今則但舉而措之而已。今所論荒政，如平糴之政，條目尤須講求。自李悝平糴，至漢耿壽昌爲常平倉，元帝以後，或廢或罷，到宋朝遂爲定制。仁宗之世，韓魏公請罷鬻没官之田，募人承佃，爲廣惠倉，散與鰥寡孤獨。慶曆、嘉祐間，既有常平倉，又有廣惠、廣濟倉賑恤，所以仁宗德澤洽于民，三倉蓋有力。至王荆公用事，常平、廣惠量可以支給盡糴，轉以爲錢，變而爲青苗，取三分之息，百姓遂不聊生。廣惠之田賣盡，雖得一時之利，要之竟無根底。元祐間雖復，章惇又繼之，三倉又壞。論荒政者，不得不詳考。

朱子與王漕齊賢書：今日救荒，恤民之急，則不過視部内被災之郡，使之實檢，放捐逋租，寬今年夏秋二税省限，各展一月。具以條目言之于朝，而其可直行者，一面行下。然後謹察州縣奉行之勤惰得失而誅賞之，使愁嘆無聊之民猶復有所顧藉，而不忍肆其猖狂悖亂之心，以全其首領，保其家族，靖其鄉閭。此則今日救荒恤民之急務也。此外則視荒損尤甚之鄉，使之禾米得入而不得出，有餘之處則許其通融糴販，稍勸富民平價出糴，勸民廣種大小蕎麥、蔔芋、蔬菜之屬，以相接續。其貧甚者，更使互相保而别召税户保之，借以官本，收成之後衹納元錢，亦一助也。此等爲災傷甚處乃行之，想亦不至甚多也。

朱子語類：自古救荒，自有兩説：第一是感召和氣，以致豐穰。其次只有儲蓄之計。若待他餓時理會，更有何策？或説救荒，賑濟之意固善，而取出之數，不即今三月將届，田野之外，菜芽木葉，皆可採食，若銀米散賑得宜，再有牛具種子之給，未流者必不輕離鄉土，而已流亡者亦聞風而歸矣。其餘後時，緩不及事者，不必講可也。

林希元荒政叢言：救荒有二難，曰得人難，審户難。有三便，曰極貧民便賑米，次貧民便賑錢，稍貧民便賑貸。有六急，曰垂死貧民急饘粥，疾病貧民急醫藥，起病貧民急湯水，既死貧民急墓瘞，遺棄小兒急收養，輕重繫囚急寬恤。有三權，曰借官錢以糴糶，興工作以助賑，貸牛種以通變。有六禁，曰禁侵漁，禁攘盜，禁遏糴，禁抑價，禁宰牛，禁度僧。有三戒，曰戒遲緩，戒拘文，戒遣使。

晝簾緒論賑恤篇：歲獲大有，家用平康，不惟民之幸，實令之幸。一罹災歉，何事不生？若流離，若剽奪，若死者相枕藉，啼饑連阡陌，豈非令之責哉？故不幸而疫癘倏興，則當遣吏抄劄家數人口，命醫給藥，支錢付米。其全家在寢者，官爲庸倩丐徒看值，每日兩次點察。其因病不救者，官爲辦給函木，仍支錢與之津送。或不幸而盜賊竊發，則當下都申嚴保伍，每五家爲一甲，五小甲爲一大甲，保長統之，有警則鳴梆集衆，協力勦捕。捕到則官支犒賞，激厲其餘。若乞兵防拓，若出榜撫諭，皆當隨宜行之。其有水火挻災，人民離散者，當稟白州郡，借貸錢米，人各以若干米給之，若干錢貸之，使之整理室廬，興復生業。不贍，則咨目徧白不被害上户，量物力借貸，併與貸給齊民，許其一月之後，日償若干，官却以其所償者償之上户，償之州家。此策不虧官而便民，最爲盡善。若但知賑給，則恐如曾南豐所謂「相率日待二升之廪于上，勢不暇乎他爲」，吾恐官之所給無已時，而民之不復業如故也。其有旱澇傷稼，民食用艱者，當勸諭上户各自貸給其農佃直，至秋成，計貸過若干，官爲給文墨，仰作三年償本主。其逃遁逋負者，官爲追督懲治。蓋田主資貸佃户，此理當然，不爲科擾，且亦免費官司區處。官之所當處者，只市户耳。却以官錢貸米鋪户，令其往外郡邑販米出糶，但要有米可糴，却不可限其價直，米纔輻輳，價自廉平，雖無待開廣惠倉可也。

徐氏乾學曰：荒政之禮，在備於未荒之時。及其已荒而救之，則有移民、移粟、散財、止糴之術而已，然猶勝于未備也。天時不常，水旱爲沴，氣數使然，而君相則默有以轉移之。周官大司徒「以荒政十有二聚萬民」，皆所以賑救而存恤之者，爲臨事之具也。至其先事而豫防者，則有倉人、廪人、遺人、旅師諸職及冢宰，餘一餘三，諸制猶未也。明政刑以先其教，薄税斂以寬其力。又有保息六以養之，曰慈幼、養老、賑窮、恤貧、寬疾、安富。有本俗六以安之，曰孅宫室、族墳墓、聯兄弟、聯師儒、聯朋友、同衣服。又以土會之法辨地之所生，使民之阜其財爲不匱。施十有二教以順其所安，曰以祀禮教敬則民不苟，以陽禮教讓則民不爭，以陰禮教親則民不怨，以樂教和則民不乖，以儀辨等則民不越，以俗教安則民不偷，以刑教中則民不虣，以誓教恤則民不怠，以度教節則民知足，以世事教能則民不失職，以賢制爵則民慎德，以庸制禄則民興功。先王所以養之教之者，如此其至也。及一旦有方一二千里之水旱，則臨事之備者，自冢宰以下至丞簿百執事，自畿輔省會以及僻壤下邑，無不隨位隨地隨時隨事而一一預圖軫恤之，必求至於精詳切當而無遺憾，則古人之成法具在，變而通之以盡利焉。以吾素所善辨者應之，而有餘裕矣，又何荒年之足慮？是在父母斯民者，加之意而已。

右統論荒政

五禮通考卷二百五十一

凶禮六

札禮

蕙田案：大宗伯「以荒禮哀凶札」，蓋以疫癘之生，多在災傷之後，故以荒禮包之。至如大司徒、膳夫、司服則以大札與大荒對言，大司樂以大札與大凶對言，朝士、小行人「凡以神仕者」以札喪與凶荒對言。是二禮未可合而爲一。今別爲札禮，繼荒禮之後。

周禮地官大司徒：大札，則令邦國移民、通財、舍禁、弛力、薄征、緩刑。注：大札，大疫病也。

秋官朝士：若邦札喪，則令邦國、都家、縣鄙慮刑貶。

小行人：若國札喪，則令賻補之。疏：此札喪在喪禮中，宗伯荒札荒禮中者，欲見札而復荒，則與荒禮同科；若札而不荒，自從喪禮也。

天官膳夫：大札則不舉。

春官司服：大札，素服。

大司樂：大札，令弛縣。

凡以神仕者，以禬民之札喪。

漢書成帝本紀：河平四年三月癸丑，遣光禄大夫、博士嘉等十一人，行舉瀕河之郡，水所毁傷困乏不能自存者，財振貸。其爲水所流壓死，不能自葬，令郡國給槥櫝葬埋。已葬者與錢，人二千。

哀帝本紀：綏和二年秋，詔曰：「迺者河南、潁川郡水出，流殺人民，敗壞廬舍。已遣光禄大夫循行舉籍，賜死者棺錢，人三千。」

平帝本紀：元始二年四月，郡國大旱，蝗。民疾疫者，舍空邸第，爲置醫藥。賜死者一家六户以上葬錢五千，四户以上三千，二户以上二千。

後漢書安帝本紀：建光元年十一月，郡國三十五地震，或坼裂。遣光禄大夫案行，賜死者錢，人二千。

延光元年，京師及郡國二十七雨水，大風，殺人。詔賜壓溺死者年七歲以上錢，人二千；其敗壞廬舍、失亡穀食，粟，人三斛；又田被淹傷者，一切勿收田租；若一家皆被災害而弱小存者，郡縣爲收斂之。

桓帝本紀：建和三年十一月，詔曰：「朕攝政失中，災眚連仍。今京師厮舍，死者相枕，郡縣阡陌，處處有之，甚違周文掩胔之義。其有家屬而貧無以葬者，給直，人三千，喪主布三匹；若無親屬，可于官壖地葬之，表識姓名，爲設祠祭。又徙在作部，疾病致醫藥，死亡厚埋藏，民有不能自振及流移者，稟穀如科。

蕙田案：漏澤園之設，蓋昉于此。

永壽元年六月，南陽大水。詔被水死流失屍骸者，令郡縣鈎求收葬；及所唐突壓溺物故，七歲以上賜錢，人二千。壞敗廬舍，亡失穀食，尤貧者稟，人二斛。

永康元年秋八月，六州大水，勃海海溢。詔州郡賜溺死者七歲以上錢〔一〕，人二

〔一〕「賜」，諸本脱，據後漢書桓帝本紀補。

千；一家皆被害者，悉爲收斂；其亡失穀食稟，人三斛。

晉書武帝本紀：泰始七年六月，大雨霖，伊、洛、河溢，流居人四千餘家，殺三百餘人。有詔振貸給棺。

唐書代宗本紀：寶應元年四月，即皇帝位。十月，詔浙江水旱，百姓重困，民疫死不能葬者，爲瘞之。

文宗本紀：太和六年五月，給民疫死者棺，十歲以下不能自存者二月糧。

册府元龜：太和六年五月，詔諸道應災荒處，疾疫之家，有一門盡歿者，官給凶具；其餘據其人口遭疫多少，與減税錢；疫疾未定處，官給醫藥。

宋史仁宗本紀：天聖七年，河北水，瘞溺死者，給其家緡錢。

明道二年二月，詔江、淮民饑死者，官爲之葬祭。

皇祐元年二月，以河北疫，遣使頒藥。

至和元年春正月，詔：「京師大寒，民多凍餒死者，有司其瘞埋之。」壬申，碎通天犀和藥以療民疫。二月，詔：「民有疫死者，蠲户税一年；無户税者，給其家錢三千。」

英宗本紀：治平二年八月，賜被水諸軍米，遣官視軍民水死者千五百八十人，賜其家緡錢，葬祭其無主者。

曾鞏越州趙公救菑記：熙寧八年，吳、越大旱。明年春，大疫。爲病坊處，疾病之無歸者，募僧二人，屬以視醫藥飲食，令無失所。凡死者，使在處隨收瘞之。

宋史徽宗本紀：崇寧三年二月丁未，置漏澤園。

食貨志：初，神宗詔：「開封府界僧寺旅寄棺柩，貧不能葬，令畿縣各度官不毛地三五頃〔一〕，聽人安厝，命僧主之。葬及三千人以上，度僧一人，三年與紫衣；有紫衣，與師號，更使領事三年，願復領者聽之。」至是，蔡京推廣爲園，置籍，瘞人並深三尺，毋令暴露，監司巡歷檢察。安濟坊亦募僧主之，三年醫愈千人，賜紫衣、祠部牒各一道。醫者人給手曆，以書所治痊失〔二〕，歲終考其數爲殿最。諸城、砦、鎮、市户及千以上有知監者，依各縣增置漏澤園。

蕙田案：詩稱「凡民有喪，匍匐救之」，禮稱「無服之喪，以畜萬邦」。先王之

〔一〕「畿」，原作「幾」，據味經窩本、宋史食貨志上六改。
〔二〕「痊失」，諸本作「瘗人」，據宋史食貨志上六改。

於民有死喪而無告者，必思所以瘞埋之。故孟春有「掩骼埋胔」之令，不獨大札爲然也。漏澤園之設，其亦猶行古之道乎？顧寧人曰：「漏澤園起于蔡京，不可以其人而廢其法。」

宣和二年，詔：「參考元豐舊法，漏澤園除葬埋依見行條法外，應資給若齋醮等事，悉罷。」

高宗本紀：紹興十四年十二月，復置漏澤園。

食貨志：高宗南渡，民之從者如歸市。既爲之衣食以振其饑寒，又爲之醫藥以救其疾病。其有隕于戈甲、斃于道路者，則給度牒瘞埋之。若丐者育之於居養院；其病也，療之於安濟坊；其死也，葬之於漏澤園，歲以爲常。

寧宗本紀：嘉定二年三月庚申，命浙西及沿江諸州給流民病者藥。壬戌，出内庫錢十萬緡，爲臨安貧民棺槥費。

明會典：永樂六年，令福建瘟疫死絶人户，遺下老幼婦女兒男，有司驗口給米。税鹽糧米各項，暫且停徵，待成丁之日，自行立户當差。

右札禮

烖禮

蕙田案：凶禮之目，自喪、荒而外，即云「以弔禮哀禍烖」。論「烖」之一字，所包本廣。日月薄蝕，天烖也；山川崩竭，地烖也；水旱疾疫，人烖也。鄭注「禍烖」，惟以「水火」當之，以邦交相弔之禮，惟遭水火則有之，其餘不聞有弔也。至於祈禳殺禮，則凡遇烖變皆當行之。今輯經傳所載爲烖禮，而救日月伐鼓之儀，亦附見焉。

經傳烖禮

周禮春官大宗伯：以弔禮哀禍烖。注：禍烖，謂遭水火。宋大水，魯莊公使人弔焉。厩焚，孔子拜鄉人爲火來者，拜之，士一，大夫再，亦相弔之道。

易氏祓曰：神所祟謂之禍，天所毀謂之烖。

天官膳夫：天地有烖則不舉。注：天烖，日月晦食。地烖，崩動也。

春官司服：大烖，素服。注：大烖，水火爲害。君臣素服縞冠，若晉伯宗哭梁山之崩。

大司樂：凡日月食，四鎮五嶽崩，大傀異烖，令去樂。注：傀猶怪也。去樂，藏之也。

大烖，令弛縣。注：弛，釋下之。　疏：上文「去樂」，據廟中時縣之樂，去而藏之。此文據路寢常縣之樂，弛其縣而不作，互文以見義也。

秋官掌客：凡禮賓客，禍烖殺禮。

　蕙田案：此四條因烖貶損之禮。

春官小宗伯：大烖，及執事禱祠于上下神示。注：執事，大祝及男巫、女巫也。求福曰禱，得求曰祠，讄曰「禱爾于上下神祇」。

凡王之會同、軍旅、甸役之禱祠，肄儀爲位。國有禍烖，則亦如之。注：謂有所禱祈。

凡天地之大烖，類社稷宗廟，則爲位。注：禱祈禮輕。類者，依其正禮而爲之。

司巫：國有大烖，則帥巫而造巫恒。注：杜子春云：「司巫帥巫官之屬，會聚常處以待命也。」玄謂：恒，久也。巫久者，先巫之故事。造之，當按視所施爲。

女巫：凡邦之大烖，則歌哭而請。注：有歌者，有哭者，冀以悲哀動神靈也。

　蕙田案：此三條因烖祈禳之禮。

春秋莊公二十年：夏，齊大災。杜注：來告以大，故書。天火曰災。　公羊傳：大災者何？大瘠也。注：瘠，病也，齊人語也。以加「大」，知非火災也。大瘠者何？痢也。注：痢者，民疾疫也。何以書？記災也。穀梁傳：其志，以甚也。

蕙田案：公羊以災爲瘠，恐非理。蓋春秋之例，天火曰災，其云「大災」者，從告而書，猶云「宋大水」也。

成公三年二月甲子，新宮災，三日哭。公羊傳：新宮者何？宣公之宮也。宣宮則曷爲謂之新宮〔一〕？不忍言也。其言三日哭何？廟災三日哭，禮也。注：善得禮，痛傷鬼神無所依歸，故君臣素縞哭之。穀梁傳：新宮者，禰宮也。迫近不敢稱謚，恭也。其辭恭且哀，以成公爲無譏矣。新宮災，何以書？記災也。三日哭，哀也。其哀，禮也。注：宮廟，親之神靈所憑居，而遇災，故以哀哭爲禮。

襄公九年左氏傳：宋災，樂喜爲司城以爲政，注：樂喜，子罕也。使伯氏司里。注：伯氏，宋大夫。司里，里宰。火所未至，徹小屋，塗大屋，注：大屋難撤，就塗之。陳畚挶，具綆缶，注：畚，簣籠。挶，土轝。綆，汲索。缶，汲器。備水器，注：盆罌之屬。量輕重，注：計人力所任。蓄水潦，積土塗，巡丈城，繕守備。注：巡，行也。丈，度也。繕，治也。行度守備之處，恐因

〔一〕「宣宮」，原作「宣公」，據光緒本、春秋公羊傳注疏卷一七改。

災作亂。表火道。注：火起，則從其所趣標表之。使華臣具正徒。注：華臣爲司徒。正徒，役徒也。令隧正納郊保，奔火所。注：隧正，官名也。納聚郊野保守之民，使隨火所起往救之。使華閲討右官，官庀其司。注：爲右師。討，治也。庀，具也，使具其官屬。向戌討左，亦如之。注：向戌，左師。使樂遄庀刑器，亦如之。注：樂遄，司寇。刑器，刑書。使皇鄖命校正出馬，工正出車，備甲兵，庀武守。注：校正主馬，工正主車，使各備其官。疏：皇鄖是司馬。使西鉏吾庀府守。注：鉏吾，大宰也。府，六官之典。令司宫、巷伯儆宫，注：司宫，奄臣；巷伯，寺人，皆掌宫内之事。二師令四鄉正敬享，注：二師，左右師也。鄉正，鄉大夫。享，祀也。祝、宗用馬于四墉，祀盤庚于西門之外。注：祝，大祝。宗，宗人。墉，城也。用馬祭于四城以禳火。盤庚，殷王，宋之遠祖。城積陰之氣，故祀之。凡天災，有幣無牲，用馬祀盤庚，皆非禮。

昭公十七年左氏傳：冬，有星孛于大辰，西及漢。鄭裨竈言於子産曰：「宋、衛、陳、鄭將同日火，若我用瓘斝玉瓚，鄭必不火。」注：瓘，圭也。斝，玉爵也。瓚，勺也。欲以禳火。子産弗與。注：以爲天災流行，非禳所息故也。

十八年左氏傳：夏五月，火始昏見。注：火，心星。丙子，風。梓慎曰：「是謂融風，火之始也。七日，其火作乎？」戊寅，風甚。壬午，大甚。宋、衛、陳、鄭皆火。梓慎登大庭氏之庫以望之，曰：「宋、衛、陳、鄭也。」數日，皆來告火。裨竈曰：「不用吾言，鄭又將火。」鄭人請用之，子產不可，子太叔曰：「寶，以保民也。若有火，國幾亡。可以救亡，子何愛焉？」子產曰：「天道遠，人道邇，非所及也，何以知之？竈焉知天道？是亦多言矣。豈不或信？」注：多言者或時有中。遂不與，亦不復火。鄭之未災也，里析告子產曰：「將有大祥，民震動，國幾亡。吾身泯焉，弗良及也。國遷，其可乎？」子產曰：「雖可，吾不足以定遷矣。」注：子產知天災不可逃，非遷所免，故託以知不足。及火，里析死矣，未葬，子產使輿三十人遷其柩。火作，子產辭晉公子、公孫于東門。注：晉人新來，未入，故辭不使前也。使司寇出新客，注：新來聘者。禁舊客勿出於宮。注：爲其知國情，不欲令去。使子寬、子上巡群屏攝，至於大宮。注：巡行宗廟，不得使火及之。使公孫登徙大龜。使祝史徙主祏于周廟，告于先君。注：周廟，厲王廟也。有火災，故合群主于祖廟，易救護。使府人、庫人各儆其事。注：儆，備火也。商成公儆司宮，出舊宮人，寘諸火所不及。注：舊宮人，先公宮女。司馬、司寇列居火道，注：備非常也。行火所焮。城下之人，伍列登城。明日，使野司寇各保其徵。郊人助祝史，除於國北。注：爲祭處于國北者，就大陰禳火。禳火于玄冥、回禄。注：玄冥，水神。回禄，火神。祈于四鄘。注：鄘，城也。城積土，陰氣所聚，故祈祭之，以禳火之餘災。書焚室而寬其征，與之財。注：征，賦稅也。三日哭，國不市。使行人告于諸侯。宋、衛皆如是。陳不救火，許不弔災，君子是以知陳、許之先亡也。七月，鄭子產爲火故，大爲社，祓禳于四方，振除火災，禮也。疏：祭社有常，而云「大爲社」者，此非常祭之月，而爲火特祭。蓋君臣肅共，禮物備異，大于常祭，故稱大也。祓、禳皆除凶之祭，徧于四方之神。如尚書「咸秩無文」，苟可祭者，悉皆祭之，所以振訊除去火災，禮也。嫌多祭非禮，故禮之。

蕙田案：宋災，祝宗用馬於四鄘。鄭災，祈于四鄘。後世祀城隍之神，其原出于此。

哀公三年左氏傳：夏五月辛卯，司鐸火。注：司鐸，官名。火踰公宮，桓、僖災。注：桓公、僖公廟。救火者皆曰顧府。南宮敬叔至，命周人出御書，俟于宮曰：「庀女，而不在，死。」子服景伯至，命宰人出禮書以待命，命不共，有常刑。校人乘馬，巾車脂轄，百官官備，府庫慎守，宮人肅給。濟濡帷幕，鬱攸從之。蒙葺公室，自太廟始，外內以悛，助所不給。有不用命，則有常刑，無赦。公父文伯至，命校人駕乘車。季桓子至，御公立于象魏之外，命救火者傷人則止，財可爲也。命藏象魏，注：周禮正月縣教令之法于象魏，使萬民觀之，故謂其書爲象魏。曰：「舊章不可亡也。」富父槐至，曰：「無備而官辦者，猶拾瀋也。」於是乎去表之槀，道還公宮。孔子在陳，聞火，曰：「其桓、僖乎？」

禮記檀弓：有焚其先人之室，則三日哭。注：謂人燒其宗廟。哭者，哀精神之有虧傷。故曰新宮火，亦三日哭。注：火，人火也。新宮火在魯成三年。

孔氏穎達春秋疏：傳例曰：「天火曰災，人火曰火。」三家經傳「火」字皆爲「災」。鄭玄以爲人火，雖非其義，要天火、人火，其哭皆當三日也。

春秋莊公二十五年：秋，大水。鼓，用牲于社、于門。左氏傳：非常也，凡天災，有幣，無牲。注：天災，日月食、大水也。祈請而已，不用牲也。非日月之眚，不鼓。注：眚猶災也。月侵日爲眚，陰陽逆順之事，賢聖所重，故特鼓之。公羊傳：其言于社、于門何？于社，禮也；于門，非禮也。穀梁傳：高下有水災曰大水。既戒鼓而駭衆，用牲可以已矣。救日以鼓兵，救水以鼓衆。

昭公十九年左氏傳：鄭大水，龍鬬于時門之外洧淵。國人請爲禜焉，子產弗許，曰：「我鬬，龍不我覿也。龍鬬，我獨何覿焉？禳之，則彼其室也。吾無求于龍，龍亦無求于我。」乃止也。

蕙田案：水火爲災而祈禳之，周禮所載，凡以爲民也。子產治國，爲政有經，行己事上，使民養民，無一之勿盡焉，其恭敬惠愛也至矣。至于禳火則却禜竈之言，禜龍則止國人之請，而裁不爲害焉，君子是以貴盡其在己也。

成公五年：梁山崩。　左氏傳：梁山崩，晉侯以傳召伯宗，伯宗辟重，曰：「辟傳。」重人曰：「待我，不如捷之速也。」問其所，曰：「絳人也。」問絳事焉，曰：「梁山崩，將召伯宗謀之。」問：「將若之何？」曰：「山有朽壤而崩，可若何？國主山川，注：謂所主祭。故山崩川竭，君爲之不舉，注：去盛饌。降服，注：損盛服。乘縵，注：車無文。徹樂，注：息八音。出次，注：舍於郊。祝幣，注：陳玉幣。史辭，注：自罪責。以禮焉。注：禮山川。其如此而已。雖伯宗若之何？」伯宗請見之，注：見之於晉君。不可。注：不肯見。遂以告，而從之。　穀梁傳：不日，何也？高者有崩道也。有崩道，則何以書也？曰：梁山崩，壅遏河，三日不流，晉君召伯尊而問焉。伯尊來，遇輦者，輦者不辟，使車右下而鞭之。輦者曰：「所以鞭我者，其取道遠矣。」伯尊下車而問焉，曰：「子有聞乎？」對曰：「梁山崩，壅遏河，三日不流。」伯尊曰：「君爲此召我也，爲之奈何？」輦者曰：「天有山，天崩之；天有河，天壅之。雖召伯尊，如之何？」伯尊由忠問焉。輦者曰：「君親素縞，帥群臣而哭之，既而祠焉，斯流矣。」注：素衣縞冠，凶服也。所以凶服者，山川，國之鎮也，山崩川塞，示哀窮。伯尊至，君問之曰：「梁山崩，壅遏河，三日不流，爲之奈何？」伯尊曰：「君親素縞，帥群臣而哭之，既而祠焉，斯流矣。」孔子聞之，曰：「伯尊其無績乎？攘善也。」

蕙田案：伯宗，穀梁作「伯尊」，聲之轉也。

右經傳裁禮

經傳弔裁禮

周禮秋官小行人：若國有禍烖，則令哀弔之。

春秋莊公十一年左氏傳：宋大水。公使人弔焉，曰：「天作淫雨，害于粢盛，若之何不弔？」對曰：「孤實不敬，天降之災，又以爲君憂，拜命之辱。」臧文仲曰：「宋其興乎？禹、湯罪己，其興也浡焉；桀、紂罪人，其亡也忽焉。且列國有凶，稱孤，禮也。言懼而名禮，其庶乎？」既而聞之，曰：「公子御説之辭也。」臧孫達曰：「是宜爲君，有恤民之心。」

襄公三十年左氏傳：爲宋災故，諸侯之大夫會，以謀歸宋財。冬十月，叔孫豹會晉趙武、齊公孫蠆、宋向戌、衛北宫佗、鄭罕虎及小邾之大夫，會于澶淵。既而無歸于宋。

禮記雜記：廄焚，孔子拜鄉人爲火來者。拜之，士一，大夫再，亦相弔之道也。

右經傳弔烖禮

救日月伐鼓

書胤征：乃季秋月朔，辰弗集于房。傳：辰，日月所會。房，所舍之次。集，會也。不會則日蝕可知。瞽奏鼓，嗇夫馳，庶人走。傳：凡日蝕，天子伐鼓于社，責上公。瞽，樂官。樂官進鼓則伐之。嗇夫，主幣之官。馳取幣，禮天神。庶人走，供救日蝕之百役也。

蕙田案：季秋月朔，非正陽之月，而用奏鼓、用幣之禮，與左傳不合。孔穎達疏引顧氏説，謂夏禮與周禮異。賈公彦周禮疏亦如此説。

觀承案：疏家分夏禮、周禮之説，往往附會難信。此之爲夏禮，則本是胤征，自然可信，故賈、孔之説同。

周禮地官鼓人：救日月，則詔王鼓。注：救日月食，王必親擊鼓者，聲大異。春秋傳曰：

「非日月之眚，不鼓。」　疏：謂日月食時，鼓人詔告于王，擊鼓，聲大異以救之。案太僕職云「軍旅、田役贊王鼓」，鄭注云：「佐擊其餘面。」又云：「救日月食亦如之。」太僕亦佐擊其餘面。鄭既云佐擊其餘面，則非止兩面之鼓。按上解祭日月與天神同用雷鼓，則此救日月亦宜用雷鼓，八面，故太僕與戎右俱云「贊王鼓」，得佐擊餘面也。「救日月食，王必親擊鼓」者，「聲大異」者，但日月食始見其徵兆，未有災驗，故云異也。

夏官太僕：凡軍旅、田役，贊王鼓。救日月亦如之。注：王通鼓，佐擊其餘面。救日月，謂日月食時。春秋傳曰：「非日月之眚，不鼓。」　疏：云「亦如之」者，太僕亦贊王鼓，佐擊其餘面，但日食陰侵陽，當與鼓神祀同用雷鼓也〔一〕。若然，月食當用靈鼓。但春秋記日食不記月者，以日食陰侵陽，象臣侵君，非常，故記之。月食，陽侵陰，象君侵臣，故不記。此云「救日月」，月食時〔二〕，亦擊鼓救之可知。云春秋者，左氏莊二十五年：「日有食之，鼓，用牲于社。」彼傳鼓與牲並譏之，以彼傳云：「惟正月之朔，慝未作，日有食之，於是乎用幣于社，伐鼓于朝。」若然，惟四月正陽之月乃擊鼓。彼四月不合擊鼓之月，天災有幣無牲，故亦譏之也。彼傳又云「秋，大水，鼓，用牲于門」，亦非常。傳曰：「非日月之眚，不鼓。」若然，此言爲秋大水而擊鼓，而故引之者，欲見日月食時皆合擊鼓，與此文同也。

〔一〕「用」，原脱，據光緒本、周禮注疏卷三一補。
〔二〕「月食」，周禮注疏卷三一無「月」字。

蕙田案：鼓人疏「救日月同用雷鼓」，此疏云「救日用雷鼓，救月用靈鼓」，兩說自相牴牾。穀梁傳「天子陳五兵五鼓」，諸家以爲青、赤、白、黑、黄五色之數，非鼓人六鼓之等，其説又異。蓋經無明文，注家各以意揣之，闕疑可也。

秋官庭氏：掌射夭鳥。若不見其鳥獸，則以救日之弓與救月之矢夜射之〔一〕。若神也，則以大陰之弓與枉矢射之。注：鄭司農云：「救日之弓，救月之矢，謂日月食所作弓矢。」玄謂：日月之食，陰陽相勝之變也，於日食則射太陰，月食則射太陽與？太陰之弓，救月之弓；枉矢，救日之矢與？不言救月之弓與救日之矢者，互言之。救日曰用枉矢，則救月以恒矢可知也。

王氏曰：司弓矢職云：枉矢利火射。

薛氏曰：枉矢狀如流星，飛行有光，取以陽勝陰之義。

觀承案：日月可射，亦何異於射天之不道哉？然經文但云「救日」、「救月」耳，初無射日、射月之文也。且庭氏所謂射者，亦但以射夭鳥與神而已，未嘗云射日射月也。司農注謂「日月食所作弓矢」，則亦不必日食射月、月食射日矣。

〔一〕「夜」，諸本脱，據周禮注疏卷三七補。

康成此注，實爲不經，然尚用「與」字以疑之，究未敢質言之也。或泥是而反疑經文之不可信，係後人所纂入者，則亦未見其然矣。

春秋莊公二十五年：六月辛未朔，日有食之。鼓，用牲于社。杜注：鼓，伐鼓也。用牲以祭社。傳例曰：非常也。疏：傳稱「正月之朔」，正月，謂周六月也。此經雖書六月，杜以長曆校之，此是七月。七月用鼓，非常月也。鼓當于朝，而此于社，非其處也。社應用幣，而于社用牲，非所用也。一舉而三失，故譏之。左氏傳：夏六月辛未朔，日有食之。鼓，用牲于社，非常也。注：非常鼓之月。長曆推之，辛未實七月朔，置閏失所，故致月錯。疏：經雖書六月，實非六月，故云「非常鼓之月」。長曆推此辛未爲七月之朔，由不應置閏而置閏，誤使七月爲六月也。唯正月之朔，慝未作，日有食之，於是乎用幣于社，伐鼓于朝。注：正月，夏之四月，周之六月，謂正陽之月。今書六月，而傳云「唯」者，明此月非正陽月也。慝，陰氣。日食，曆之常也。然食于正陽之月，則諸侯用幣于社，請救于上。公伐鼓于朝，退而自責，以明陰不宜侵陽，臣不宜掩君，以示大義。疏：詩云：「正月繁霜。」鄭云：「夏之四月建巳，純陽用事。」是謂正月爲正陽之月。日食者，曆之常也。古之聖王因事設戒，故立求神請救之禮。

公羊傳：日食則曷爲鼓、用牲于社？求乎陰之道也。以朱絲營社。或曰脅之，或曰爲闇，恐人犯之，故營之。注：「或曰脅之」，社者，土地之主也。月者，土地之精也。上繫于天而犯日，故鳴鼓而攻之，脅其本也。朱絲營之，助陽抑陰也。「或曰爲闇」者，社者，土地之主，尊也，爲日光盡，天闇冥，恐人犯歷之，故營之。然此説非也，記或傳者，示不欲絶異説爾。先言鼓，後言用牲者，明先以尊命責之，後以臣子接之，所以爲順也。

穀梁傳：鼓，禮也。用牲，非禮也。天子救日，置五麾，陳五兵五鼓；注：麾，旌幡也。五兵，矛、戟、鉞、楯、弓矢。諸侯置三麾，陳三鼓三兵；大夫擊門；士擊柝：言充其陽也。注：凡有聲，皆陽事，以壓陰氣。柝，兩木相擊。充，實也。疏：五麾者，麋信云：「各以方色之旌置之五處也。」五兵者，徐邈云：「矛在東，戟在南，鉞在西，楯在北，弓矢在中央也。」五鼓者，麋信、徐邈並云：「東方青鼓，南方赤鼓，西方白鼓，北方黑鼓，中央黄鼓。」案五兵，兵有五種。未審五鼓是一鼓有五色，爲當五種之鼓也。何者？周禮有六鼓，雷鼓、靈鼓、路鼓、鼖鼓、鼛鼓、晉鼓之等。若以爲五種之鼓，則不知六鼓之内竟去何鼓；若以爲一種之鼓，則不知六鼓内竟取何鼓。又周禮云「雷鼓鼓神祀」，則似救日之鼓用雷鼓，但此用之于社。周禮又云「以靈鼓鼓社稷祭」，則又似救日食之鼓用靈鼓。進退有疑，不敢是正，故直述之而已。檢麋、徐兩家之説，則以五鼓者非六鼓之類，别用方色鼓而已。諸侯三者，則云去黑、黄二色，是非六鼓之類也。

文公十五年：六月辛丑朔，日有食之。鼓，用牲于社。左氏傳：非禮也。日有食之，天子不舉，伐鼓于社；諸侯用幣于社，伐鼓于朝，以昭事神，訓民事君，示有等威，古之道也。注：得常鼓之月，而于社用牲爲非禮。諸侯用幣于社，社尊于諸侯，故請救而不敢責之。　疏：此與莊二十五年經文正同，彼傳云「非常」，此傳云「非禮」者，彼失常鼓之月，言鼓之爲非常；此得常鼓之月，而用牲爲非禮。故釋例曰：「文十五年與莊二十五年經文皆同，而更復發傳曰『非禮』者，明前傳欲以審正陽之月，後傳發例，欲以明諸侯之禮，而用牲爲非禮也。」

昭公十七年：夏六月甲戌朔，日有食之。　左氏傳：夏六月甲戌朔，日有食之，祝史請所用幣。注：禮，正陽之月日食，當用幣于社，故請之。　昭子曰：「日有食之，天子不舉，注：不舉盛饌。　伐鼓于社。注：責群陰。　諸侯用幣于社，注：請上公。　伐鼓于朝，注：退自責。　禮也。」平子禦之，曰：「止也。惟正月朔，慝未作，日有食之，於是乎有伐鼓用幣，禮也。其餘則否。」太史曰：「在此月也。注：正月，謂建巳正陽之月也，于周爲六月，于夏爲四月。慝，陰氣也。四月純陽用事。陰氣未動而侵陽，災重，故有伐鼓用幣之禮也。平子以爲六月非正月，故太史答言「在此月也」。　日過分而未至，三辰有災，於是乎百官降物，君不舉，辟移時，樂奏鼓，祝用幣，史用辭。注：過分未至，過春分而未夏至。三辰，日、月、星也。日月相侵，又犯是宿，故三辰皆爲災。降物，素服。辟移時，辟正寢過日食時。奏鼓，伐鼓。用辭，以自責。　疏：降物，謂減其物采也。昏義曰：「日食則天子素服。」知百官降物，亦素服也。古之素服，禮無明文，蓋象朝服而用素爲之，如今之單衣也。近世儀注，日食則擊鼓于大社，天子單衣介幘，辟正殿，坐東西堂，百官白服坐本司，太常率官屬繞太廟，過時乃罷。　故夏書曰：『辰不集于房，瞽奏鼓，嗇夫馳，庶人走。』此月朔之謂也。當夏四月，是謂孟夏。」注：言此六月當夏家之四月。平子弗從。昭子曰：「夫子將有異志，不君君矣。」

禮記曾子問：曾子問曰：「諸侯旅見天子，入門，不得終禮，廢者幾？」孔子曰：「四。太廟火，日食，后之喪，雨霑服失容，則廢。如諸侯皆在而日食，則從天子救日，各以其方色與其兵。」注：示奉事時，有所討也。方色者，東方衣青，南方衣赤，西方衣白，北方衣黑。兵未聞。

曾子問曰：「當祭而日食，太廟火，其祭也如之何？」孔子曰：「接祭而已矣。如牲至未殺，則廢。」注：接祭，不迎尸。

曾子問曰：「諸侯相見，揖讓入門，不得終禮，廢者幾？」孔子曰：「六。天子崩，太廟火，日蝕，后夫人之喪，雨霑服失容，則廢。」

通典：漢制：天子救日食，素服，避正殿，陳五鼓五兵，以朱絲縈社，内外嚴警。大史登靈臺，候日月有變，便伐鼓。太僕贊祝史陳辭以責之。聞鼓音，侍臣皆著赤幘，帶劍入侍。三臺令史以上，皆持劍立其户前。衛尉驅馳繞縈，察守備。日復常，皆罷。此儀按晉摯虞決疑注云，約魯昭公時叔孫昭子説天子救日之法。

後漢書禮儀志：朔前後各二日，牽羊酒至社下以祭日。日有變，割羊以祠社，用救日。日變，執事者冠長冠，衣皂單衣，絳領袖緣中衣，絳袴袜，以行禮，如故事。

宋書禮志：漢建安中，將正會，而太史上言「正旦當日蝕」，朝臣疑會不，共諮尚書令荀文若諮之。時廣平計吏劉邵在坐，曰：「梓慎、裨竈，古之良史，猶占水火，錯失天時。禮，諸侯見天子，入門，不得終禮者四，日蝕在一。然則聖人垂制，不爲變異豫廢朝禮者，或災消異伏，或推術謬誤也。」文若及衆人咸喜而從之，遂朝會如舊，日亦不蝕。邵由此顯名。

通典：魏高貴鄉公正元二年，太史奏：「三月一日寅時合朔，去交二度，恐相附近。」主者奏，宣敕有司，爲救日蝕備。既時過而不蝕，大將軍曹爽推史官不驗之負，空設合朔之期，以疑上下。光禄大夫領大史令㒰言：「典曆者按曆術推交會之期，候者伺遲疾之度當朔，事無有違錯耳。」重問典曆周晃等，對曰：「曆候所掌，推步遲速，可以知加時早晚；度交緩急，可以知薄蝕深淺。合朔之時，或以月掩日，則蔽障日體，使光景有虧，故謂之日蝕。或日掩月，則日從月上過，謂之陰不侵陽，雖交無變。至于日月相掩，必蝕之理，無術以推。是以古者諸侯旅見天子，日蝕則廢禮；

嘗禘郊社〔一〕，日蝕則接祭。是以前代史官不能審日蝕之數，故有不得終禮。自漢故事，以爲日蝕必當于交，每至其時，申警百官，以備日變。甲寅詔書，有備蝕之制，無考負之法。」侍中鄭小同議：「史官不務審察晷度〔二〕，謹綜疎密，謬准交會，以爲其兆。至乃虛設疑日，大警外内。其有不效，則委於差晷度。禁縱自由，皆非其儀。案春秋昭公三十一年十二月辛亥日蝕，晉史墨以庚午之日，日始有謫。自庚午至辛亥，四十二日，日蝕之兆，固形于前矣。此爲古有其法，而今不察，是守官惰職，考察無效，此有司之罪。」又荅：「古來黄帝、顓頊、夏、殷、周、魯六曆，皆無推日蝕法，但有考課疎密而已。負坐之條，由本無術可課，非司事之罪。」乃止。

宋書禮志：晉武帝咸寧三年、四年，並以正朝合朔却元會。元帝大興元年四月合朔，中書侍郎孔愉奏曰：「春秋日有蝕之，天子伐鼓于社，攻諸陰也；諸侯伐鼓于朝，臣自攻也。案尚書符，若日有變，便伐鼓于諸門，有違舊典。」詔曰：「所陳有正義，

〔一〕「嘗」，原作「當」，據光緒本、通典卷七八改。
〔二〕「史」，原脱，據光緒本、通典卷七八補。

輒敕外改之。」至康帝建元元年，太史上元日合朔，朝士復疑應却會與不。庾冰輔政，寫劉劭議以示八座，蔡謨著議非之曰：「劭論災消異伏，又以竈、慎猶有錯失，太史上言，亦必不審，其理誠然也。而云聖人垂制，不爲變異豫廢朝禮，此則謬矣。災祥之發〔一〕，所以譴告人君，王者所重誡。故素服廢樂，退避正寢，百官降物〔二〕，用幣伐鼓，躬親救之。夫警戒之事，與其疑而廢之，寧慎而行之。故孔子、老聃助葬于巷黨，以喪不見星行〔三〕，故日蝕而止柩，曰安知不見星。今史官言當蝕，亦安知其不蝕乎？夫子、老聃豫行見星之防，而劭廢之，是棄聖賢之成規也。魯桓公壬申有災，而以乙亥嘗祭，春秋譏之。災事既過，追懼未已，故廢宗廟之祭；況聞天眚將至，而行慶樂之會，於禮乖矣〔四〕。禮記所云『諸侯入門不得終禮』者，謂日官不豫言，諸侯既入，

〔一〕「發」，原作「法」，據光緒本、宋書禮志一改。
〔二〕「物」，諸本作「服」，據宋書禮志一改。
〔三〕「見」，原脱，據光緒本、宋書禮志一補。
〔四〕「禮」，原作「事」，據光緒本、宋書禮志一改。

見蝕乃知耳；非先聞當蝕，而朝會不廢也。劭引此〔一〕，可謂失其義旨。劉劭所執者，禮記也；夫子、老聃巷黨之事，亦禮記所言，復違而反之，進退無據。然荀令所善，漢朝所從，遂令此言至今見稱，莫知其謬。後來君子，將擬以爲式，故正之云爾。」於是冰從衆議，遂以却會。至永和中，殷浩輔政，又欲從劉劭議不却會。王彪之據咸寧、建元故事，又曰：「禮云『諸侯旅見天子，不得終禮而廢者四』，自謂卒暴有之，非謂先存其事，而僥倖史官推術繆錯，故不豫廢朝禮也。」于是又從彪之，相承至今。

南齊書禮志：永明元年十二月，有司奏：「今月三日，臘祠大社稷。一日合朔，日蝕既在致齋内，未審于社祠無疑不？曹檢未有前準〔二〕。」尚書令王儉議：「禮記曾子問『天子嘗、禘、郊、社、五祀之祭，簠簋既陳』，唯大喪乃廢。至于當祭之日，火及日蝕則停。尋伐鼓用牲，由來尚矣，而簠簋初陳，問所不及。據此而言，致齋初日，乃值薄蝕〔三〕，則不應廢祭。又漢初平四年，士孫瑞議以日蝕廢冠而不廢郊，朝議從之。王者

〔一〕「劭」，諸本脱，據宋書禮志一補。
〔二〕「曹」，原作「曾」，據光緒本、南齊書禮儀志一改。
〔三〕「值」，原作「但」，據光緒本、南齊書禮儀志一改。

父天母地，郊社不殊，此則前準，謂不宜廢。」詔可。

隋書禮儀志：後齊制，日蝕，則太極殿西廂東向，東堂東廂西向，各設御座。群官公服。晝漏上水一刻，内外戒嚴。三門者閉中門，單門者掩之。蝕前三刻，皇帝服通天冠，即御座，直衛如常，不省事。有變，聞鼓音，則避正殿，就東堂，服白祫單衣。侍臣皆赤幘，帶劍，升殿侍。諸司各於其所，赤幘，持劍，出户向日立。有司各率官屬，並行宫内諸門、掖門，屯衛太社。鄴令以官屬圍社，守四門，以朱絲繩繞繫社壇三匝。太祝令陳辭責社。太史令二人，走馬露板上尚書，門司疾上之。又告清都尹鳴鼓，如嚴鼓法。日光復，乃止，奏解嚴。

唐開元禮合朔伐鼓：其日，合朔前三刻，郊社令及門僕各服赤幘絳衣，守四門，令巡門監察。鼓吹令平巾幘，袴褶，帥工人以方色執麾旒，分置四門屋下，龍蛇鼓隨設于左。東門者立于北塾，南面；南門者立于東塾，西面；西門者立于南塾，北面；北門者立于西塾，東面。門側堂曰「塾」。麾制各長一丈，旒以方色，各長八尺。隊正一人，著平巾幘、袴褶，執刀，帥衛士五人執五兵于鼓外：矛處東，戟在南，斧鉞在西，矟在北。郊社令立攢于社壇四隅，以朱絲繩縈之。太史官一人，著赤幘、赤衣，立于社壇北，向日觀變。黃麾次之。龍鼓一面，次之在北。弓一張，矢四隻，次之。諸工鼓靜立候。日有變，史官曰：「祥有變。」工人齊舉麾，龍鼓齊發，聲如雷。史官稱「止」，工人罷鼓。其日廢務，百官守本司。日有變，皇帝素服，避正殿。百官以下皆素服，各於廳事前重行，每等異位，向日立。明復而止。諸州伐鼓，其日見日有變則廢務，所司置鼓于刺史廳事前。刺史及州官九品以上俱素服，立于鼓後，重行，每等異位，向日，刺史先擊鼓，執事代之〔一〕。明復俱止。

宋政和五禮新儀：合朔伐鼓。齋戒。前一日，質明，行事、執事官赴祠所請齋，集告官齋所肄儀。大祝習讀祝文，眡禮饌、香、玉幣訖，退。陳設。前二日，儀鸞司設行事、執事官次于祠所。告日前三刻，禮直官、贊者、諸司職掌各服其服。太常設神位席。太史設神位版于壇上南方，北向。太常陳幣篚于神位之左，禮神之玉奠于神前，瘞玉加于輦。玉以兩圭有邸，幣以黑。設祝版于神位之右〔二〕，置于坫，香爐并合置于案上。以御封香。次設祭器，藉以席。光祿實之，每位各左一籩，實以鹿脯。右一豆，

〔一〕「代」，諸本作「伐」，據通典卷一三三改。
〔二〕「版」，諸本脫，據政和五禮新儀卷一六四改。

實以鹿臡。犧尊一，置于坫，加勺羃，在壇上西北隅，南向。實以供内法酒。太常設燭于神位前，洗二于卯階之東，北向；罍在洗東，加勺；篚在洗西，南肆，實以巾。若爵洗之篚，則又實以爵，加坫。執罍篚者位于其後，開瘞坎于子階之西北，設望瘞位于瘞坎之南，告官在南，北向；監察御史在東，西向；奉禮郎、太祝、太官令在東，西向南上。設告官席位于北墉下，光禄卿位于壇之北，監察御史位于告官之西，奉禮郎、太祝、太官令位于其後，俱南向東上。又設監察御史位于壇上之東，西向；奉禮郎、太祝位在西，東向〔一〕，南上；太官令于尊所，南向。社之四門并壇下近北，各置鼓一，並植以麾旒。四門各依方色，壇下以黄。麾杠長一，大旒長八尺。祭告。其日時前，太官令帥其屬實饌具畢，贊者引光禄卿入詣壇下位，南向。凡告官行事，禮直官引。餘官，贊者引。贊者曰「再拜」，光禄卿再拜，升自卯階。凡行事、執事官升降準此。點眡禮饌畢，退。餘官各服祭服。次引監察御史、奉禮郎、太祝、太官令先入就位，次引告官入就位。禮直官稍前，贊「有司謹具，請行事」。贊者曰「再拜」，在位者皆再拜。次引監察御史、奉禮郎、太祝、

〔一〕「西東」，諸本誤倒，據政和五禮新儀卷一六四乙正。

太官令升就位。太官令就酌尊所。立定。次引告官詣盥洗位，南向立，搢笏，盥手，帨手，執笏，升詣太社神位前，搢笏，跪，三上香。次引奉禮郎搢笏，西向跪。執事者以玉幣授奉禮郎，奉禮郎以玉幣授告官訖，執笏，興，復位。告官受玉幣，奠訖，執笏，俛伏，興，再拜，降復位。少頃，引告官再詣盥洗位，南向立，搢笏，盥手，帨手，詣爵洗位，南向立，搢笏，洗爵，拭爵，以爵授執事者，執笏升，詣酒尊所，東向立。執事者以爵授告官，告官搢笏，執爵，執事者舉冪，太官令酌酒，告官以爵授執事者，執笏詣太社神位前，搢笏，跪，執事者以爵授告官，告官執爵，三祭酒，奠爵，執笏，俛伏，興，少立。引太祝詣神位前，西向，搢笏，跪讀祝文訖，執笏興，復位。告官再拜，降復位。次引告官詣望瘞位。有司詣神位前，取玉幣、祝版置于瘞坎。次引監察御史、奉禮郎、太祝詣望瘞位，立定。禮直官曰「可瘞」。寘土半坎，禮直官贊「禮畢」，引告官以下退。伐鼓。其日時前，太史局官一員立于壇下眂日。鼓吹令帥工人二十人，依色服分置于鼓之左右，以俟日有變。太史曰「祥有變」，工人齊伐鼓。明復，太史稱「止」，工人即罷。其日廢物，百司守職。

明史禮志：救日伐鼓。洪武六年二月，定救日食禮。其日，皇帝常服，不御正殿。

中書省設香案，百官朝服行禮。鼓人伐鼓，復圓乃止。月食，大都督府設香案，百官常服行禮，不伐鼓，雨雪雲翳則免。二十六年三月更定，禮部設香案于露臺，向日，設金鼓于儀門内，設樂于露臺下，各官拜位于露臺上。至期，百官朝服入班，樂作，四拜，興，樂止，跪。執事者捧鼓，班首擊鼓三聲，衆鼓齊鳴，候復圓，復行四拜禮。月食，則百官便服于都督府救護如儀。在外諸司，日食則于布政使司、府、州、縣，月食則于都指揮使司、衞所，如儀。隆慶六年，大喪。方成服，遇日食。百官先哭臨，後赴禮部，青素衣、黑角帶，向日四拜〔一〕，不用鼓樂。

蕙田案：合朔伐鼓之禮，唐開元禮、通典俱入之軍禮，史家相承用之。考周禮大司樂職云：「日月食、四鎮五嶽崩、大傀異烖，令去樂。」又膳夫職云：「天地有烖，則不舉。」鄭注天烖爲日月晦食，則日月食亦烖禮之一，入之軍禮者非也。郝仲輿疑救月之儀可廢。按詩「彼月而食，則惟其常」，「此日而食，于何不臧」。此自因事寓刺，抑揚其辭，明乎日食之變較月食而尤重云爾。周官、左傳每以救

〔一〕「四」，原作「西」，據光緒本、明史禮志十一改。

日月並言，詎容舉此廢彼耶？

右救日月伐鼓

禬禮

蕙田案：大宗伯於禍烖則云「弔」，於圍敗則云「禬」，於寇亂則云「恤」，各舉其一而言。其實則弔、禬、恤之禮，凡遇禍烖、圍敗、寇亂，皆通行之。如大行人云「致禬，以補諸侯之烖」，春秋傳澶淵之會，諸侯謀歸宋財，是禍烖之禬禮也。昭公六年，叔弓如楚弔敗；哀公十五年，楚伐吴，陳侯使公孫貞子弔焉，是圍敗之弔禮也。衛獻公奔齊，公使厚成叔弔，是寇亂之弔禮也。小行人「國札喪則令賻補，凶荒則令賙委，師役則令槁禬，禍烖則令哀弔」，賈疏云：「凶禮有五，惟不見恤禮，當於師役中兼之。」然則圍敗、寇亂二者，禬禮、恤禮皆有之可知矣。

周禮春官大宗伯：以禬禮哀圍敗。注：同盟者會合財貨，以更其所喪。春秋襄三十年：「冬，會于澶淵，宋災故。」是其類。

易氏祓曰：國之見圍謂之圍，師之敗績謂之敗。以禬禮哀之，于是合財以補其乏，若澶淵之會，諸侯謀歸宋財是也。

秋官大行人：致禬以補諸侯之烖。注：致禬，凶禮之弔禮禬禮也。補諸侯烖者，若澶淵之會，諸侯謀歸宋財。疏：宗伯云：「以禬禮哀圍敗。」此災亦云禬者，同是會合財貨，故災亦稱禬也。

小行人：若國師役，則令槁禬之。注：故書「槁」爲「稾」。鄭司農云：「『稾』，當爲『槁』，謂槁師也。」玄謂：師役者，國有兵寇以匱病者也。使鄰國會合財貨以與之。春秋定五年「夏，歸粟于蔡」是也。宗伯職曰：「以禬禮哀圍敗。」

春秋閔公二年左氏傳：狄入衛，立戴公以廬于曹。齊桓公使公子無虧帥車三百乘、甲士三千人以戍曹。歸公乘馬，祭服五稱，牛、羊、豕、雞、狗皆三百，與門材。歸夫人魚軒，重錦三十兩。

蕙田案：是時齊桓爲伯主，故以禬禮哀之。

定公五年：夏，歸粟于蔡。杜注：蔡爲楚所圍，饑乏，故魯歸之粟。左氏傳：以周亟，矜無資。

蕙田案：此二條禬禮之正。

昭公六年左氏傳：叔弓如楚聘，且弔敗也。注：弔爲吴所敗。

哀公十五年左氏傳：楚子西、子期伐吴，陳侯使公孫貞子弔焉。注：弔爲楚所伐。吴子使太宰嚭勞。

二十年左氏傳：越圍吴，趙孟降于喪食。注：襄子時有父簡子之喪。楚隆曰：「三年之喪，親暱之極也。主又降之。無乃有故乎？」趙孟曰：「黄池之役，先主與吴王有質。曰：『好惡同之。』今越圍吴，嗣子不廢舊業而敵之，非晉之所能及也。吾是以爲降。」楚隆曰：「若使吴王知之，若何？」乃往告于吴王，曰：「寡君之老無恤使陪臣隆，敢展謝其不共。黄池之役，君之先臣志父得承齊盟，曰：『好惡同之。』今君在難，無恤不敢憚勞，非晉國之所能及也，使陪臣敢展布之。」王拜稽首曰：「寡人不佞，不能事越，以爲大夫憂，拜命之辱。」與之一簞珠，使問趙孟，曰：「句踐將生憂寡人，寡人死之不得矣。」王曰：「溺人必笑，吾將有問也。史黯何以得爲君子？」對曰：「黯也進不見惡，退無謗言。」王曰：「宜哉！」

蕙田案：此三條圍敗相弔之禮。

文公四年左氏傳：楚人滅江，秦伯爲之降服，出次，不舉過數。注：降服，素服也。出次，辟正寢。不舉，去盛饌。鄰國之禮有數，今秦伯過之。大夫諫，公曰：「同盟滅，雖不能救，敢不矜乎？吾自懼也。」

蕙田案：此條聞鄰國滅之禮。

禮記檀弓：國亡大縣邑，公卿、大夫、士皆厭冠，哭于太廟三日，君不舉。注：軍敗失地以喪歸也〔一〕。厭冠，今喪冠，其服未聞。或曰：君舉而哭于后土。注：后土，社也。疏：舉，謂舉樂也。臣入廟三日哭，故君亦三日不舉樂。又有或者言亦舉樂，而自於社中哭之。

蕙田案：此條國亡縣邑之禮，俱屬圍敗之類，故附見於此。

右禬禮

恤禮

周禮春官大宗伯：以恤禮哀寇亂。注：恤，憂也。鄰國相憂。兵作于外爲寇，作于内爲亂。疏：既不損財物，當遣使往諮問安不而已。

鄭氏鍔曰：左傳言救邢之事曰簡書同恤，禮有相救之道。隱公亦云「君命寡人同恤社稷之難」，則恤禮者，問之勞之，見天子憂恤之意。

〔一〕「地」，原作「禮」，據光緒本、禮記正義卷八改。

王氏昭禹曰：恤以救之，若衛有狄人之難，而齊威救之。

春秋閔公元年左氏傳：狄人伐邢，管敬仲言于齊侯曰：「戎狄豺狼，不可厭也。諸夏親暱，不可棄也。宴安酖毒，不可懷也。詩云：『豈不懷歸？畏此簡書。』簡書，同惡相恤之謂也。注：同恤所惡。請救邢以從簡書。」齊人救邢。

襄公十四年左氏傳：衛獻公出奔齊，公使厚成叔弔于衛，曰：「寡君使瘠，聞君不撫社稷，而越在他境，若之何不弔？以同盟之故。使瘠敢私于執事，曰：『有君不弔，有臣不敏；君不赦宥，臣亦不帥職，增淫發洩，其若之何？』」衛人使大叔儀對，曰：「群臣不佞，得罪于寡君。寡君不以即刑而悼棄之，以爲君憂。君不忘先君之好，辱弔群臣，又重恤之。敢拜君命之辱，重拜大貺。」

昭公二十二年左氏傳：楚薳越使告于宋曰：「寡君聞君有不令之臣爲君憂，無寧以爲宗羞，寡君請受而戮之。」對曰：「孤不佞，不能媚其父兄，以爲君憂，拜命之辱。」

右恤禮

唁禮

蕙田案：凶禮有五，無唁禮之名。説文云：「唁，弔生也。」春秋穀梁傳、詩毛傳並云：「弔失國曰唁。」失國之事，比之圍敗、寇亂爲大，而唁則恤禮之類也。考春秋經傳凡書唁者，皆邦交之事。襄十一年，「齊侯使夙沙衛唁臧堅」，則君於他國之臣亦有唁禮矣。

詩鄘風載馳：載馳載驅，歸唁衛侯。傳：弔失國曰唁。疏：昭公二十五年穀梁傳云：「弔失國曰唁。」若對，弔死曰弔，則弔生曰唁。

春秋昭公二十五年穀梁傳：弔失國曰唁。

何氏休公羊傳注：弔亡國曰唁，弔失國曰弔。

襄公十四年左氏傳：衛侯在郲，臧紇如齊唁衛侯。衛侯與之言，虐。退而告其人曰：「衛侯其不得入矣。其言糞土也。亡而不變，何以復國？」子展、子鮮聞之，見臧紇，與之言，道。臧孫説，謂其人曰：「衛君必入。夫二子者，或輓之，或推之，欲無入，得乎？」

昭公二十五年：公孫于齊，次于陽州。齊侯唁公于野井。左氏傳：齊侯將唁公于平陰，公先至于野井。齊侯曰：「寡人之罪也。」使有司待于平陰，爲近故也。書曰「公孫于齊，次于陽州。齊侯唁公于野井」，禮也。將求于人，則先下之，禮之善物也。公羊傳：齊侯唁公于野井，曰：「奈何君去魯國之社稷？」昭公曰：「喪人不佞，失守魯國之社稷，執事以羞。」再拜顙。慶子家駒曰：「慶子免君于大難矣。」子家駒曰：「臣不佞，陷君于大難，君不忍加之以鈇鑕，賜之以死。」再拜顙。高子執簞食，與四脡脯，國子執壺漿，曰：「吾寡君聞君在外，餕饔未就，敢致糗于從者。」昭公曰：「君不忘我先君，延及喪人，錫之以大禮。」再拜稽首，以衽受。高子曰：「有夫不祥，君無所辱大禮。」昭公蓋祭而不嘗。景公曰：「寡人有不腆先君之服，未之敢服；有不腆先君之器，未之敢用，敢以請。」昭公曰：「喪人不佞，失守魯國之社稷，執事以羞，敢辱大禮，敢辭。」景公曰：「寡人有不腆先君之服，未之敢服；有不腆先君之器，未之敢用，敢固以請。」昭公曰：「以吾宗廟之在魯也，有先君之服，未之能以服；有先君之器，未之能以出，敢固辭。」景公曰：「寡人有不腆先君之服，未之敢服；有不腆先君之器，未之敢用，請以饗乎從者。」昭公曰：「喪人其何稱？」景公曰：「孰君而無稱？」昭公于是噭然而哭，諸大夫皆哭。既哭，以人爲菑，以幦爲席，以鞍爲几，以遇禮相見。孔子曰：「其禮與其辭足觀矣。」

二十九年：春，公至自乾侯，居于鄆。齊侯使高張來唁公。左氏傳：齊侯使高張來唁公，稱主君。注：比公于大夫。子家子曰：「齊卑君矣，君祇辱焉。」

三十年左氏傳：吳子滅徐。徐子章禹斷其髮，攜其夫人以逆吳子。吳子唁而送之。

三十一年：夏，晉侯使荀躒唁公于乾侯。左氏傳：荀躒以晉侯之命唁公。

蕙田案：以上唁鄰國之君。

襄公十七年左氏傳〔一〕：齊人獲臧堅，齊侯使夙沙衛唁之，且曰：「無死！」堅稽首曰：「拜命之辱，抑君賜不終，姑又使其刑臣禮于士。」以杙抉其傷而死。

蕙田案：此唁鄰國之臣。

右唁禮

〔一〕「十七年」，原作「十一年」，據光緒本、春秋左傳正義卷三三改。

問疾禮

論語：疾，君視之，東首，加朝服，拖紳。注：包曰：「夫子疾，處南牖之下，東首，加其朝服，拖紳。紳，大帶。不敢不衣朝服見君。」疏：此明孔子有疾，君來視之時也。拖，加也。病者常居北牖下，爲君來視，則暫時遷鄉南牖下，東首，令君得以南面而視之。以病卧不能衣朝服及大帶，又不敢不衣朝服見君，故但加朝服于身，又加大帶于上，是禮也。

禮記禮運：諸侯非問疾、弔喪而入諸臣之家，是謂君臣爲謔。

蕙田案：以上君問臣疾之禮。

論語：伯牛有疾，子問之，自牖執其手。注：包曰：「牛有惡疾，不欲見人，故孔子從牖執其手也。」曰：「亡之，命矣夫！斯人也而有斯疾也！斯人也而有斯疾也！」

朱子曰：牖，南牖也。禮，病者居北牖下，君視之，則遷于南牖下，使君得以南面視己。時伯牛家以此禮尊孔子，孔子不敢當，故不入其室，而自牖執其手，蓋與之永訣也。

曾子有疾，孟敬子問之。疏：問之者，來問疾也。

禮記曲禮：問疾弗能遺，不問其所欲。

王氏曰：辭曰惠而實不至也。

蕙田案：以上交游問疾之禮。

唐開元禮勞問諸王疾苦：問外祖父、后父、大臣、都督、刺史及蕃國主附〔一〕。中宮問外祖父及諸王附。東宮問外祖父、諸王附。其問師傅保、宗戚、上臺貴臣，同勞問諸王之禮。

皇帝中宮云「太皇太后、皇太后、皇后」，東宮云「皇太子」。遣使勞問諸王疾苦。外祖、大臣等，各隨言之。本司散下其禮，所司隨職供辦。中宮則內給事一人爲使。所司先於受勞問者第大門外之右設使者便次，南向；於庭中近北設使者位，南面。皇太子儀東向。又於使者位之南皇太子儀位之東。三丈所設主人位，北向。皇太子儀西向。其府國寮屬並陪列于庭中之左右，國官在東，府寮在西，俱以北爲上。中宮及皇太子儀，無府國官以下儀。使者至受勞問者第大門外，掌次者延入次。使者及受勞問者皆公服。贊禮者中宮則內典引。下皆倣此。引使者出次，立於門西，東向。史二人中宮則內給使二人。奉制書案，中宮及皇太子云「令案」。下准此。立於使者之南，差退。贊禮者引受勞問者立於門東，西向。受勞問者再拜。贊禮者引受勞問者先入，立於門內之右，西面。贊禮者引使者入，就庭中位立，持案者立於其右。贊禮者引受勞問者進就庭中位，北面立。持案者以案進

〔一〕「臣」，原作「官」，據光緒本、通典卷一三四改。

使者前，使者取制書，持案者退復位。使者稱「有制」，中宮稱太皇太后等「有令」。受勞問者再拜。贊禮者引受勞問者進詣使者前，受制書，退復位，再拜。訖，贊禮者引使者以下出。又贊禮者引受勞問者隨出，各即門外位。受勞問者再拜訖，贊禮者引使者以下退就次。又贊禮者引受勞問者入。若受勞問者疾未間，不堪受制，則子弟代受如上。導引之官，以所勞問州府有司充之。其使於京師者，則謁者導引。勞問外祖母疾苦。中宮問外祖母附。其問妃主、宗戚婦女同。東宮問外祖母附。其問妃主、母疾苦同。

皇帝中宮云「太皇太后、皇太后、皇后」，東宮即云「皇太子」。遣使勞問外祖母疾苦。本司散下其禮，所司隨職供辦。內給事一人皇太子則閹官一人。爲使，所司先於受勞問者第大門外之右設使者便次，南向；又於內寢庭少北皇太子儀兩階前。設使者位，南向。皇太子儀東向。又於使者位之南皇太子位東。三丈所設受勞問者位，北向。皇太子西向。使者至受勞問者大門外，掌次者延入次。使者服公服，攝迎者亦公服。使者出次，立於門西，東面。給使二人奉制書案，皇太子令書案。中宮同。餘倣此。立於使者之南，差退。贊禮者引攝迎者出，立於門東，西向。攝迎者再拜訖，贊禮者引攝迎者先入，立於門內之右，西面。內典引引使者入，就內寢庭位立。皇太子儀，使者東向立。持案者立於使者之右。皇太子儀，給使奉令書案隨入，立位于使者之南，差退。受勞問者服朝服，女侍者引就庭中位立。持案者以案進使者前，使者取制書。持案者退復位。使者稱「有制」，太皇太后、皇太后、皇后即稱「有令」。受勞問者再拜。女侍者進詣使者前，受制書，退，授受勞問者。受勞問者又再拜。內典引引使者以下出，女侍者引受勞問者退，贊禮者引攝迎者隨出，各就門外位。攝迎者再拜。內典引引使者退即便次。贊禮者引攝迎者入。若受勞問者疾未間，不堪受制，則攝迎者於外堂之庭拜受制書，如上禮。其異者，受制書詣閤授女侍者，女侍者受，奉入授受勞問者。凡有勞問無正篇者，皆臨時約准上禮而爲之。凡內侍之屬充使，則內侍、內常侍以下，准所慰勞者尊卑，臨時准約。

皇太子於諸王、妃主以下疾苦，其存問家人親屬之禮，率爾遣近侍勞問，則主人受勞問之家，待之亦從家人親屬之式，不拜迎拜送及不爲授受之禮。

宋政和五禮新儀：遣使問諸王以下疾。前期，有司於受勞問者之第大門外設使者位於受勞問者之左。使者至，贊者引入次。使者及受勞問者皆公服。贊者引使者立於門西，東向；引受勞問者立於門東，西向。史二人以案奉詔書，立於使者之南。贊者曰「拜」，受勞問者再拜。贊者引受勞問者入，就望闕位立，史捧詔書案前行，使者從之，入就庭中位。贊者贊使者搢笏，取詔書，執笏，加詔書于笏上。史以案退。使者稱「有詔」，受勞問者再拜。使者宣詔書訖，受勞問者又再拜。贊者引使者及受勞問者少前，相向，各俛伏，跪，搢笏。使者以詔書授受勞問者，訖，各執笏，受勞問者加詔書于笏上，各俛伏，興，復位。贊者曰「拜」，受勞問者再拜。贊者引使者歸次，受勞問者乃入。若受勞問者疾未間，不能親受，則子弟代受，如上儀。遣使問帝姬以下疾。以内給事一人爲使者。前期，有司于受勞問者之第大門外設使者次，又于寢庭望闕設受勞問者位，使者位於其前，少北，南向。使者至，内侍引入次。使者服公服。女侍引受勞問者朝服出，詣望闕位立。内侍引使者出次。給使二人以案奉詔書前行，使者從之，入就庭中位。内侍贊使者搢笏，取詔書，執笏，加詔書于笏上。給使捧案退。使者稱「有詔」，内侍曰「拜」，受勞問者再拜。宣訖，又再拜。女侍進詣使者前受詔書，退，授受勞問者訖，内侍曰「拜」，受勞問者再拜。内使引使者歸次，受勞問者乃入。若受勞問者疾未間，不能親受，則以女侍逆攝受詔書，如上儀，以所受詔書詣寢閤授之。

右問疾禮

五禮通考卷二百五十二

凶禮七

喪禮

蕙田案：周禮大宗伯「以凶禮哀邦國之憂」，其別有五，而首云「以喪禮哀死亡」，蓋惟送死可以當大事，故先王制禮，吉禮而外，莫詳于喪。凡五等之服，疏衰之制，輕重之宜，變除之節，皆本親疏貴賤以進退損益之，非從天降也，非從地出也，人情而已矣。儀禮喪服、士喪、既夕、士虞諸篇，皆玄公手筆，義理精微，條縷明晰。徐氏通考，喪禮最詳，顧儀禮經文與諸經及子史相雜，兹編吉、嘉、賓，儀禮已全載于前，特取喪服以下四篇輯入凶禮，以存十七篇之本經。而儒先之説，有徐氏所未見者，亦附録焉。

斬衰三年

儀禮喪服：鄭目録云：天子以下，死而相喪，衣服、年月、親疎、隆殺之禮，不忍言死而言喪。喪者，棄亡之辭，若全存居于彼焉，已亡之耳。疏：喪服之制，在成服之後，則宜在士喪「始死」之下。今在上者，以其總包尊卑上下，不專據士，是以在此。案禮運云：「昔者先王未有宫室，食鳥獸之肉，衣其羽皮。」此伏羲之時也。又云：「後聖有作，治其絲麻以爲布帛，養生送死以事鬼神。」此黄帝之時也。易繫辭云「古者喪期無數」，在「黄帝九事」章中，是黄帝以前心喪終身不變也。虞書云：「百姓如喪考妣，三載，四海遏密八音。」則是唐、虞之日，心喪三年，亦未有服制也。郊特牲云：「大古冠布，齊則緇之。」鄭云：「三代改制，以白布冠質，以爲喪冠。」則唐、虞以上，吉凶同服，唯有白布衣、白布冠而已。又喪服記鄭氏注云：「大古冠布衣布，後世聖人易之，因以爲喪服。」則謂夏禹以下，三王之世，用唐、虞白布冠、白布衣爲喪服矣。死者既喪，生人制服服之者，貌以表心，服以表貌。斬衰貌若苴，齊衰貌若枲，大功貌若止，小功、緦麻容貌可也。哀有淺深，故貌有此不同，而布亦有精麤也。案喪服上下十有一章，從斬至緦麻，升數有異者，斬有二，有正有義。爲父以三升爲正，爲君以三升半爲義，其冠同六升，三年。齊衰，唯有正服四升，冠七升。繼母、慈母雖是義，以配父，故與因母同，是以略爲節，有正而已。杖期齊衰，有正而已。父在爲母，與爲妻同。正服齊衰五升，冠八升，不杖。「齊衰期」章有正有義二等，正則五升，冠八升；義則六升，冠九升。「齊衰三月」章皆義服，齊衰六升，冠九升。曾祖父母該是正服，但正服合以小功，以尊其祖，不服小功而服齊衰，非本服，故同義服也。殤大功，有降、有義，爲夫之昆弟之長子殤，是義，餘皆降服。降服衰七升，冠十升；義服衰九升，冠十一升。「大功」章有降、有正、有義，姑姊妹出適之等是降，婦人爲夫之族類爲義，自餘皆正，衰冠如上釋也。繐衰唯有義服四升半，冠七升而已。以諸侯大夫爲天子，故同義服也。殤小功有降、有義，婦人爲夫之族類是義，餘皆降服。降則衰冠同十升，義則衰冠同十二升。小功亦有降、有正、有義，如前釋。緦麻亦有降、有正、有義，皆如上陳，但衰冠同十五升，抽去半而已。自斬至緦麻，皆以升數。升數少者在前，升數多者在後。要不得以此升數爲叙者，一則正、義及降，升數不得同在一章，又繐衰四升半，在大功之下、小功之上。鄭下注云：「在小功之上者，欲審著縷之精麤。」若然，喪服章次，雖以升數多少爲前後，要取縷之精麤爲次第也。

敖氏繼公曰：此篇言諸侯以下男女所爲之喪服，於五禮屬凶禮。

郝氏敬曰：易云「古者喪期無數」，書云「百姓如喪考妣」，三年喪服，唐、虞世已然，至周乃有五服之等，衰麻哭踊之數。如是篇所傳，後人益推廣之耳。

子夏傳。疏：傳者不知是誰人所作，人皆云孔子弟子卜商字子夏所爲。案公羊傳是公羊高所爲，高是子夏弟子。今公羊傳有「者何」、「何以」、「曷爲」、「孰謂」之等，與此傳同。師徒相習，此傳子夏作，不虛也。其傳內更云「傳」者，是子夏引他舊傳以證己義。儀禮十七篇，餘不爲傳，獨喪服作傳者，喪服篇總包天子以下，五服差降，六術精麤，變除之數既繁，出入正殤交互，恐讀者不能悉解其義，是以特爲傳解。

敖氏繼公曰：他篇之有記者多矣，未有有傳者也。有記而復有傳者，唯此篇耳。先儒以傳爲子夏所作，未必然也。今且以記明之，漢藝文志言禮經之記，顏師古以爲七十子後學者所記是也。而此傳則不特釋經文而已，亦有釋記文者焉，則是作傳者又在於作記者之後明矣。今考傳文，其發明禮意者固多，而其違悖經義者亦不少。然則此傳亦豈必皆知禮者之所爲乎？而先儒乃歸之子夏，過矣。夫傳者之于經記，固不盡釋之也，苟不盡釋之，則必間引其文而釋之也。夫如是，則其始也，必自爲一編，而置於記後，蓋不敢與經記相雜也。後之儒者見其爲經記作傳而別居一處，憚于尋求而欲從簡便，故分散傳文而移之于經記每條之下焉，疑亦鄭康成爲之。

盛氏世佐曰：此篇體例，與他篇絕異。他篇止據一禮而言，此則總論尊卑、貴賤、親疎、男女之服制，若今之律令然。自斬衰以至緦麻，服雖止于五，而其中有正，有降，有義，有從服，有報服，有名服，又有生服，有推而遠之者，有引而進之者，或加服以伸恩，或抑情以伸義，委曲詳盡，廣大精微，故先賢特爲作傳。中庸云：「期之喪，達乎大夫。三年之喪，達乎天子。」諸侯以上絕旁期，至于爲高、曾、祖父母、父母、妻、長子之屬，則貴賤一而已。曾子云：「哭泣之哀，齊斬之情，饘粥之食，自天子達。」孟子云：「三年之喪，齊疏之服，飦粥之食，自天子達于庶人，三代共之。」喪服亦安有貴賤之等哉？所異者，或絶或降耳；其不絶不降，則固無以異也。傳文雖間有與經不合，而闕深簡淨，得經意者居多，相傳以爲子夏所作，良不誣。敖氏以此傳並釋記文爲疑，是不足疑也。記者，所以補經之未備，不必皆出于七十子後學者。子夏釋經而兼及之，則記作于孔子以前明矣。愚故曰：記有與經並行者，周公之徒爲之，此類是也。若其初本自爲一編，而後儒乃移之于經記每條之下，則漢以前釋經之例類然。如孔子之傳易，左氏之傳春秋，亦其徵也。

蕙田案：郝京山以服制斷自大夫以下，天子諸侯缺焉，非也。盛説爲是。

喪服：

黄氏榦曰：此乃古禮篇目。前題「喪服」，乃後世編禮者所加。既加新題，復存古目者，乃重古不敢輕變之意。

欽定義疏：小宗伯「辨吉凶之五服」，注以爲「王及公、卿、大夫、士之服」，不及庶人。以其與車旗、宮室並言，車旗、宮室以爵爲差，故但由士而上也。此篇庶人之服，俱無異于士。而寄公爲所寄之君，大夫、士爲其舊君，且下同于民，則庶人當爲一等明矣。以服等之，則斬衰也，齊衰也，大功也，小功也，緦麻也，凡五等。以人等之，則天子也，諸侯也，卿大夫也，士也，庶人也，凡五等。司徒三物之教，總以明倫，喪服尤其大者，特以與士略同，故經但著庶人爲其君之服，而他不另出耳。

斬衰裳，苴絰、杖、絞帶，冠繩纓，菅屨者。注：「者」者，明爲下出也。凡服，上曰「衰」，下曰「裳」。麻在首在要皆曰「絰」。絰之言實也，明孝子有忠實之心。首絰象緇布冠之缺項，要絰象大帶。又有絞帶，象革帶。齊衰以下用布。疏：斬衰裳者，謂斬三升布以爲衰裳。不言裁割而言「斬」者，取痛甚之意。雜記：「縣子云：三年之喪如斬，期之喪如剡。」斬衰先言斬，下疏衰後言齊者，以斬衰先斬布，後作之；疏衰先作之，後齊之也。云「苴絰、杖、絞帶」者，以一苴目此三事，謂苴麻爲首絰、要絰，又以苴竹爲杖，苴麻爲絞帶。云「冠繩纓」者，以六升布爲冠，又屈一條繩爲武，垂下爲纓。冠在首，退在帶下者，以衰用布三升，冠六升。冠既加飾，又齊衰冠纓用布，則知此繩纓不用苴麻，用枲麻，故退冠在下也。菅，草也。詩云：「白華菅兮。」鄭云：「白華已漚爲菅，濡韌中用也。」已下諸章，並見年月，唯此不言三年者，以其喪之痛極，莫甚於斬，故不言。又下舉齊衰三年，則此斬衰三年可知。注云「者者，明爲下出也」者，明臣子爲君父等所出也。玉藻有天子以下大帶之制，又有革帶。大帶申束衣，革帶以佩玉佩及事佩之等。

今于要絰之外别有絞帶，明絞帶象革帶可知。案士喪禮云：「婦人之帶，牡麻結本。」注云：「婦人亦有首絰，但言帶者，記其異。」此齊衰婦人，斬衰婦人亦有苴絰與絞帶以備喪禮〔一〕。云「齊衰以下用布」者，即下「齊衰」章云「削杖布帶」是也。

陸氏德明曰：斬者，不緝也。縗以布爲之，長六寸，廣四寸，在心前。縗之言摧也，所以表其中心摧痛。

朱子曰：革帶是正帶，以束衣者，不專爲佩而設。大帶乃申束之耳。申，重也。故謂之申。

楊氏復曰：斬衰絞帶用麻，齊衰絞帶用布，大功以上絰有纓，小功以下絰無纓也。

敖氏繼公曰：苴絰、杖者，謂絰帶用苴麻，杖用竹也。絞帶所以束衣，代革帶也。齊衰以下用冠布，則此其用牡麻與？菅，茅類也。凡喪服，衰裳冠帶之屬，皆因吉服而易之，若首絰則不然。蓋古者未有喪服之時，但加此絰以表哀戚。後世聖人因而不去，且異其大小之制，以爲輕重云。斬衰，自卒哭以至練祥，服有變除，經皆不著之。惟言初服者，喪服之行于世，其來久矣，節文纖悉，人所習見，故經但舉大略以記之耳。後放此。

張氏爾岐曰：苴，惡貌，又黎黑色也。注「齊衰以下用布」，單指絞帶一事而言。

盛氏世佐曰：衰、裳、絰、帶、冠、纓六者，皆以麻爲之，而立文各異，則皆有義焉。斬者，取其痛

〔一〕「有」下，諸本衍「二」字，據儀禮注疏卷二八删。

甚。苴者，狀其麤惡。云絞與繩，見其不織而成也，不言麻可知也。絰，兼在首在要而言。杖以竹爲之，亦蒙苴文者，見其不削治也。絞帶，絞麻以象革帶，所以束衣也。要絰加于其外，未成服，散帶垂三日，乃絞之。絞帶與要絰自别。

傳曰：斬者何？不緝也。疏：此對下「疏衰裳齊」，齊是緝，此則不緝也。

敖氏繼公曰：此釋經「斬衰裳」之文也。不緝，謂不齊之也。其領袖亦有純。

苴絰者，麻之有蕡者也。苴絰大搹，左本在下，去五分一以爲帶。注：盈手曰搹。搹，扼也。中人之扼圍九寸，以五分一爲殺者，象五服之數也。疏：爾雅云：「蕡，枲實。」注云：「蕡，麻子也。」以色言之謂之苴，以實言之謂之蕡。下言牡者，對蕡爲名；言枲者，對苴生稱也。云「苴絰大搹」者，先據首絰而言也。雷氏以搹，搤，不言寸數，則各從其人大小爲搤，非鄭義。據鄭注，無問人之大小，皆以九寸圍之爲正。若中人之迹，尺二寸也。云「左本在下」者，本謂麻根，此對爲母右本在上。

語類：問：絰帶之制。朱子曰：首絰大一搤，只是拇指與第二指一圍。腰絰較小，絞帶又小于腰絰。腰絰象大帶，兩頭長，垂下。絞帶象革帶，一頭有彄子，以一頭串于中而束之。

敖氏繼公曰：此釋苴絰之文也。麻有蕡，則老而麤惡矣，故以爲斬衰之絰。重服之絰，以麻之有本者爲之，又有纓。此絰左本而在下，所以見其以本爲纓也。去五分一，五分其絰之大而去其一也。絰大帶小，見輕重也。閒傳曰：「男子重首，婦人重帶。」絰帶大小之義，主于男子。

郝氏敬曰：詩云：「有蕡其實。」麻結實者，根榦粗䩕，故曰「苴」。首絰以麻，連根屈爲兩股，并絞以根，居左向下。左爲陽，向下爲天，以象父也。母喪反是。

張氏爾岐曰：以麻根置左，當耳上，從額前遶項後，復至左耳上，以麻之末加麻根之上，綴束之也。去首絰五分之一以爲要絰之數。首絰九寸，則要絰七寸二分也。

齊衰之絰，斬衰之帶也，去五分一以爲帶。大功之絰，齊衰之帶也，去五分一以爲帶。小功之絰，大功之帶也，去五分一以爲帶。緦麻之絰，小功之帶也，去五分一以爲帶。

黄氏榦曰：案本朝淳化五年，贊善大夫胡旦奏議曰：「小記篇有絰帶差降之數。斬衰葛帶，與齊衰初死麻之絰同，故云絰俱七寸五分寸之一。所以然者，就苴絰九寸之中五分去一，以五分分之，去一分，故云七寸五分寸之一。其帶又就葛絰七寸五分寸之一之中又五分去一，故五寸二十五分寸之十九也。齊衰既虞，變葛之時，又漸細，降初喪一等，與大功初死麻絰帶同，俱五寸二十五分寸之十九也。其帶五分首絰去一，就五寸二十五分寸之十九之中去其一分，故餘有四寸一百二十五分寸之七十六也。大功既虞，變葛之時，又漸細，降初喪一等，與小功初死麻絰同，俱四寸一百二十五分寸之七十六。其帶五分首絰又五分去一，就四寸一百二十五分寸之七十六之中五分去其一分，得三寸六百二十五分寸之四百二十九。小功既虞，變葛之時，又降初喪一等，與緦麻初死麻絰同，其帶五分首絰去其一，就三寸六百二十五分寸之四百二十九之中又五分去其一分，故其餘有二寸三千一百二十五分寸之二千九百六十六分，是緦麻以上變麻服葛之數也。」詔：「五服差降，宜依所奏。」

敖氏繼公曰：傳主言斬衰之絰帶，此則連言之耳。

郝氏敬曰：「齊衰之絰」以下，明五服皆有絞帶之制，以補經文之未備。齊衰之絰，斬衰之帶，謂母服之首絰，即父服之要絰。凡首絰大于要絰，母服降于父服也。五服皆有絰，而要絰皆居首絰五分之四以爲差。分必以五，服有五等也。帶即要絰，以爲帶，即以爲本服之要絰也。

苴杖，竹也。削杖，桐也。杖各齊其心，皆下本。疏：經唯云苴杖，不出杖體所用，故言「苴杖者，竹也」。下章直云「削杖」，亦不辨木名，故因釋之云「削杖者，桐也」。然爲父所以杖竹者，父者子之天，竹圓亦象天，竹又外内有節，象子爲父，亦有外内之痛。又竹能貫四時而不變，子之爲父，哀痛亦經寒温而不改，故用竹也。爲母杖桐者，桐之言同，内心同之于父，外無節，象家無二尊，屈于父，爲之齊衰，經時而有變。又案變除削之使方者，取母象于地故也。此雖不言杖之粗細，案喪服小記云：「經殺五分而去一，杖大如絰。」鄭注云：「如要絰也。」如要絰者，以杖從心已下，與要絰同處。云「杖各齊其心」者，杖所以扶病，病從心起，故杖之高下，以心爲斷也。云「皆下本」者，本，根也。案士喪禮「下本」，注云「順其性也」。

敖氏繼公曰：此主釋苴杖而并及削杖也。竹杖而謂之苴者，以其不脩治故也。削杖，齊衰之杖也，用桐木，而又削之，所以别于斬衰者，杜元凱曰「員削之，象竹」是已。小記曰「杖大如絰」，則是二杖皆如其首絰之度矣。各齊其心者，謂其長短以當每人之心爲節也。皆者，皆二杖也。下本，所以别于吉。凡吉杖下末，曲禮曰「獻杖者執末」，謂吉杖也。

欽定義疏：杖緣扶病而設，而遂因之以爲節文，故爲父爲母，有竹與桐之殊。苴者不削，削則去其皮而稍澤，以是爲斬、齊之差也。吉杖之長，不僅齊心，其本在上，或刻鏤之以爲飾。喪杖短其度，而又倒之，亦去飾之意耳。不著尺寸而曰齊心者，人之長短不同，猶「苴絰大搹」之意也。疏引變除謂「削之使方，取母象于地」，此因削字而生其枝節耳。桐、竹既分矣，何必又方之乎？方之則不可以如絰之圍計矣。注以「下本」爲「順其性」，亦未確。夫吉杖豈必逆其性乎？明乎吉凶之變，而斬與齊又自有變，則禮意得矣。又案：喪服小記注謂「杖如要絰」，則齊衰之杖僅五寸二十五分寸之十九，似太細矣。且曰「如」，則宜如其顯者，當從敖説。

杖者何？爵也。無爵而杖者何？擔主也。非主而杖者何？輔病也。童子何以不杖？不能病也。婦人何以不杖？亦不能病也。注：爵謂天子、諸侯、卿大夫、士也，無爵謂庶人也。擔猶假也。無爵者，假之以杖，尊其爲主也。非主，謂衆子也。疏：有爵之人必有德，有德則能爲父母致病深，故許以其杖扶病。雖無爵，然以適子，故假取有爵之杖爲之喪主。衆子雖非爲主，子爲父母致病是同，亦輔病也。童子不杖，此庶童子也。案問喪云「童子當室，則免而杖矣」，謂適子也。雜記又云「童子不杖、不菲」，則直有衰裳絰帶而已。婦人不杖，亦謂童子婦人，若成人婦人，正杖。喪大記云：「三日，子、夫人杖。五日大夫、世婦杖。」諸經皆有婦人杖文，明此童子婦人。案喪服小記云：「女子子在室，爲父母，其主喪者不杖，則子一人杖。」鄭云：「女子子在室，亦童子也。無男昆弟，使同姓爲攝主不杖，則子一人杖，謂長女也。許嫁及二十而笄，笄爲成人，成人正杖也。」是其童女爲喪主則亦杖矣。雷氏以爲「婦人皆不杖，小記『婦人不爲主而杖』者，惟著此一條，明其餘不爲主者皆不杖」，此說非也。

孔氏穎達曰：若是成人、出嫁婦人爲主，皆杖。故喪大記云：「三日，子夫人杖。五日，授大夫、世婦杖。」喪服傳「妻爲夫杖」，小記云「母爲長子杖」，是成人婦人皆杖也。未嫁而稱婦人者，以其將有適人之端故也。

敖氏繼公曰：此因廣言用杖、不用杖之義。無爵者，謂大夫以下其子之無爵者及庶人也。傳意蓋爲此杖初爲有爵者居重喪而設，所以優貴者也。其後乃生擔主輔病之義焉。童子與婦人皆謂非主者也，故但以不能病而不杖。然此章著妻妾、女子子之服異者，布總，箭笄，髽，衰也，是其經杖之屬如男子矣。妾與女子子非主也，而亦杖，則似與不能病而不杖之義異。

張氏爾岐曰：疏云：「禮記諸文說婦人杖者甚衆，何言無杖？」愚意禮記雜出漢儒，當據此傳爲正。

汪氏琬曰：或問：禮，無爵者非擔主不杖，然則庶人居三年之喪，亦有不杖者與？曰：無之。古人之居喪也，哭踊無筭，水漿不入口者三日。既殯食粥，朝一溢米，暮一溢米。如是則無不病者，故曰「非擔主而杖爲輔病也」，夫安得有不杖者與？今人之居喪也，哭泣不哀，飲食居處如故，其違禮也多矣，而又逆億古人之不能病，不亦悲夫？或問：婦人可以不杖乎？曰：婦人之不杖也，傳謂其「不能病」故也。假令哀毀而能病，則聖人許之矣。豈遂禁其以杖即位乎？然則傳也，喪服小記也，或言杖，或言不杖者，蓋兩相發明也。或又問：婦人謂童女，孔穎達之説亦可信乎？曰：不然也。婦之言服也，服事其夫也，非未嫁女子之稱。

盛氏世佐曰：杖所以扶病也，傳乃以爵釋之者，見其自貴者始也。四制云「三日授子杖，五日授大夫杖，七日授士杖」，亦可見矣。據疏所引禮記諸文，則童子、婦人俱有杖例。傳云不杖者，禮之正也。所以然者，聖人不以成人之禮責稚弱也。其有杖者，變例也。傳言正，記言變，吾見其相備，而未見其相違異也。婦人不言童子，蒙上文也。童女亦稱婦人者，下經云「爲姪、庶孫丈夫、婦人之長殤」，是其徵矣。此章著妻妾、女子子之服異者，布總，箭笄，髽，衰耳。其絰杖之屬，皆與男子同，指成人者言也。此則謂其未成人者，傳又曷嘗與經異哉？

絞帶者，繩帶也。 疏：王肅以爲絞帶如要絰焉，鄭不言，當依王義。絞帶象革帶，與要絰同在要，一則無上下之差，二則無粗細可象。而雷氏云「去要絰五分一爲絞帶」，失其義矣。但絰帶至虞後，變麻服葛，絞帶虞後，雖不言所變，案公士、衆臣爲君服布帶，又齊衰以下亦布帶，則絞帶虞後變麻服布，于義可也。

敖氏繼公曰：此釋絞帶之文。經言「絞帶」，而傳以「繩帶」釋之者，蓋絞之則爲繩矣。絞者，糾也。先儒以此絞帶象革帶，則其博當二寸；齊衰以下之布帶，其博宜亦如之。玉藻曰：「革帶博二寸。」

冠繩纓，條屬，右縫。冠六升，外畢。鍛而勿灰。衰三升。注：屬猶著也。通屈一條繩爲武，垂下爲纓，著之冠也。布八十縷爲升。「升」字當爲「登」，登，成也。今之禮皆以登爲升，俗誤已行久矣。雜記曰：「喪冠條屬，以别吉凶。三年之練冠，亦條屬，右縫。小功以下左縫。」外畢者，冠前後屈而出，縫于武也。疏：「鍛而勿灰」者，以冠爲首飾，布倍衰裳而用六升，又加以水濯，勿用灰而已。冠六升勿灰，則七升以上故灰矣。云「衰三升」，不言裳，裳與衰同，故舉衰以見裳。爲君義服，衰三升半，不言者，舉正以包義也。又吉冠則纓、武别材，凶冠則纓、武同材，是以鄭云「通屈一條繩爲武」，謂將一條繩從額上約之，至項後交過，兩廂各至耳〔一〕，于武綴之，各垂于頤下結之。云「著之冠」者，武、纓皆上屬著冠也。云「今之禮皆以登爲升，俗誤已行久矣」者，凡織紝之法，皆縷縷相登上，乃成繒布，登義强于升，故從登也。引雜記者，證條屬是喪冠，若吉冠則纓、武異材。云「三年之練冠，亦條屬」者，欲見條屬以至

〔一〕「廂」，儀禮注疏卷二八作「相」。

大祥除衰杖。大祥除喪之際，朝服縞冠，當纓、武異材，從吉法也。「右縫」者，大功以上哀重，其冠三辟積，鄉右爲之，從陰；小功、緦麻哀輕，其冠亦三辟積，鄉左爲之，從陽。二者皆條屬，但從吉從凶不同也。「外畢」者，冠廣二寸，落項，前後兩頭皆在武下，鄉外出，反屈之，縫于武而爲之。兩頭縫畢鄉外，故云「外畢」。案曲禮云「厭冠不入公門」，鄭注云：「厭猶伏也，喪冠厭伏。」是五服同名，由在武下，出反屈之，故得厭伏之名。檀弓云：「古者冠縮縫，今也衡縫。故喪冠之反吉，非古也。」是吉冠則辟積無殺，横縫，亦兩頭皆在武上，鄉内，反屈而縫之，不得厭伏之名。

敖氏繼公曰：此主釋「冠繩纓」之文，條屬、右縫，皆謂纓也。條屬者，以一條繩爲纓，而又屬于武也。右縫者，以纓之上端縫綴于武之右邊也。必右邊者，辟絰之纓也。其屬之内，以下端鄉上而結于武之左邊，以固其冠也。齊衰、大功布纓亦如之。惟小功以下，則纓在左而屬于右，雜記曰「喪冠條屬，以別吉凶。三年之練冠亦條屬，右縫。小功以下左」是也。「冠六升」以下，乃因上文而并言冠之布與其制。又因冠布而見衰布也。畢，謂縫冠于武而畢之也。外畢者，別于吉也。吉冠于武上之内縫合之，凶冠于武上之外縫合之，是其異也。言「鍛而勿灰」者，嫌當異于衣也，故以明之。凡五服之布，皆不加灰。雜記曰「加灰，錫也」，則凶服可知矣。衰三升者，但以正服言之，不及義服也。記曰「斬衰三升、三升有半」，是斬衰有二等也。

郝氏敬曰：樂記「男女無別則亂升」，史記作「亂登」。詩云：「椒聊之實，蕃衍盈升。」一手所把曰升。織布牽縷，以一手爲一升，一指間挾十縷，四指四十縷，往復則八十縷也。

菅屨者，菅菲也，外納。疏：周公時謂之屨，子夏時謂之菲。外納者，士喪禮鄭注云：「納，收餘也。」王謂正向外編之。

敖氏繼公曰：此釋「菅屨」之文也。菲者，後世喪屨之名，故云。然傳釋經文止于此，其下因言孝子居喪之禮云。

郝氏敬曰：菲、扉同，草履也，一名不借，以其惡賤曰菲。納，收也。收其草緒向外曰外納，猶冠之外畢也。

張氏爾岐曰：菅屨即菅菲，以菅草爲屨也。外納謂編屨畢，以其餘頭向外結之。

居倚廬，寢苫枕塊。疏：「居倚廬」者，孝子所居，在門外東壁，倚木爲廬。鄭注既夕記云：「倚木爲廬，在中門外東方，北户。」又喪大記云：「凡非適子者，自未葬倚于隱者爲廬。」注云：「不欲人屬目，蓋廬于東南角。」若然，適子則廬於其北顯處爲之，以其適子當應接弔賓，故不于隱者。臣爲君，則亦居廬。案周禮宮正云「大喪，授廬舍，辨其親疏貴賤之居」，注云：「親者貴者居倚廬，疏者賤者居堊室。」又雜記朝廷卿大夫士居廬，都邑之士居堊室，見諸侯之臣爲其君之禮。案喪大記云「婦人不居廬」，此經專據男子生文。云「寢苫枕塊」，既夕文與此同，彼注云：「苫，編藁。塊，塩也。」在中門外者，哀親之在外。寢苫者，哀親之在草也。

聶氏崇義曰：初喪，居廬，堊室，子爲父，臣爲君，各依親疏貴賤之序。案唐大曆年中，有楊垂撰喪服圖，説廬形制及堊室、幕次序列次第云：設廬次于東廊下，無廊，于墻下，北上。凡起廬，先以一木横于墻下，去墻五尺卧于地爲楣。即立五椽于上，斜倚東墉上，以草苫蓋之。其南北面亦以草屏之，向北開門。一孝一廬。門簾以縗布，廬形如偏屋，其間容半席。廬間施苫凷。其廬南爲堊室，以墼壘三面，上至屋，如于墻下，即亦如偏屋，以瓦覆之，西向，户室施薦木枕。室南爲大功幕次，次中施蒲席。次南又爲小功、緦麻次，施牀，並西户。如諸侯始起，廬門外便有小屏，餘則否。其爲母與父同，爲繼母、慈母，不居廬，居堊室。如繼母有子，即隨子居廬。爲妻，準母。其堊室及幕次，不必每人致之，共處可也。婦人次于西廊下。

張氏爾岐曰：「居倚廬」一段，言居三年喪之大節。自「居倚廬」至「不脱絰帶」，言未葬時事。

哭，晝夜無時。 疏：哭有三無時：始死，未殯已前，哭不絶聲，一無時；既殯已後，卒哭祭已前，阼階之下爲朝夕哭，在廬中思憶則哭，二無時；既練之後，無朝夕哭，惟有廬中，或十日，或五日，思憶則哭，三無時也。卒哭之後，未練之前，惟有朝夕哭，是一有時也。

張氏爾岐曰：據疏，則傳言「哭，晝夜無時」，謂未殯前哭不絶聲，卒哭前哀至則哭也。

盛氏世佐曰：此謂在廬中，因思憶而哭也。晝夜無時者，哀甚，不可爲節也。始死，未殯以前，哭不絶聲。既練之後，或十日，或五日，一哭于是。云晝夜無時，少殺于未殯前，而視既練後則戚矣。張説誤。是時亦有朝夕哭，不言者，以其不在廬也。朝夕哭于殯宫，無時之哭在次。

歠粥，朝一溢米，夕一溢米。 注：二十兩曰溢，爲米一升二十四分升之一。疏：喪大記云水漿不入口三日之後乃始食，雖食，猶節之，使朝夕各一溢米而已。

陸氏繼明曰：王肅、劉逵、袁準、孔衍、葛洪皆云「滿手曰溢」。

敖氏繼公曰：溢，未詳。小爾雅曰：「一手之盛謂之溢，兩手謂之掬。」一升也。

徐氏師曾曰：溢，一手所握也。握容隘，必有溢于外者，故曰溢米。

郝氏敬曰：溢、搤通。米盈握，言食少也。

姜氏兆錫曰：朝夕一溢米，王肅諸儒皆訓爲滿手曰溢。溢，如字讀，有盈溢之象，其義最當。而鄭注乃訓爲「二十兩曰溢」，則以水旁之溢而訓爲金旁之鎰，義既曲矣。又以二十兩輕重之權數，而轉爲一升又二十四分升之一大小之量數，是益之曲也。

寢，不説絰帶。 疏：絰帶在衰裳之上，而云「不脱」，則衰裳在内，不脱可知。

敖氏繼公曰：喪莫重于絰帶，非變除之時及有故，則雖寢猶不敢脱，明其頃刻不忘哀也。

盛氏世佐曰：自居倚廬至此，皆既殯後、未葬已前事。

既虞，翦屏柱楣，寢有席，食疏食，水飲，朝一哭、夕一哭而已。 注：楣謂之梁。柱楣，所謂梁闇。疏猶麤也。疏：王制云：「天子七月而葬，諸侯五月而葬，大夫士三月而葬。」葬時送形而往，迎魂而反，乃至適寢之中，舊殯之處，爲虞祭以安之，檀弓云「葬日虞」是也。依公羊傳云，天子九虞，諸侯七虞，大夫五虞，士三虞。今傳言「既虞」，謂九虞、七虞、五虞、三虞之後，乃改舊廬，西鄉開户，翦去户旁兩廂屏之餘草。「柱楣」者，前梁謂之楣，楣下兩頭竪柱，施梁乃夾户旁之屏也。云「寢有席」者，謂蒲席加于苫上也。云「食蔬食」者，用粗疏米爲飯而食之，明不止朝一溢夕一溢而已，當以足爲度。云「水飲」者，恐虞後飲漿酪之等，故云飲水而已。云「朝一哭夕一哭而已」者，此當士虞禮卒哭之後。彼云「卒哭」者，謂卒去廬中無時之哭，惟有朝夕于阼階下有時之哭。喪服之中，三無時哭外，惟此卒哭之後、未練之前一節之間，是有時之哭。注云「梁闇」者，書傳文。喪服四制云「高宗諒闇三年」，鄭注云：「諒，古作『梁』。闇讀如鶉鵪之鵪。闇謂廬也。廬有梁者，所謂柱楣也。」

郝氏敬曰：虞，既葬始祭之名。既虞，則翦除倚廬屏蔽之草，加柱楣下，略脩飾也。

張氏爾岐曰：既虞，謂葬畢卒哭後。

既練，舍外寢，始食菜果，飯素食，哭無時。注：舍外寢，于中門之外，屋下壘墼爲之。不塗塈，所謂堊室也。素猶故也，謂復平生時食也。斬衰不書受月者，天子、諸侯、卿大夫、士，虞、卒哭異數。　疏：云「既練，舍外寢」者，謂十三月，服七升冠，男子除首絰而帶獨存，婦人除要帶而絰獨存。又練布爲冠，著繩屨止舍外寢之中，不復居廬也。云「哭無時」者，謂練後堊室之中，或十日，或五日，思憶則哭。注云「舍外寢，于中門之外」者，練後不居舊廬，還于廬處爲屋，但天子五門，諸侯三門，得有中門。大夫士惟有大門、内門兩門而已，無中門。而云「中門外」者，案士喪禮及既夕，外位惟在寢門外，其東壁有無尊卑差降之法。自後有士服大夫服之説，父母之喪，以爵之貴賤爲降殺。此後世禮壞樂崩之論，豈可訓哉？喪服，固周公之舊也。

欽定義疏：雜記：「大夫爲其父母兄弟之未爲大夫者之喪服如士服。士爲其父母兄弟之爲大夫者之喪服如士服。大夫之適子，服大夫之服。大夫之庶子爲大夫，則爲其父母服大夫服。」春秋襄十七年左氏傳：「齊晏桓子卒，晏嬰麤縗斬，苴絰、帶、杖，菅屨，食粥，居倚廬，寢苫枕草。其老曰：『非大夫之禮也。』曰：『唯卿爲大夫。』」據此，則大夫喪服有與士異者矣。然中庸言「三年之喪，達乎天子。父母之喪，無貴賤，一也」，雜記亦云「端衰喪車無等」，孟子謂「三年之喪，齊疏之服，飦粥之食，自天子達于庶人，三代共之」。寧有大夫、士之異等者乎？如異等，則諸侯、天子必更有異，是逾薄也。記傳所言，其起諸世卿執政之時，而非成周之本制與？

諸侯爲天子。疏：此文在父下君上者，以此天子不兼餘君，君中最尊，故特著文于上也。

傳曰：天子至尊也。疏：天子至尊，同于父也。

郝氏敬曰：此所謂資于事父以事之者也。

王氏昭禹曰：春官司服：「凡喪，爲天王斬衰。」天王有父道，故諸侯及諸臣服斬衰，以王爲天也。若諸侯之大夫，自天其君，則爲王繐衰而已。

欽定義疏：諸侯，謂分封列國者。其仕於王朝之卿大夫、士，爲天子服亦同。經但言「諸侯爲天子」，而王朝之卿大夫士爲天子服斬衰，則統於下文「君」一條内矣。此另列「諸侯爲天子」者，以諸侯、天子皆君，恐疑於不必如君臣之服，故特著之也。

胡氏安國曰：諸侯爲天子服斬衰，禮，當以所聞先後而奔喪也。或謂萬國至衆，封疆至重，天王之喪，不得越境而奔，而脩服于國，禮乎？康王之誥「大保率西方諸侯入應門左，畢公率東方諸侯入應門右」，此奔成王之喪者也，安得以爲脩服于國而可乎？

欽定義疏：奔喪，正也。而脩服於國者，亦宜有之。道有遠近，期有疏數，固不能胥六服之群辟而舉空其國也。康王之誥之諸侯，蓋適當朝覲而在京師者。若聞喪而奔者，近畿或有之，稍遠則固不能如是速也。班氏固言之善矣。白虎通曰：「天子崩，遣使者訃諸侯。諸侯悲哀慟怛，莫不欲覩君父之棺柩，盡悲哀。又爲天子守藩，不可頓空也。故分爲三部，七月之間，諸侯有在京師親共臣子之事者，有號泣悲哀、奔走道路者，有居其國哭痛思慕、竭盡所共以助喪事者，是臣下若喪考妣之義也。」

范氏祖禹曰：君喪三年，古未之改。漢文率情變禮，雖欲自損以便人，而不知使人入於異類也。自是以後，民不知戴君之義，而嗣君遂亦不爲三年之服。唐之人主，鮮能謹於禮者。故有公除而議昏，亮陰而舉樂，忘父子之親，固不可矣。然如漢文之制，志寧之議，是亦有父子而無君臣也。爲國家者，必務革漢文之薄制，遵三代之隆禮，教天下士大夫以方喪三年，則衆著於君臣之義矣。

胡氏寅曰：漢文減節喪紀，固負萬世譏矣。然遺詔所諭，謂吏民耳。太子嗣君，豈吏民比？而景帝冒用此文，乃自短三年之制，是不爲君父服斬衰，自景帝始也。且天子之所以不遂服三年者，何謂哉？謂妨政事耶？謂費財用耶？謂防攝政之人耶？謂妨政事，孰先於國家之大憂？謂費財用，財用固所以行禮也。謂防攝政之人，則虞、夏、殷、周未聞有攝政之人奪喪君之國者。揆之以禮，稽之以事，無一而可。乃不法堯、舜三代，而以刻薄之景帝爲師，何哉？寥寥千載，惟晉武欲行古制，而尼于裴、傅之邪説，獨魏孝文天性仁厚，斷以不疑，雖不盡合禮文，而哀戚之情溢于杖絰。讀史者猶惻然感動，想見其爲人。

劉氏攽曰：漢文帝制此喪服，斷自已葬之後。其未葬之前，則服斬衰。漢諸帝自崩至葬有百餘日者，未葬，則服不除矣。翟方進傳：「後母終，既葬三十六日，起視事，以身備漢相，不敢踰國家之制。」此其證也。説者遂以日易月，又不通計葬之日，皆大謬也。文帝詔，既葬除重服，大紅十五日，小紅十四日，纖七日，所以漸即吉耳。

朱子曰：漢文葬後三易服，三十六日而除，差賢於後世之自始遭喪，便計二十七日而除者。然大者不正，其爲得失，不過百步五十步之間耳。孝宗服高宗，既葬，白布衣冠視朝，此爲甚盛之德，足破千載之繆。前世人君，自不爲服，故不能復古。當時有此機會，而儒臣禮官不能有所建明以爲一代之制，遂至君服於上，臣除於下，因陋踵譌，深可痛恨也。

欽定義疏：漢文遺詔，史記、漢書皆云：「已下，服大紅十五日，小紅十四日，纖七日。」已下者，謂柩已下于壙，始服大紅等服，則三十六日在既葬之後甚明。至魏武，始令葬畢便除，無所爲三十六日之服者。後又何代直以三十六日爲除服之期，而不論葬與否？至唐明皇、肅宗之喪，又降三十六日爲二十七日。短喪雖自漢文，而後代之屢變而愈短如此。

君。疏：臣爲之服。此君内兼有諸侯及大夫，故文在天子下。

傳曰：君至尊也。注：天子、諸侯及卿大夫有地者，皆曰君。疏：案周禮載師云：「家邑任稍地，小都任縣地，大都任疆地。」是天子卿大夫有地者。若魯國季孫氏有費邑，叔孫氏有郈邑，孟孫氏有郕邑，晉國三家亦皆有韓、趙、魏之邑，是諸侯之卿大夫有地者皆曰君。士無臣，雖有地，不得君稱，故僕隸等爲其喪，弔服加麻，不服斬也。

敖氏繼公曰：諸侯及公卿大夫士有臣者皆曰君。此爲之服者，諸侯則其大夫、士也，公、卿大夫、士則其貴臣也。此亦主言士禮，以關上下。下放此。

欽定義疏：下經「公士大夫之臣」節，傳云「君，謂有地者也」，此注蓋本此而言。然古者遞相君臣，則不必有地而後有臣矣。疏謂「士無臣」，亦本注説。然特牲記「私臣門東，北面西上」，則士自有臣。士喪禮讀賵有「主人之史」，以别於公史，明乎主人之史之爲私臣也。奔喪：「哭，天子九，諸侯七，卿大夫五，士三。」皆言臣爲君也。凡士之禮，事用私臣者不少，則士亦有臣，明矣。既委贄爲臣，寧可不以君之服服之乎？敖氏兼士言之，于義爲合。又「緦麻」章爲貴臣服緦，大夫無緦服，則爲之服者必士也。士卑，故爲其臣緦，不止弔服加麻而已。曾是臣之服之也，而僅弔服加麻云爾乎？或疑子疾病，而子路使門人爲臣，夫子曾爲大夫，致仕尚無臣，則士似不應有臣。曰：大夫致仕而無臣者，謂大夫之臣也。若不爲大夫，己所自有之臣，則固自若也。子路蓋以夫子爲大夫時，門人如原思輩曾爲之臣矣。今欲使曏之曾爲臣者，以臣行事，而爲夫子服三年之喪，以尊聖人，而不知大夫之臣之視夫子祇爲舊臣，而不可以現爲臣之禮施之，此聖人所以深責之也。若夫子所自有之臣如室老之類，則不因不爲大夫而遂無也。

父爲長子。注：不言嫡子，通上下也。亦言立嫡以長。疏：言長子，通上下，則適子之號，惟據大夫士，不通天子、諸侯。若言太子，則亦不通上下。云「亦言立嫡以長」者，欲見適妻所生，皆名適子。第一子死，則取適妻所生第二長者立之，亦名長子。若言適子，惟據第一者；若云長子，通立嫡以長也。

敖氏繼公曰：爲之三年者，異其爲嫡，加隆之也。此嫡子也，不云嫡而云長者，明其嫡而又長，故爲之服此而不降之也。「疏衰三年」章放此，後凡言嫡者，亦皆兼長言之，經文互見之耳。

傳曰：何以三年也？正體於上，又乃將所傳重也。庶子不得爲長子三年，不繼祖也。注：此言爲父後者，然後爲長子三年，重其當先祖之正體，又以其將代己爲宗廟主也。庶子者，爲父後者之弟也。言庶者，遠別之也。小記曰：「不繼祖與禰。」此但言祖不言禰，容祖、禰共廟。疏：經云「繼祖」，即是爲祖後乃得爲長子三年。鄭云「爲父後者，然後爲長子三年」，不同者，周之道，有適子，無適孫，適孫猶同庶孫之例，要適子死後乃立適孫，乃得爲長子三年，是「爲父後者，然後爲長子三年」也。兄得爲父後者是適子，其弟則是庶子，是爲父後者之弟，不得爲長子三年。此鄭據初而言，其實繼祖父身三世，長子四世乃得三年也。鄭注小記云言「不繼祖禰，則長子不必五世」者，鄭前有馬融之等解爲長子五世，鄭以義推之，己身繼祖與禰，通己三世，即得爲長子斬。長子惟四世，不待五世。此微破馬融之義也。雖承重不得三年有四種：一則正體不得傳重，謂適子有廢疾，不堪主宗廟也。二則傳重非正體，庶孫爲後是也。三則體而不正，立庶子爲後是也。四則正而不體，立適孫爲後是也。

語録：有問：周制有大宗之禮，乃有立適之義。立適以爲後，故父爲長子三年。今大宗之禮廢，無立適之法，而子各得以爲後，則長子、少子當爲不異。庶子不得爲長子三年者，不必然也。父爲長子三年者，亦不可以適庶子論也。朱子曰：宗子雖未能立，然服制自當從古，是亦愛禮存羊之意，不可妄有改易也。如漢時宗子法已廢，然其詔令猶存，賜民當爲父後者爵一級，是此禮意猶在也，豈可謂宗法廢而衆子皆得爲父後乎？

敖氏繼公曰：祖，謂別子也。繼祖者，大宗子也。記曰「別子爲祖，繼別爲宗」是也。此云「不繼祖」者，唯指大宗之庶子而言。若小記所謂「不繼祖與禰」者，則兼言大宗、小宗之庶子也。然經但云「父爲長子」耳，傳記乃有庶子不繼祖禰，不得爲長子三年之説，亦似異於經。「殤小功」章云「大夫、公之昆弟爲庶子之長殤，公之昆弟爲其庶子服，與大夫同，則爲其適子服亦三年，與大夫同」，明矣。公之昆弟，不繼祖禰者也，而其服乃若是，則所謂庶子不得爲長子三年者，其誤矣乎？

盛氏世佐曰：子爲父母三年，父母爲子期，服之正也。爲長子三年，以其承祖之重而加隆焉爾。此尊祖敬宗之義通乎上下者也。云「正體于上」者，明其父之爲適長也。云「又乃將所傳重也」者，明其子之亦爲適長也。重，謂宗祀也。庶子不得祭，即不得爲長子三年，以其無重可傳也，庶子不爲父後者也。云「不繼祖」者，指其子而言也。然則爲長子三年，五宗皆得行之矣。雖繼禰之宗，亦得爲長子三年者，以身既繼禰，即得主禰廟之祭，是亦有傳重之道故也。小記所謂不繼祖與禰者，亦謂庶子不繼禰，而庶子之長子不繼祖耳。先儒考之弗審，因謂適適相承，必至四世，乃得三年，失其義矣。經但云「父爲長子」，而不別父之適庶，故傳記爲發明之，此傳記之所以有功於經也。

蕙田案：尊祖故敬宗。繼祖之嫡，尊祖也；繼禰之嫡，敬宗也。小記實補經之未備，非别有義也。

爲人後者。疏：此出後大宗，其情本疏，故設文次在長子之下也。雷氏云此文當云「爲人後者，爲所後之父」，闕此五字者，以其所後之父或早卒，今所後其人不定，或後祖父，或後曾高祖，故闕之也。

敖氏繼公曰：不言爲所後之父者，義可知也。禮，大宗子死而無子，族人乃以支子爲之後。

傳曰：何以三年也？受重者，必以尊服服之。

敖氏繼公曰：此釋經意也。重，謂宗廟之屬。尊服，謂斬衰。

郝氏敬曰：傳問何以三年，疑其與親生者有間也。受重，謂繼宗祀。

何如而可爲之後？同宗則可爲之後。疏：大宗子當收聚族人，非同宗則不可。謂同承别子之後，一宗之内，若别宗同姓，亦不可，以其收族故也。

敖氏繼公曰：此言當以同宗爲後也。自是以下，又覆言爲人後之義。

郝氏敬曰：爲後者必同宗，爲其初本一體也。

何如而可以爲人後？支子可也。疏：云「支子可也」者，以其他家適子當家，自爲小宗，小宗當收斂五服之内，亦不可闕，則適子不得後他，故取支子。支子則第二以下庶子也，不言庶子云支子者，若言庶子，妾子之稱，嫌謂妾子得後人，適妻第二已下子不得後人，是以變庶言支。支者，取支條之義，不限妾子而已。適子既不得後人，則無後亦當有立後之義也。

敖氏繼公曰：必支子者，以其不繼祖禰也。

蕙田案：據此則可知繼禰者與繼祖同。

爲所後者之祖、父、母、妻，妻之父母、昆弟，昆弟之子，若子。注：若子者，爲所爲後之親如親子也。疏：死者祖父母，則爲後者之曾祖父母，妻即爲後者之母也。妻之父母、妻之昆弟、妻之昆弟之子，于爲後者爲外祖父母及舅與内兄弟，皆如親子爲之著服也。

敖氏繼公曰：言妻之昆弟，以見從母；言妻之昆弟之子，以見從母昆弟也。此于尊者，惟言所後者之祖父母；于親者，惟言所後者之妻。蓋各舉其一，以見餘服也。至于其「妻之父母」以下，乃備言之者，嫌受重之恩主于所後者，而或略于其妻黨也。其妻黨之服且如是，則于所後者之親服益可知矣。經見爲人後者，如子之服，僅止于父，故傳爲凡不見者言之又詳。此傳言爲人後者爲所後者祖父母服，則是所後者死，而其祖父若父或猶存，于祖父若父猶存，而子孫得置後者，以其爲宗子故爾。蓋尊者已老，使子孫代領宗事，亦謂之宗子，所謂「宗子不孤」者也，非是則無置後之義。

顧氏炎武曰：此因爲人後而推言之，所後者有七等之親，皆當如禮而爲之服也。所後之祖，我之曾祖也；父母，我之祖父母也；妻，我之母也；妻之父母，我之外祖父母也。因妻而及，故連言之，取便文也。昆弟，我之世叔父也。昆弟之子，我之從父昆弟也。若，及也。若子，我之從父昆弟之子也。正義謂「妻之昆弟，妻之昆弟之子」者，非。

盛氏世佐曰：祖，祖父母也。唯言祖，文省耳。所後者之祖父母，爲後者當服齊衰三月。若所後者及所後者之父皆没，則爲曾祖父服斬，曾祖母齊衰三年。曾祖父在，則爲曾祖母服，如父在爲母。父母爲後者，當服不杖期。若所後者已没，則爲祖父服斬，祖母齊衰三年。祖父在則爲祖母服，如父在爲母。爲人後矣，而傳乃陳爲所後者之祖若父之服，所以見爲宗子而死，雖祖若父猶存，亦得置後也。且容有生而置後者也。妻爲後者，當服齊衰杖期；若所後者已没，則爲之齊衰三年。妻之父母，爲後者當服小功。於所後者之妻黨，舉一父母，則其他可知矣。言此于本宗之上，文便也。昆弟爲後者，當服不杖期。所後者，大宗子也。昆弟之子爲後者，當服大功。若，如也。如子者，謂爲後者爲此六等之親服，皆如所後者之親子也。傳因「爲人後者」之服，連類及之，以補經之未備，而其言之詳略，亦各有義焉。於正統之親，悉數之。於旁親，舉一昆弟，以例夫與父同行者；舉一昆弟之子，以例夫與己同行者。下此，則略而不言，尊卑之差也。六者之中，本宗居其五，外親居其一，内外之辨也。注疏及顧説互有得失，故備論之。

蕙田案：盛氏説最爲詳明。

妻爲夫。疏：自此已下論婦人服。婦人卑于男子，故次之。

傳曰：夫至尊也。疏：妻者，齊也，言與夫齊也。夫至尊者，雖是體敵齊等，以其在家天父，出則天夫，是其男尊女卑之義，故同之于君父也。

敖氏繼公曰：此亦主言士妻之禮，以通上下。凡婦人之爲服者，皆放此。

妾爲君。疏：妾賤于妻，故次妻後。

張氏監本正誤：「妾爲君」，「爲」誤作「謂」。

蕙田案：下傳云「妾爲君」，注：「謂夫爲君，雖士亦然。」疏：「士身不合名君，妾與臣無異，得稱夫爲君。」

傳曰：君至尊也。注：妾謂夫爲君者，不得體之，加尊之也，雖士亦然。疏：内則云：「聘則爲妻，奔則爲妾。」鄭注云：「妾之言接，聞彼有禮，走而往焉，以得接見于君子。」是名妾之義。但其並后匹嫡，則國亡家絶之本，故深抑之，别名爲妾也。既名爲妾，故不得名壻爲夫，故加其尊名，名之爲君也。云「雖士亦然」者，士身不合名君，至于妾之尊夫，與臣無異，是以雖士妾，得稱夫爲君。

敖氏繼公曰：妾與臣同，故亦以所事者爲君。春秋傳曰：「男爲人臣，女爲人妾。」

女子子在室爲父。注：女子子者，子女也，别于男子也。言在室者，關已許嫁〔一〕。疏：關，通也。通已許嫁者，女子子十五許嫁而笄，與丈夫二十而冠同，則同成人矣。身既成人，亦得爲父服斬也。雖許嫁爲成人，及嫁，要至二十乃嫁于夫家也。

敖氏繼公曰：女子猶言婦人也。云「女子子」者，見其有父母也。在室，在父之室也。與「不杖期」章適人者對言。

郝氏敬曰：男女稱子，對父母爲子也。女子重稱子，别于男子之爲子也。

盛氏世佐曰：女子子在室與男子同，未嫁，無可降也。此謂成人而未嫁者也。其未成人者服同，唯不杖爲異。小記云：「女子子在室，爲父母，其主喪者不杖，則子一人杖。」然則未成人而有男昆弟者，皆不杖可知矣。

布總，箭笄，髽，衰，三年。注：此妻、妾、女子子喪服之異于男子者。總，束髮。謂之總者，既束其本，又總其末。箭笄，篠也。髽，露紒也，猶男子之括髮。斬衰括髮以麻，則髽亦用麻也。蓋以麻自項而前，交于額上，却繞紒，如著幓頭焉。小記曰：「男子冠而婦人笄，男子免而婦人髽。」凡服，上曰衰，下曰裳。此但言衰不言裳，婦人不殊裳，衰如男子衰，下如深衣。深衣則衰無帶，下又無衽。疏：上文

〔一〕「關」，儀禮注疏卷二九作「謂」。

經至練有除者，此三者並終三年乃除之。案喪服小記云「婦人帶、惡笄以終喪」，彼謂期服者，帶與笄終喪。此斬衰帶亦練而除，笄亦終三年也。布總者，只爲出紒後垂爲飾者而言，以其布總六升，與男子冠六升相對故也。髽有二種，案士喪禮曰：「婦人髽于室。」注云：「始死，婦人將斬衰者，去笄而纚；將齊衰者，骨笄而纚。」今言髽者，亦去笄纚而紒也。齊衰以上，至笄猶髽。髽之異于括髮者，既去纚，而以髮爲大紒，如今婦人露紒，其象也。其用麻布，亦如著幓頭然，是婦人髽之制也。二種者，一是未成服之髽，即士喪禮所云者是也。將斬衰者用麻，將齊衰者用布。二者成服之後，露紒之髽，即此經注是也。

孔氏穎達曰：髽者形有多種，有麻、有布、有露紒也，其形有異，同謂之髽也。婦人之髽有三，其麻髽之形，與括髮如一，以對男子括髮時也。斬衰，括髮以麻，則婦人于時髽亦用麻也。男子括髮，先去冠縰用麻，婦人亦去笄縰用麻。又知有布髽者，案此云「男子免」，對「婦人髽」，男免既用布，則婦人髽不容用麻也。是知男子爲母免，則婦人布髽也。如有露紒髽者，喪服傳云「布總，箭笄，髽，衰，三年」，明知此服並以三年，三年之内，男不恒免，則婦人不用布髽，故知恒露紒也。此三髽之殊，是皇氏之說。今考校以爲正有二髽，一是斬衰麻髽，二是齊衰布髽，皆名露紒。必知然者，以喪服「女子子在室，爲父箭笄，髽，衰」，是斬衰之髽用麻，鄭注以爲「露紒」，明齊衰用布，亦謂之露紒髽也。「其義，爲男子則免，爲婦人則髽」者，以其義于男子則免，婦人則髽，獨以別男女而已，非別有義也。

方氏慤曰：男子所以冒首者謂之冠，婦人所以貫髮者謂之笄。此特言其吉而已。及凶而變焉。男子則去冠而免，婦人則去笄而髽也，故曰「男子免而婦人髽」。蓋有冠則首服，去冠則免，故去冠以麻繞之，謂之免。有笄則髮立，去笄則髽，故去笄以麻繞之，謂之髽。若夫男子成服則亦有冠焉，所謂厭冠是也。婦人成服則亦有笄焉，所謂惡笄是也。然則喪之或免或髽者，豈有他哉？特以辨男女之義而已。

黄氏榦曰：自斬至緦，成服皆布總。其布之升數，象男子冠數。箭篠，竹也，以箭篠爲笄也。始死，將斬衰，婦人去笄，至男子括髮，著麻髽之時，猶不笄。今成服，始用箭笄。箭笄長尺。婦人箭笄終喪，婦人有除無變也。

敖氏繼公曰：髽者，露紒之名也。此主言成服以後之禮，然當髽者，自小斂之時則然矣。故士喪禮「卒斂，婦人髽于室」，自此以至終喪不變也。

盛氏世佐曰：髽與括髮免，皆以麻若布，繞額而露其髽髻之名，制同而名異，所以別男女也。既夕云「丈夫髽」，喪服四制云「禿者不髽」，是髽又男女之通稱矣。男子之括髮免，皆因事而爲之，婦人則髽以終喪，婦人少變也。括髮免者必去冠，髽可以不去笄，亦其異也。

傳曰：總六升，長六寸，箭笄長尺，吉笄尺二寸。注：總六升者，首飾象冠數。長六寸，謂出紒後所垂爲飾也。疏：云「箭笄長尺，吉笄尺二寸」者，此斬之笄用箭，下記云：「女子子適人爲父母，婦爲舅姑，用惡笄。」鄭以爲「榛木爲笄」，則檀弓「南宫縚之妻之姑之喪」，云「蓋榛以爲笄」是也。吉時，大夫士與妻用象，天子、諸侯之后、夫人用玉爲笄。今于喪中，唯有此箭笄及榛二者。若言寸數，亦不過此二等。

郝氏敬曰：總止六寸，取覆髽耳。喪笄比吉笄短二寸，獨于此詳者，因明婦人爲斬衰首服，所異于男子者。

張氏爾岐曰：「總六升」，注云「象冠數」，謂象斬衰冠之數。餘服當亦各象其冠布之數。長六寸，注知其指紒後者，以其束髪處人所不見，無寸可言也。

子嫁，反在父之室，爲父三年。注：謂遭喪後而出者，始服齊衰朞，出而虞，則受以三年之喪受，既虞而出，則小祥亦如之。既除喪而出，則已。凡女行于大夫以上曰嫁，行于士庶人曰適人。

孔氏穎達曰：女出嫁，爲父母期。若父母喪，未小祥而被夫遣歸，值小祥，則隨兄弟服三年之受。既已絶夫族，故其情更隆于父母也。若父母喪已小祥，而女被遣，其期服已除，若反本也，服須隨兄弟之節。兄弟小祥之後無服變之節，故女遂止也。「未練而反則期」者，謂先有喪而爲夫所出，今未祥而夫命已反，則還夫家，至小祥而除，是依期服也。「既練而反則遂之」者，若還家，已隨兄弟小祥服三年之受，而夫反命之，則猶遂三年乃除，隨兄弟故也。

敖氏繼公曰：子，女子子也。承上經而言，故但云「子」，省文耳，非經之正例也。又云嫁則爲女子，子無嫌，亦可以不必言女。經于他處凡言子者，皆謂男子。言「反在父之室」，明其見出于父存之時也。著之者，嫌與未嫁者異也。此喪父，與未嫁者同，則其爲母以下亦如之可知，經特于此發之也。

馬氏融曰：爲犯七出，還在父母之家。

王氏肅曰：嫌已嫁而反，與在室不同，故明之。

欽定義疏：女子必有所繫屬，故未嫁天父，既嫁天夫。被出而反，則仍天父也。女子被出之由，如無子、惡疾，乃命之不辰，非其自取。若夫淫佚、不孝、竊盜、妒忌、多言，則孽由自作，而父不以不肖絶之者〔一〕，父子主恩，出于夫家，義也；歸于父家，恩也。恩義兩不相掩也。康成本喪服小記而推言之，以補此經之未備，非謂此經專主遭喪而出者也。

蕙田案：此明女子子既嫁而反，爲父之服。讀義疏可以知其大義，觀注疏可以知其節文，經旨乃圓。

盛氏世佐曰：女子嫁而降其本宗之服，婦人之義，内夫家而外父母家也。被出而歸，仍與未嫁者同，以其與夫絶族也。此經所陳，兼未遭喪而出及遭喪未練而出者言也。言「三年」而不言所服，容遭喪而出，則其初喪之服，或不盡同于在室者也。若其遭喪而出，出而復反者，變除之節，則小記論之詳矣。記云：「爲父母喪，未練而出，則三年；既練而出，則已；未練而反，則期；既練而反，則遂之。」

〔一〕「絶」，原作「繩」，據光緒本、欽定儀禮義疏卷二二改。

公士、大夫之衆臣，爲其君布帶、繩屨。注：士，卿士也。公卿大夫厭于天子諸侯，故降其衆臣布帶、繩屨，貴臣得伸，不奪其正。疏：典命大國立孤一人，諸侯無公，以孤爲公。除其衆臣布帶、繩屨二事〔二〕，其餘服、杖、冠、絰則如常也。其布帶則與齊衰同，其繩屨則與大功等也。貴臣得伸，依上文，絞帶、菅屨也。

李氏心傳曰：以傳考之，疑「士」即「卿」字，傳寫誤也。

蕙田案：李説未確。

敖氏繼公曰：此亦以其異，故著之，且明異者之止于是也。公，即所謂諸公也。公卿大夫，亦仕於諸侯者也。其衆臣爲之布帶繩屨，降于爲君之正服，所以辨貴臣而不敢與之同也。蓋此君之尊，殺于國君，故其臣之爲服者，得以別貴賤也。

郝氏敬曰：公士，謂諸侯之士，與大夫之衆家臣，各爲其君斬衰三年。但加布帶，與齊衰以下同；屨麻繩，不用菅，與不杖期以下同。蓋爵貴者恩重盡服，爵卑者恩殺服損也。

姜氏兆錫曰：注疏殆誤。本章緣臣有貴賤，故服有隆殺。經蓋言衆臣非貴臣比，故帶屨與苴帶菅屨殊。而傳因言其非貴臣比，故雖服杖，亦不與之俱即位耳。若謂卿大夫厭于君而降之，必無降衆

〔二〕「除」，諸本作「降」，據儀禮注疏卷二九改。

臣而反不降貴臣之理。若又謂其君卑，衆臣乃即位，尊即不即位，則又豈君尊即不爲王侯厭，而君卑獨爲厭乎？其誤甚矣。

盛氏世佐曰：公士，公家之士，玉藻云「公士擯」是也。大夫兼公卿而言。大夫之衆臣，謂私臣之賤者。其君，謂此二等之人之君也。公士，君諸侯；大夫之衆臣，君大夫；二者亦斬衰三年，而于其帶與屨少殺之者，則以其疏且賤故也。舊解誤。今依郝說正之。

蕙田案：郝說得之，盛氏依之，是也。

傳曰：公卿大夫室老、士，貴臣，其餘皆衆臣也。君謂有地者也，衆臣杖，不以即位。近臣，君服斯服矣。繩屨者，繩菲也。注：室老，家相也。士，邑宰也。近臣，閽寺之屬。君，嗣君也。斯，此也。近臣從君，喪服無所降也。繩菲，今時不借也。疏：公卿大夫，或有地，或無地，衆臣爲之皆有杖。但無地公卿大夫，其君卑，衆臣皆得以杖，與嗣君同即阼階下朝夕哭位。若有地公卿大夫，其君尊，衆臣雖杖，不得與嗣君同即哭位，下君故也。漢時謂繩菲爲不借者，此凶屨，不得從人借，亦不得借人也。

敖氏繼公曰：室老，家臣之長者也。士，凡士之爲家臣者皆是也。衆臣杖，不以即位，亦異于貴臣也。然則貴臣得以杖，與子同即位者，亦以其尊，少貶故也。經唯言公卿大夫爾，而傳以「有地者」釋之，則無地者其服不如是乎？似失于固矣。近臣，君服斯服，乃諸侯之近臣，從君服者也。傳言于此，亦似非其類。

郝氏敬曰：公卿，諸侯之卿。大夫室老，大夫家臣之長。士，大夫之邑宰。此皆貴臣，得盡服；餘皆衆臣，布帶繩屨也。有地謂諸侯有社稷，大夫有采邑。衆臣布帶繩屨，皆杖，但不以杖即位，異于貴臣杖即位也。近臣，閽寺之屬，恩禮又殺于衆臣，服無等，唯視嗣君服服耳。菲即屨也。

姜氏兆錫曰：傳又言近臣者，亦見賤，非貴比，但以近君，從而爲服耳。若如疏義，毋論理不足，即上下文義亦失矣。

盛氏世佐曰：公卿大夫，諸侯之貴臣也。室老、士，大夫之貴臣也。貴臣于其君，恩深義重，故其服一同于父，而無所殺，若其餘，則不能無所殺矣。公士，亦諸侯之衆臣也，故其服諸侯，與大夫之衆臣爲大夫服同。有地者，兼諸侯、大夫言也。衆臣杖，不以即位，見其異于貴臣者，不止于帶與屨也。此唯謂諸侯之衆臣耳。若大夫之衆臣，則不杖。檀弓云：「公之喪，諸達官之長杖。」喪大記云：「君之喪，三日，子、夫人杖。五日，既殯，授大夫、世婦杖。」四制云：「三日授子杖，五日授大夫杖，七日授士杖。」是諸侯之貴臣、衆臣同有杖，而衆臣不以即位爲異也。大記又云：「大夫之喪，三日之朝既殯，主人、主婦、室老皆杖。」孔疏云：「死後三日，既殯之後乃杖。應杖者，三日悉杖也。」此于家臣之杖，唯言室老，而不及其餘，則大夫之衆臣不杖明矣。近臣亦謂諸侯之親臣，左右僕從皆是。君，嗣君也。君服斯服者，從君而服，不得有異也。近臣卑于貴臣，恩義亦淺，而其服乃無所降者，以其從君，故不從衆臣之例也。傳于衆臣之中，又別出近臣一等，亦補經所未備。服問云：「君之母非夫人，則群臣無服；唯近臣及僕、驂乘從服，唯君所服服也。」是亦近臣從服，與群臣異之事也。

觀承案：此傳與上經文互相足也。上以公之士與大夫之衆臣爲非貴臣，故此傳謂公之卿、大夫之室老與士皆爲貴臣也。蓋士仕於公家爲賤臣者，在大夫之家則爲貴臣矣。如此解，則經文「士」字與此傳中「士」字一般，但彼仕於公則爲衆臣，此仕於大夫則即貴臣耳。故當以「公卿」二字爲句，「大夫室老、士」爲句。公卿者，公侯之卿，即諸侯之上大夫也。「大夫室老、士」者，大夫之家相、邑宰也，故以「貴臣」二字總承之。向來句讀，似欠分明。

右斬衰三年

五禮通考卷二百五十三

凶禮八

喪禮

齊衰三年

儀禮喪服：疏衰裳，齊，牡麻絰，冠布纓，削杖，布帶，疏屨，三年者。注：疏猶粗也。疏：斬衰先言斬，齊衰後言齊者，一以見哀之淺深，一以見造衣之先後。布帶者，亦象革帶，以七升布爲之，即下章「帶緣各視其冠」是也。

敖氏繼公曰：此冠布纓，亦條屬，右縫。又下傳曰「帶緣各視其冠」，以此推之，則凡布纓皆當同于冠布也。屨云疏者，亦謂粗也。以其爲之者不一，故不偏見其物，而以疏言之。此衰裳與屨皆言疏，則斬衰者可知矣。又經列削杖、布帶皆在「冠布纓」之下，與前章杖帶之次異者，此杖之文無所蒙，而帶與冠纓之縷數同，宜復其常處而在此也。

郝氏敬曰：斬衰布三升及三升半，未成布，至四升始成粗布，故曰疏衰裳。斬衰先言「斬」，齊衰後言「齊」者，斬則不復緝，齊則先斷後緝。牡麻，無子之麻。麻無子者，根幹稍細，異于苴也。經，首、要經。冠用布爲武，垂爲纓，外加麻絰。削木爲杖，不以苴竹。布帶以同冠七升布爲大帶。不言絞帶者，麻絰包舉矣。疏屨亦以草，但菅則未成屨，此成屨而粗惡，猶疏衰之于斬衰也。斬衰不言三年，齊衰言三年者，斬皆三年，齊有不三年者。三年齊，重比于斬者也。又曰：「古者衣必有帶，帶用帛。」雜記云「麻者不伸」，不帛帶垂紳如吉也，今世齊功以下皆以麻帶代大帶，與斬衰同，非古也。據經，唯斬無布帶，齊衰以下，布帶加絞帶。布帶即禮衣大帶，絞帶代禮衣之革帶也。

張氏爾岐曰：以四升粗布爲衰裳而緝之，牡麻爲首絰、要絰，冠以七升布爲武，垂下爲纓，削桐爲杖，七升布爲帶以象革帶，疏草爲屨，服此服以至三年者，下文所列者，其人也。

姜氏兆錫曰：斬衰不言三年者，斬衰無不三年，不待言也。齊衰有三年，有期，有五月，故言之。舊謂齊衰稍輕，故表其年者，似非。

盛氏世佐曰：此于衰裳則齊之，杖則削之，以無子之麻爲絰。纓帶以成布爲之，皆殺于斬也。年月同而服少異者，殊尊卑也，以父餘尊之所厭故也。布帶與絞帶對，亦所以象革帶也。郝以是爲大帶，非。

傳曰：齊者何？緝也。牡麻者，枲麻也。牡麻絰，右本在上，冠者沽功也。疏屨者，藨蒯之菲也。注：沽猶粗也。冠尊，加其粗。粗功，大功也。齊衰不書受月者，亦天子、諸侯、卿大夫、士虞卒哭異數。疏：緝，今人謂之緶也。枲是好色。云「牡麻絰，右本在上」者，上章爲父，左本在下者，陽統于内，則此爲母，陰統于外，故右本在上。作冠用沽功者，衰裳升數恒少，冠之升數恒多，冠在首尊，既冠從首尊，故加飾而升數恒多也。斬冠六升，不言功者，六升雖是齊之末，未得沽稱，故不見人功。此三年齊冠七升，初入人功之境，故言沽功，始見人功。沽，粗之義，故云粗功，見人功粗大不精者也。藨是草名，蒯亦草類。

朱子曰：首絰右本在上者，齊衰絰之制，以麻根處著頭右邊，而從額前向左，圍向頭後，却就右邊元麻根處相接，即以麻尾藏在麻根之下，麻根搭在麻尾之上，綴殺之。有纓者，以其加于冠外，故須著纓，方不脱落也。

敖氏繼公曰：牡麻者，無實之麻也。傳以枲麻釋之，亦前後名異也。牡麻比苴爲善，故齊衰以下之絰用之。此絰右本而在上，所以見其不以本爲纓，而纓亦在左也。上言「左本在下」，此言「右本在上」，是其爲制，蓋屈一條繩爲之，自額上而後交于項中，一端垂于左之下而爲纓，一端止于右之上而前鄉。其不纓者，則左端不垂而在上爲異耳。冠布纓之制，與繩纓同，已見于前傳，故此惟言冠布也。不見升數者，言沽功，則爲大功之首可知。

郝氏敬曰：枲麻，苧麻可績，有子無子均爲枲，非苴麻外別有牡麻，但實不實耳。以牡麻連根屈爲兩股，并絞麻根居右向在上。右爲陰，向上爲地，象母也。

父卒則爲母。注：尊得伸也。　疏：云「則」者，欲見父卒三年之内而母卒，仍服期，父服除後而母死，乃得伸。知義如此者，案内則：「女子二十而嫁，有故，二十三年而嫁。」注云：「故，謂父母之喪。」言「二十三而嫁」，不止一喪而已，故鄭并云「父母喪」也。若前遭母喪，後遭父喪，自然爲母期，爲父三年，二十三而嫁可知。若前遭父，服未闋，即得爲母三年，則是有故二十四而嫁，不止二十三也。

敖氏繼公曰：父在爲母期，父卒則三年云者，對父在而立文也。其女子子在室者爲此服，亦惟笄，總、髽、衰異耳，下及後章放此。注「尊得伸」者，謂至尊不在，則無所屈而得伸其私尊也。

姜氏兆錫曰：經云「父卒則爲母」，不云「父服卒則爲母」，而疏乃以臆亂經，此大惑也。夫「女子二十而嫁，有故，則二十三而嫁」，此約計父母三年之喪而言也。喪所以謂之三年者，據大祥則二十五月，據禫則二十七月，其時固已閲三年矣。此所以謂之三年。而二十有故不嫁，則以二十三年而嫁，約之也。且如以父喪遭母喪者言之，其父以二月女將嫁之前正月卒，而其女于初喪即遭母喪，則所云「二十三而嫁」者，亦猶約詞也。或明年小祥遭母喪，亦猶二十三而嫁也。又或其後年將終喪，遭母喪，則二十四而嫁也。故所云「二十三而嫁」者，乃約計父母三年之喪，而非如疏者之惑也。

欽定義疏：内則「有故」云者，謂或遭父喪，或父先不在而遭母之喪，則俟三年服闋而嫁。壻遭父喪若母喪亦然，非必指兩喪相繼者也。若兩喪相繼，自不可以二十三爲限矣。假令女二十當嫁，而壻之父死，訖服除，將娶矣，而女之父死，亦將限以二十三，而不爲父服乎？疏以此爲父服未除，不得爲母伸三年之證，是膠柱之見也。且「則」者，決辭，非難辭也。經曰「父卒則爲母」，正見父卒之後而遭母喪即服三年也，豈必父服除而母卒，然後行三年之服乎？且子之所以不得遂其三年者，以有父在耳。父既先殁矣，復何所屈而不三年乎？又案：士之庶子，爲其母，如衆人，爲父後，則否。大夫之庶子，父在爲其母大功，父殁則三年。

蕙田案：疏義太支，辨去則直截明快矣。

繼母如母。疏：繼母本非骨肉，故次親母後。謂己母早卒，或被出之後，繼續己母，喪之如親母，故云「如母」。下「期」章不言者，舉父殁後，明父在如母可知。慈母之義亦然。

傳曰：繼母何以如母？繼母之配父與因母同，故孝子不敢殊也。注：因猶親也。

疏：繼母配父，即是牉合之義，故孝子不敢殊異之也。

敖氏繼公曰：此禮乃聖人之所爲，而傳謂「孝子不敢殊」者，明聖人因人情以制禮。

郝氏敬曰：因母，即適母。適爲繼因，因適有繼，適繼相因，故不敢殊。

矣。顏氏曰：繼母如母，以配父也。慈母如母，以貴父之命也。然於其黨則不同矣。服問曰：「母出，則爲繼母之黨服。母死，則爲其母之黨服。爲其母之黨服，則不爲繼母之黨服。」鄭氏注曰：「雖外親，亦無二統。」夫禮者，所以別嫌明微，非聖人莫能制之，此類是矣。喪服小記：「爲慈母之父母，無服。」

汪氏琬曰：繼母亦母也，謂之如母，本非骨肉，與因母有辨故也。先儒云繼母何以如母，明其不同也，是同之中有殊者焉。或問：父在則皆服齊衰期，父歿則皆齊衰三年矣，于禮亦有不同者與？曰：有之。「母出，則爲繼母之黨服。母死，則爲其母之黨服。爲其母之黨服，則不爲繼母之黨服」。此不同者也。母出則爲母服期，繼母出則不服。父歿母嫁亦服期，繼母嫁不從則不服。此又不同者也。喪禮如母者二，繼母、慈母是也。是則繼母與慈母無等差也。三年之喪，于禮爲加服，非正服也。今律文，凡適、繼、慈、養母殺子者，加祖父母、父母一等，視親母有間故也。大哉！聖人之律，不亦與禮服相發明與？然則史槩有言：「繼母與己無名，徒以親撫養己，故亦喪之如母。」信如是也。設有前妻之子不爲繼母所撫，甚則如孝己、伯奇之屬，將遂不之服乎？曰：何爲其然也？非出也，非嫁也，孝子緣父之心，不敢不三年也。先儒謂子當以父服爲正，父若服以爲妻，則子亦應服，故曰與因母同也。

欽定義疏：爲父也妻，則爲己也母，此繼母所以如母也。服繼母者，繼母雖無出，猶服也。繼母雖有子，猶長子爲之子也。

慈母如母。疏：慈母，非父牉合，故次後也。云「如母」者，亦生禮死事，皆如己母。

傳曰：慈母者何也？傳曰：妾之無子者，妾子之無母者，父命妾曰：「女以爲子。」命子曰：「女以爲母。」若是，則生養之終其身如母，死則喪之三年如母，貴父之命也。注：此主謂大夫、士之妾無子，妾之子無母，父命爲母子者。其使養之，不命爲母子，則亦服庶母慈己者之服可也。大夫之妾子，父在爲母大功，則士之妾子爲母期矣。父卒則皆得伸也。疏：傳別舉傳者，是子夏引舊傳證成己義也。云「妾之無子者」，謂舊有子，今無者，失子之妾，有恩慈深，則能養他子以爲己子者也。若未經有子，恩慈淺，則不得立後而養他子。不云「君命妾曰」而云父者，對子而言也。云「貴父之命」者，一非骨肉之屬，二非配父之尊，但惟貴父之命故也。案喪服小記云：「爲慈母後者，爲庶母可也，爲祖庶母可也。」鄭云：「緣爲慈母後之義，父之妾無子者，亦可命己庶子爲後。」若然，此父命妾之文，兼有庶母、祖庶母，但不命女君與妾子爲母子而已。

盛氏世佐曰：女君與妾子，本爲母子，自不假父命。當云不命女君之子與妾爲母子。

敖氏繼公曰：言「喪之三年」者，以其見于此章，故惟據父卒者言也。注云「其使養之，不命爲母子，則亦服庶母慈己之服」者，謂妾或自有子，或子之母有他故，不能自養其子，是以不可命爲母子，但使慈之而已。若是，則其服惟加于庶母一等可也。庶母慈己者，服見「小功」章。

吴氏澄曰：慈母有二：其一，大夫士之子無母，父使庶母之無子者以爲子，喪服所稱「慈母如母」是也。其一，國君子生，擇諸母使爲子師，其次爲慈母，其次爲保母，内則及曾子問孔子所稱者是也。而後世于二者之等，未之審也。或執喪慈母如母之文，而施于君命所使教子之慈母，則失矣。

顧氏炎武曰：慈母者何也？子幼而母死，養于父妾，父卒，爲之三年，所以報其鞠育之恩也。然而必待父命者，此又先王嚴父，而不敢自專其報之義也。「父命妾曰：女以爲子」，謂憐其無母，視之如子，長之育之，非立之以爲妾後也。喪服小記以爲「爲慈母後」，則未可信也。禮記曾子問篇：「子游問曰：喪慈母如母，禮與？」孔子曰：「非禮也。古者男子外有傅，内有慈母，君命所使教子也，何服之有？昔者魯昭公少喪其母，有慈母良；及其死也，公弗忍也，欲喪之。有司以聞曰：『古之禮，慈母無服。今也君爲之服，是逆古禮而亂國法也。若終行之，則有司將書之以遺後世，無乃不可乎？』公曰：『古者天子練冠以燕居。吾弗忍也。』遂練冠以喪慈母。喪慈母，自魯昭公始也。」然但練冠以居，則異于如母者矣，而孔子以爲非禮。南史司馬筠傳：梁天監七年，安成國太妃陳氏薨，詔禮官議皇太子慈母之服。筠引鄭康成説，服止卿大夫，不宜施之皇子。武帝以爲不然，曰：「禮言慈母有三條：一則妾子無母，使妾之無子者養之，命爲子母，服以三年，喪服『齊衰』章所言『慈母如母』是也。二則嫡妻子無母，使妾養之，雖均乎慈愛，但嫡妻之子，妾無爲母之義，而恩深事重，故服以小功，喪服『小功』章所以不直言慈母，而云『庶母慈己』者，明異于三年之慈母也。其三則子非無母，擇賤者視之，義同師保，而不無慈愛，故亦有慈母之名。師保無服，則此慈母亦無服矣。内則云『擇于諸母與可者，使爲子師，其次爲慈母，其次爲保母』，此其明文。言擇諸母，是擇人而爲此三母，非謂擇取兄弟之母也。子游所問，自是師保之慈，非三年小功之慈也。故夫子得有此答，豈非師保之慈母無服之證乎？鄭康成不辨三慈，混爲訓釋，引彼無服以注慈己，後人致謬，實此之由。」于是筠等請依制改定，嫡妻之子，母没爲父妾所養，服之五月，貴賤並同，以爲永制。

張氏爾岐曰：愚嘗疑爲祖庶母後之説。陳氏注云：「若父之妾有子而子死，已命己之妾子後之亦可，故云爲祖庶母可也。」徐氏注云：「凡妾之有子者，稱庶母、祖庶母，其無子者則稱父妾、祖妾而已。但爲庶母後，即後此母；爲祖庶母後，即後其子之受室者。此爲不同耳。」

姜氏兆錫曰：爲慈母後及爲庶母後，皆是後于其母。若爲祖庶母後，自是後其死子以爲之後。而或者不明斯理，則以孫禰祖之論與説春秋乃多異義，而大倫滅矣。父母之喪，自天子下達，期以下，諸侯絶，大夫降，此所謂諸侯絶旁期也，況于君使教子之慈母乎？若庶子生母之服，則又不可一例言者。禮「子爲母齊衰三年，父在則期」，此母爲父降，無貴賤一也。妾之子，士以下，其子爲其母如母。大夫則父在爲其母大功，父卒亦三年。諸侯以上，則父在爲其母無服，父卒爲之大功。此庶爲嫡降，貴與賤異也。今所稱「古者天子練冠以燕居」，初不言爲其生母，注疑其如此，疏以其無明文，而指爲異代之制，似得矣。然考卜章記云「公子爲其母，練冠，麻衣縓緣，既葬除之」，傳曰：「何以不在五服之中也？君之所不服，子亦不敢服也。」注云：「諸侯之妾子厭于父，不得伸，權爲制此服，不奪其恩也。」則此練冠之制，蓋公子于其生母爲國君所厭之權服，非言國君自爲其生母，更非言天子爲其生母也。又考「大功」章云「公之庶昆弟爲其母大功」，傳曰：「先君餘尊之所厭，不得過大功也。」「緦麻」章云「庶子爲父後者爲其母緦」，傳曰：「與尊者爲一體，不敢服其私親也。有死于宮中者，則爲之三月不舉祭，因是以服緦也。」然則諸侯之妾子，父卒爲其母大功，而其或爲父後，則惟服緦也。以此推之，則庶子王乃天子之庶子爲父後者，而其于禮亦當用緦之正服衰絰以服之，又豈用五服以外父在厭抑而練冠縓緣之權制者哉？夫親喪下達，庶子之生母，君在既厭于君矣，比君卒，又以餘尊厭，而僅爲之大功。其或爲君之後者，又以喪者不祭而不敢服，僅得緣死于宮中三月不舉祭者之例以伸其緦，則其情之爲禮抑者，固已多矣。而謂庶子王反逆禮而靳爲之緦乎？傳言「母以子貴，以父妾而尊爲君夫人」，此公羊氏之說，亂嫡妾之分，禮之所不與也。若庶子王爲其母練冠，乃注疏之臆詞，而不爲之考辨，是又滋禮之惑也。然則公之所引者，果何指也？考記中凡引家語入記者，多截去首尾。如此條，家語所載本云「古者天子喪慈母，練冠以燕居」，則公固不免託于古以文其過矣。疏既知以家語之孝公辨注昭公之疑，而獨不以家語之喪慈母辨其爲生母之惑，何哉？

蕙田案：姜氏說自「父母之喪」已下，辨禮記曾子問注疏之誤，頗爲詳明。

欽定義疏：「繼母如母」，如適母也。「慈母如母」，如生己之妾母也。此慈母若死于父在之日，士之母服期，與父同宮者不禫，不以杖即位，大夫之子則大功。若適妻所生子，雖爲庶母所慈，不得有此服，以其父不可命適妻之子爲妾之子也。庾蔚之云「子不違父之令」，豈從失禮之命？

盛氏世佐曰：子夏作傳時，本自爲一編，後儒移之，分屬傳、經、記每條之下，遂加「傳曰」以别之。而于其答問之辭重舉「傳曰」者，亦後儒所加也。如孔子十翼，既被後人分散，而于繫辭、文言二傳中往往添入「子曰」字，亦其類矣。疏云是子夏引舊傳，非。

母爲長子。疏：長子卑，故在母下。母爲長子齊衰者，以子爲母服齊衰，母爲之不得過于子爲己也。若然，長子與衆子爲母，父在期，若夫在爲長子，豈亦不得過于子爲己服期乎？而母爲長子不問夫之在否皆三年者，子爲母有降屈之義，父母爲長子，本爲先祖之正體，無厭降之義，故不得以父在而屈也。

敖氏繼公曰：經不著女子子之爲母及此服之異于男子者，以其已于前章發之，則其類皆可得而推故也。

欽定義疏：父在，子爲母期者，統乎父，則不嫌降其母也。夫在，妻爲子三年者，從乎夫，則不嫌隆其子也。

盛氏世佐曰：此謂適子之妻爲其長子也。庶子不得爲長子斬，則其妻亦不得爲是服矣。

傳曰：何以三年也？父之所不降，母亦不敢降也。注：不敢降者，不敢以己尊降祖禰之正體。

右齊衰三年

齊衰杖期

疏衰裳，齊，牡麻絰，冠布纓，削杖，布帶，疏屨，期者。疏：此「疏衰」已下七服，與前章不殊，而還具列之者，以其此一期與前三年懸絶，恐服制亦多不同，故須重列也。但此章雖止一期，而禫杖具有。案下雜記云：「期之喪，十一月而練，十三月而祥，十五月而禫。」注云：「此謂父在爲母。」即是此章者也。母之與父，恩愛本同，爲父所厭，屈而至期，是以雖屈，猶伸禫杖也。妻雖義合，妻乃天夫，爲夫斬衰，爲妻報以禫杖，但以夫尊妻卑，故齊斬有異也。

敖氏繼公曰：此期服也，而杖屨之屬皆與「三年」章同者，是章凡四條，其三言爲母，其一言爲妻也。以禮考之，爲母宜三年，乃或爲之期者，則以父在若母出，故屈而在此也。妻以夫爲至尊而爲之斬衰三年，夫以妻爲至親，宜爲之齊衰三年，乃不出于期者，不敢同于母故爾。然則二服雖在于期，實有三年之義，此杖屨之屬所以皆與之同也。

欽定義疏：周景王於穆后、太子壽卒，而叔向謂其「一歲而有三年之喪二焉」，則妻喪雖期，實有三年之義。敖氏之説善矣。疏謂「禫杖具有」是也。然詞未別白。凡禫，必主喪者主之，母之喪，父爲之禫，故子從父而禫之也。若出母與繼母嫁而從者，則已非喪主，何禫焉？

蕙田案：父在爲母期，不貳斬也。服期而杖而禫，從乎父也。服朞以義，禫杖以恩，此三年之義也。

傳曰：問者曰：何冠也？曰：齊衰、大功，冠其受也。緦麻、小功，冠其衰也。帶緣各視其冠。注：問之者，斬衰有二，其冠同。今齊衰有四章，不知其冠之異同爾。緣，如深衣之緣。　疏：云「齊衰、大功，冠其受也」者，降服齊衰四升，冠七升，既葬，以其冠爲受，衰七升，冠八升。正服齊衰五升，冠八升，既葬，以其冠爲受，衰八升，冠九升。　義服齊衰六升，冠九升，既葬，以其冠爲受，受服衰九升，冠十升。　降服大功衰七升，冠十升，既葬，以其冠爲受，受衰十升，冠十一升。　正服大功衰八升，冠十升，既葬，以其冠爲受，受衰十升，冠十一升。　義服大功衰九升，冠十一升，既葬，以其冠爲受，受衰十一升，冠十二升。　以其初死，冠升與既葬衰升數同，故云「冠其受也」。　大功亦然。　云「緦麻、小功，冠其衰也」者，以其降服小功衰十升，正服小功衰十一升，義服小功衰十二升，緦麻十五升抽其半，七升半，冠皆與衰升數同，故云「冠其衰也」。　云「帶緣各視其冠」者，帶謂布帶，象革帶者。　緣，謂喪服之內中衣緣用布緣之。　視猶比也。　二者之布升數多少，各比擬其冠也。　然本問齊衰之冠，因答大功與緦麻、小功，并答帶緣者，博陳其義也。　又曰注云「緣如深衣之緣」者，案深衣目録云：「深衣，連衣裳而純之以采，素純曰長衣，有表則謂之中衣。」此既在喪服之內，則是中衣矣，而云深衣，以其中衣與深衣同是連衣裳，其制大同，故就深衣有篇目者而言之。　案玉藻云「其爲長中，繼揜尺」，注云：「其爲長衣中衣，則繼袂揜一尺，若今褎矣，深衣則緣而已。」若然，中衣與長衣袂皆手外長一尺。　案檀弓云練時「鹿裘衡長袪」，注云：

「袪，謂褎緣袂口也。練而爲裘，横廣之，又長之，又爲袪，則先時狹短無袪可知。」若然，此初喪之中衣緣亦狹短，不得如玉藻中衣繼袂揜一尺者也。但吉時麛裘，即凶時鹿裘；吉時深衣，即凶時中衣。深衣目録云：「大夫以上用素，士中衣用布，緣皆用采。」況喪中緣用布，明中衣亦用布也。其中衣用布，雖無明文，亦當視冠。若然，直言緣視冠，不言中衣緣用采，故特言緣用布，何妨喪時中衣亦用布乎？

敖氏繼公曰：斬衰有二，其冠同。齊衰三年，惟有子爲母之冠耳。是章有降服，有正服，有義服，疑其冠之異同，故發問也。齊衰、大功有受布，故冠其受，冠衰布異也；緦麻、小功無受布，故但冠其衰，冠衰布同也。問者唯疑此章之冠，答者則總以諸章之冠爲言，以其下每章之服，亦或各自不同故也。「帶緣各視其冠」者，謂齊衰以至緦麻，其布帶與其冠衰之緣，亦各以其冠布爲之。間傳曰：「期而小祥，練冠縓緣。」檀弓曰：「練，練衣縓緣。」則重服未練以前，與夫輕服之冠衰，皆有布緣明矣，此所云者是也。冠緣者，紕也。衰緣者，其領及袪之純也。此復言帶緣者，又因其布之與冠同而并及之。

郝氏敬曰：受猶接也。記云「齊衰四升，其冠七升。以其冠爲受，受冠八升」是也。齊衰初喪布四升，冠布七升，既葬，衰受冠布七升，冠更受八升。大功初喪冠布八升，既葬，衰受冠布八升，冠更受九升。緦麻三月，小功五月，緦麻以小功之冠爲衰，小功以大功之冠爲衰，不言受者，三月五月，則既葬服除，故無受。

張氏爾岐曰：案注，斬衰有三，指爲父、爲君、爲子之三等。齊衰四章，謂三年、杖期、不杖期、三月，凡四章也。

盛氏世佐曰：此傳句讀舊誤，今正之。云「齊衰、大功，冠其受也」者，齊衰、大功二者之冠之升數，各與其受衰同也。下記云：「以其冠爲受。」齊衰冠七升，受衰亦七升；大功冠十一升，受衰亦十一升。于此發傳者，齊衰一服有四章，重者三年，輕者三月，日月既殊，嫌其冠之升數亦異，傳故設爲問答以明之。云「緦麻、小功，冠其衰也」者，謂緦麻、小功二者之冠，皆與緦麻之衰同而無受也。小功以緦麻之衰爲冠，緦麻以小功之冠爲衰，又以爲冠，皆十五升抽其半，故并舉之。緦麻言于小功之上者，明小功之冠亦同于緦麻也。緦麻之冠衰與小功冠衰無以異者，禮窮則同也。小功冠衰之升數未嘗無别，而謂皆「冠其衰」，豈不謬哉？且立言之法，若以服之重輕爲序，緦麻亦不得言于小功之上矣。帶緣，布帶之緣也，各，各齊衰以下也。斬衰絞帶無緣，齊衰以下以布爲帶，又有緣，輕者飾也。問冠而并答以帶緣者，以其粗細與冠同，類及之耳。云「帶緣各視其冠」，則帶之升數，各視其衰，與疏分帶緣爲二物，訓緣爲中衣之緣，非；敖指爲冠衰之緣，尤誤。夫重服斬而不緝，齊衰僅緝之而已，其冠則五服皆條屬外畢，安得有緣？

父在爲母。疏：父母恩愛等，爲母期者，由父在厭，故爲母屈至期，故須言「父在爲母」也。

敖氏繼公曰：此主言士之子爲母也，其爲繼母、慈母亦如之。

欽定義疏：此服，自士以至大夫以上，莫不皆然。敖謂「主言士之子」者，兼士之庶子爲其母服言之也。其大夫以上之庶子，則有不同者矣。

傳曰：何以期也？屈也。至尊在，不敢伸其私尊也。父必三年然後娶，達子之志也。疏：家無二尊，故于母屈而爲期。不直言尊，而言私尊者，母于子爲尊，夫不尊之故也。子于母屈而期，心喪猶三年。故父雖爲妻期而除，然必三年乃娶者，通達子之心喪之志故也。左氏傳晉叔向云「王一歲有三年之喪二」，據太子與穆后。天子爲后亦期，而云三年喪者，據達子之志而言也。

程子曰：父在爲母服三年之喪，則家有二尊，有所嫌也。處今之宜，但可服齊衰一年外，可以墨衰從事，可以合古之禮，全今之制。

朱子曰：喪禮須從儀禮爲正。如父在爲母期，非是薄于母，只爲尊在其父，不可復尊在母。然亦須心喪三年。這般處皆是大項事，不是小節目，後來都失了。而今國家法，爲所生父母皆心喪三年，此意甚好。又問儀禮「父在爲母」，曰：盧履冰議是，但條例如此，不敢違耳。

黄氏榦曰：宋文帝元嘉十七年，元皇后崩，皇太子心喪三年。禮有心喪，禫無禫，禮無成文，世或兩行。皇太子心喪畢，詔使博士議。有司奏：「喪禮有祥，以祥變有漸，不宜便除即吉〔一〕，故其間服以綅縞也〔二〕。心喪已經十三月，大祥十五月，祥禫變降〔三〕，禮畢餘情一周〔四〕，不應復有再禫。宜下以爲永制。」詔可。唐前上元元年，武后上表，請「父在爲母終三年之服」，詔依行焉。開元五年，右補闕盧履冰上言：「准禮，父在爲母一周除靈，三年心喪。請仍舊章，庶叶通禮。」於是下制，令百官詳議。刑部郎中田再思建議云：「上古喪服無數，自周公制禮之後，孔父刊經以來，方殊厭降之儀，以標服紀之節，重輕從俗，斟酌隨時，循古未必是，依今未必非也。」履冰又上疏曰：「天無二日，土無二王，國無二君〔五〕，家無二尊，以一理之也。所以父在爲母服周者，避二尊也。」左散騎常侍元行沖奏議：「今若舍尊厭之重，虧嚴父之義，事不師古，有傷名教。」百僚議竟不決。後中書令蕭嵩與學士改脩

〔一〕「便」，原作「更」，據光緒本、儀禮集編卷四〇改。
〔二〕「縞」，諸本脱，據宋書禮志二補。
〔三〕「降」，宋書禮志二作「除」。
〔四〕「禮畢餘情一周」，宋書禮志二作「禮畢餘一朞」。
〔五〕「無二王國」，諸本脱，據舊唐書禮儀志七補。

五禮，又議請依上元敕「父在爲母齊衰三年」爲令〔一〕，遂成典。今服制，令子爲母齊衰三年。父卒爲母，與父在爲母同。

敖氏繼公曰：喪妻者必三年然後娶，禮當然爾，非必專爲達子心喪之志也。蓋夫之于妻宜有三年之恩，爲其不可以不降于母，是以但服期而已。然服雖有限，情則可伸，故必三年然後娶，所以終牉合之義焉。若謂惟主于達子之志，則妻之無子而死者，夫其可以不俟三年而娶乎？春秋傳曰「王一歲而有三年之喪二」，謂后與太子也。喪妻之義，于此可見。

吴氏澄曰：凡喪禮，制爲斬衰功緦之服者，其文也；不飲酒，不食肉，不處内者，其實也。中有其實而外飾之以文，是爲情文之稱。徒服其服而無其實，則與不服等爾。雖不服其服而有其實者，謂之心喪。心喪之實，有隆而無殺；服制之文，有殺而有隆，古之道也。愚嘗謂服制當一以周公之禮爲正，後世有所增改者，皆溺乎其文，昧乎其實，而不究古人制禮之意者也。爲母齊衰三年，而父在爲母杖期，豈薄于其母哉？蓋以夫爲妻之服既除，則子爲母之服亦除，家無二尊也。子服雖除，而三者居喪之實如故，則所殺者，三年之文而已，實固未嘗殺也。

郝氏敬曰：至尊謂父，私尊謂母。父至尊，而子又尊其母，故曰私尊。子爲母屈，而父爲子伸，故

〔一〕「上元」，諸本脱「上」字，據舊唐書禮儀志七補。

子服雖期年已除，父娶必三年後繼，以伸其子所不敢伸之志也。志謂心喪。

顧氏炎武曰：父在爲母，雖降爲期，而心喪之實，未嘗不三年也。傳曰：「父必三年然後娶，達子之志也。」假令娶于三年之內，將使爲之子者何服以見、何情以處乎？理有所不可也。抑其子之服于期，而申其父之不娶于三年？聖人所以損益百世而不可改者，精矣。又曰：父在爲母齊衰三年，起自開元禮。然其時盧懷慎以母憂起復爲兵部侍郎，張九齡以母憂起復中書侍郎同平章事，邠王守禮以母憂起復左金吾衛將軍，嗣鄂王邕以母憂起復衛尉卿，而得終禮制者，唯張説、韓休二人，則明皇固已崇其文而廢其實矣。今制，父在爲母斬衰三年。案太祖實録：「洪武七年九月庚寅，貴妃孫氏薨，命吳王橚服慈母服斬衰三年以主喪事，敕皇太子諸王皆服期。乃命翰林學士宋濂等修孝慈録，立爲定制：子爲父母、庶子爲其母皆斬衰三年，嫡子、衆子爲其庶母皆齊衰杖期。十一月壬戌朔，書成。」此則當時別有所爲，而未可爲萬世常行之道也。

華氏學泉曰：或問：儀禮父在爲母齊衰期，今父在爲母斬衰三年，于義安乎？曰：天尊地卑，而乾坤定。父，天也。母，地也。地統乎天，母統乎父，陰陽之大分，人道之大防也。夫資于事父以事母而愛同，然而父在爲母三年，嫌于無父也，故不得不屈而期。聖人之制服，凡以順天地之理，定尊卑之分而已。是故爲父苴杖而圓，以象天也；爲母削杖而方，以象地也。爲父苴絰，左其本而在下；爲母牡麻絰，右其本而在上。天左陽而升，地右陰而降，順陰陽升降之義而示有別也。知地之不同于天，則知母之不同于父矣。知陰之必屈于陽，則知父在不得伸私尊于母矣。自唐武后始剏父在爲母三年之説，而百王不易之典禮，以一悍妻暴母易之，迄千百年而莫之能正，何後世之信周公、孔子，不如其信武氏也？然自武氏以來，猶爲母齊衰。至明洪武時，始易以斬。而父母之服，凡衰裳、帶絰、冠纓、杖屨之制，悉混同而無別，先王制禮之意，蕩然無復存矣。然而人心安之何也？蓋嘗推其故。父尊而母親，故人之親其父，嘗不如親其母；人之欲伸其私尊于母也，嘗過于欲尊其父。故父尊于母者，天理之公也。同母于父者，人情之私也。理之公不勝其情之私，宜乎武氏之制一易，迄千百世莫之能正，又從而甚焉者矣。子夏曰：「知有母而不知有父，禽獸是也。野人則曰：『父母何算焉？』」夫父母何算，野人之論也。然則今有聖人者作，其于此必有所不安者矣。

欽定義疏：父在爲母期，後世易之以三年也，其勝矣乎？曰：古之爲喪也，盡其實；後世之爲喪也，侈其文。古者服有減殺，而居處飲食，一一如禮，是文雖屈而不害其實之伸也。若實之亡，而徒以三年爲隆，則僞而已矣。且祥禫而後，父將舉吉禮，而己之服不除，則不可與于祭，非所以事父承宗廟也。抑父則已禫矣，至三年闋而又禫，父主之乎？己主之乎？均有所不可也。乃見古聖人之制禮精矣。又案：士之庶子爲其母，如衆人，則亦杖期也。小記：「庶人在父之室，則爲其母不禫。庶子不以杖即位。」雖不以即位，猶杖也；不禫，則祥而釋服矣。此其異者。若父子異宫者，則庶子亦伸禫焉。又案：祖若父俱亡，則爲祖母三年。祖在，則如父在爲母之服，服之以杖期也。母在，子亦爲祖母承重乎？曰：受重于祖，則祖母之服不以母在而有異也。

妻。疏：妻卑于母，故次之。夫爲妻，年月禫杖亦與母同。

敖氏繼公曰：下章傳曰「父在則爲妻不杖」，然則此爲妻杖，謂無父者也。

汪氏琬曰：禮「期之喪，十一月而練，十三月而祥，十五月而禫」，此指杖期而言，故鄭謂父在爲母也。又禮「爲父、母、妻、長子禫」，又「期終喪，不食肉飲酒，父在爲母爲妻」，又「期居廬，終喪不御于内者，父在爲母爲妻」，蓋妻喪皆與父在爲母同，故先儒謂爲妻亦十五月而禫也。後世妻喪不禫，則已夷于旁期矣。

盛氏世佐曰：此謂適子無父者也。士之庶子亦存焉。適子父在爲妻不杖，見下章。大夫之庶子，父在爲妻，在「大功」章。公子爲其妻，在五服之外，父殁乃爲之大功。

傳曰：爲妻何以期也？妻至親也。注：適子父在則爲妻不杖，以父爲之主也。服問曰：「君所主，夫人、妻、大子適婦。」父在，子爲妻以杖即位，謂庶子。疏：妻移天齊體，與己同奉宗廟，爲萬世之主，故云至親。此經非直是庶子爲妻，兼有適子父殁爲妻在其中。天子以下至士庶人，父皆不爲庶子之妻爲喪主，故夫皆爲妻杖，得伸也。

郝氏敬曰：爲妻期，父在亦期，父卒亦期也。但父在適子爲妻期而不杖，適婦喪，父爲主也。庶子則否，父没則否。

盛氏世佐曰：注云「父在子爲妻以杖即位，謂庶子」者，指士之庶子而言也，公子大夫之庶子則不在此例矣。士卑，故庶子得以伸其妻服。庶婦賤，舅不自主其喪，故其夫得以杖即位也。

出妻之子爲母。注：出猶去也。疏：此謂母犯七出。去，謂去夫氏，或適他族，或之本家，子從而爲服者也。七出者，無子一也，淫佚二也，不事舅姑三也，口舌四也，盜竊五也，妬忌六也，惡疾七也。天子、諸侯之妻無子不出，唯有六出耳。雷氏云：子無出母之義，故繼夫而言出妻之子也。

黄氏榦曰：出妻之子爲母杖期，父卒母嫁無明文。漢石渠議：問：「父卒，母嫁，爲之何服？」蕭太傅云：「當服周，爲父後則不服。」韋玄成以爲：「父没則母無出義，王者不爲無義制禮。若服周，則是子貶母也，故不制服也。」宣帝詔曰：「婦人不養舅姑，不奉祭祀，下不慈子，是自絶也。故聖人不爲制服，明子無出母之義，玄成議是也。」石渠禮議：又問：「夫死，妻穉、子幼，與之適人，子後何服？」韋玄成對：「與出妻子同服周。」或議以子無絶母，應三年。蜀譙周據繼母嫁猶服周，以親母可知，故無經也。宋庾蔚之云：「母子至親，本無絶道，禮所親者屬也。出母得罪於父，猶追服周。若父卒母嫁而反不服，則是子自絶其母，豈天理耶？宜與出母同，皆制寧假二十五月，是終其心喪耳。」今服制令：母出及嫁，爲父後者雖不服，亦申心喪。

敖氏繼公曰：出妻者，見出之妻也。云出妻之子，主于父在者也。若父没，則或有無服者矣，如下傳所云者是也。又此禮亦關上下言之。若妾子之爲其出母，則亦或有。不然者，非達禮也。

郝氏敬曰：妻被出，義與夫絶。子之于母，恩無可絶，雖父在，出母猶杖期。

盛氏世佐曰：此禮該父存没而言也。父雖没而子爲此母服，仍不過期，亦以其出降也。惟云「出妻之子」，則出妾之子與凡非己所生者，皆不在此例矣。

高氏愈曰：出妻之子爲母朞，蓋指父没言之。父没本應爲母齊衰三年，因其出也，故降爲朞，不敢欺其死父也。若父在而出母没也，其惟心喪乎？朱子曰：「出母，爲父後者無服。此尊祖敬宗，家無二上之意。先王制作精微不苟蓋如此。」張子曰：「出妻不敢使子喪之，禮也。子于母則不可忘。若父不使之喪，子固不敢違父，當默持心喪，亦禮也。若父使之喪而喪之，亦禮也。孔子使伯魚喪出母，聖人之權也。子思不使子上喪出母，惟脩禮而已。」吴肅公曰：「春秋之世，周禮之斁者多矣。其至者聖人守之，其未盡善者，亦微有損益焉。出母之喪，情之所不容恝，禮而强使恝焉，非情也，則亦非禮也。是以伯魚行之而夫子姑聽之，聖人之大也，亦聖人之微也。子思則自計其道不足以及此，故已之。子思之嚴也，亦賢聖之分也。」王氏棣曰：「張永德，父穎，先娶馬氏，生永德，爲穎所出。永德知鄧州，于州廨作二堂，左繼母劉氏居之，右馬氏居之，不敢以出母加于繼母。永德事二母如一，無間言。時大臣母妻皆得入謁，劉氏存日，不敢同入禁中，劉氏卒，馬氏始得入謁。太宗勞問嘉歎，封莒國太夫人[一]。此可爲人子事出母之法。」

傳曰：出妻之子爲母期，則爲外祖父母無服。傳曰：絶族無施服，親者屬。注：在旁而及曰施。親者屬，母子至親，無絶道。疏：絶族者，嫁來承奉宗廟，與族相連綴。今出，則與族絶。

[一]「莒國」，諸本作「芸國」，據燕翼詒謀録卷一改。

以母爲族絶，即無旁及之服也。「親者屬」者，解母被出猶爲之服也。「旁及曰施」者，詩云「施條枚」、「施松上」，皆是旁而及之義。屬猶續也。對父與母義合有絶道，故云「母子至親，無絶道」。

敖氏繼公曰：此于其外親但云「外祖父母」，見其重者耳。絶族，離絶之族，謂父族與母族相絶而不爲親也。絶族無施服，言所以爲外祖父母無服也。親者屬，言所以爲出母期也。此蓋傳者引舊禮而復引傳以釋之也。下放此。

郝氏敬曰：出母杖期，似與見在之母無别。然出母之服，僅止于母。若出母之父母爲子之外祖父母，則不爲服矣，示絶族也。親者，謂母子。母子至親，相續無絶，所以母雖出，子必爲期。

盛氏世佐曰：此因出妻之子而推言之，見其異于見在之母者，有此及下文所云二條也。曰「絶族無施服」以下，申言爲外祖父母無服之故，而後人復加以「傳」字也。親者屬，謂凡異姓之親，皆因聯屬而成。母既被出絶族，則與母黨不相屬矣，故自外祖父母以下，皆不爲之服也。舊解誤。

蕙田案：盛説與舊解異，盛説爲優。蓋傳不過釋出母外祖父母無服之義。若出母已具服，何必再釋也？

出妻之子爲父後者，則爲出母無服。傳曰：與尊者爲一體，不敢服其私親也。

疏：云「出妻之子爲父後者，則爲出母無服」者，舊傳釋爲父後者，謂父没適子承重，不合爲出母服意。云「傳曰」者，子夏釋舊傳意。事宗廟祭祀者，不欲聞見凶人。故雜記云有死于宫中，三月不祭，況有服可得祭乎?是以不敢服其私親也。父已與母無親,子獨親之,故云私親也。

敖氏繼公曰:言爲父後,則無父矣。乃云「出妻之子」,蒙經文也。「與尊者爲一體」,釋「爲父後」也。母不配父,則子視之爲私親。母子無絶道,固當有服。然有服則不可以祭,故爲父後則不敢服之。有服則不可以祭者,吉凶二道,不得相干故也。

顧氏炎武曰:「出妻之子爲母」,此經文也。「傳曰:出妻之子爲母期,則爲外祖父母無服」,此子夏傳也。「傳曰:絶族無施服,親者屬」,此傳中引傳,援古人之言以證其無服也,當自爲一條。「出妻之子爲父後者,則爲出母無服」,此又經文也。「傳曰:與尊者爲一體,不敢服其私親也」,此子夏傳也,當自爲一條。今本乃誤連之。

欽定義疏:此謂出母之反在父室者也。義雖絶于夫,恩猶繫于子,故爲之期且杖。不杖,則疑于旁親也。若出而再適者,則無服,并自絶于其子矣。伯魚之母,出而在父室者也;子上之母,出而再適者也。「不爲伋也妻者,是不爲白也母」,言其異于先君子者也。子思不欲直斥其妻,而言詞隱躍之間,足以見之矣。爲出母,雖杖不禫,非祭主也,無禫所也。主之者,出母之父,若昆弟之爲父後者,彼則期而除矣,又何禫焉?母爲其子亦杖期。下條「報」字,總承上文。

吕氏坤曰:出母而嫁,兩相絶也。出母不嫁,爲父守也。夫死而嫁,忘我父也。繼母而嫁,情又遠矣。而皆杖期，不無等乎？制禮者宜等焉。

欽定義疏：吕氏所區别，頗即乎人心。然經著出母之服，大抵爲反在父室而不嫁者言也。蓋出而不嫁，則夫存猶有復歸之理，其子亦日夕冀之。即夫亡終不復，而未嘗爲他人婦，則緣亡父之義，子猶當爲之服也。經無爲嫁母杖期之文，其服者，爲己之從之耳。則經原有等，不俟後人之更等之矣。己雖爲出母服，其妻則不從服出姑，子亦不服出祖母。蓋生我之私恩，祇在一身，而大義已絶，則其倫類不可得而推，故不服也。

鄭氏康成曰：繼母而爲父所出，不服也。

或問：庶子服出適母否？徐氏邈曰：經言「出妻之子爲母」，明非所生則無服也。

許氏猛曰：爲人後者，爲所後者若子。本生母出，則不應復服，以廢所後者之祭也。母子至親，無絶道，非母子者出則絶矣，是以經無出祖母之服。

問：母既出，則爲絶族，子爲之服，當于何處爲位？有廬堊室否？當禫否？出母亦報其子否？射氏慈曰：當就出母之家。若遠不得往者，可别爲異室。亦有廬、變除堊室及禫，如親子也，母亦報子期也。

欽定義疏：出母與其子相爲報。母之服子，不至夫之家。子之服母，則雖曰絶屬，未嘗不可至母之父母之家也。若遠不得往，則哭之于他室。妻與子皆無服。若有兄弟數人，則亦相序而哭與？父在，似難爲廬堊室，以門庭爲父之所主也。父子異宫者，或爲之，不則但舍於外，不御内，不飲酒食肉而已。禫則必無之。蓋虞與祥皆在母之父母之家，己或可往也。禫則于何所乎？又以何人爲之尸乎？

父卒，繼母嫁，從，爲之服。報。疏：云「父卒，繼母嫁」者，欲見此母爲父已服斬衰三年，恩意之極，故子爲之一期，得伸禫杖。但以不生己，父卒改嫁，故降于己母，雖父卒後，不伸三年，一期而已。「從，爲之服」者，亦謂本是路人，暫時與父牉合，父卒還嫁，便是路人，子仍著服，故生從爲之文也。報者，喪服上下并記云報者十有二，無降殺之差。感恩者皆稱報。若此子念繼母恩，終從而爲報，母以子恩，不可降殺，即生報文。餘皆放此。

王氏肅曰：從乎繼母而寄育，則爲服；不從，則不服。服也則報，不服則不報。

敖氏繼公曰：父卒而繼母不嫁，則爲之三年；從之嫁，則期，所以異内外也。報者，以其服服之之名，謂出妻于其子與此繼母皆報也。小記曰：「妾從女君而出，則不爲女君之子服。」妾不服之，明出妻有服也。舊説謂此女君猶爲其子期是已。母與子乃亦杖期者，既出嫁，則無尊加之義，故宜報之，所以别于在其父之室者也。此經言出妻之子爲母及子爲繼母嫁從之服，而獨不及于父卒母嫁者，今以此二條之禮定之，則子于嫁母，其從與否，皆當爲之杖期。而經不著之者，豈以其既有子矣，乃夫没而再嫁，尤爲非禮，故闕之以見義乎？傳曰：「出妻之子爲父後者，則爲出母無服。」然則嫁母之子自居其室而爲父後者，亦不爲嫁母服也。

郝氏敬曰：繼母，父繼娶，非親生適母。父死子幼，從繼母嫁，是始終相依也。母喪則子爲期，子喪則母亦然，以報之。

顧氏炎武曰：「從」字句，謂年幼不能自立，從母而嫁也。母之義已絶于故父，不得三年，而其恩猶在于子，不可以不爲之服也。報者，母報之也。

盛氏世佐曰：疏以「從爲之服」爲句，從鄭義也。後三説皆于「從」字絶句，用王説也。以義斷之，當以王説爲正。蓋繼母本非屬毛離裏之親，又改嫁與父絶族，乃令前妻之子之自居其室者，亦皆舍其宗廟祭祀而爲之服，此于情爲不稱，而揆之于理，亦有所未順者矣。唯從繼母而嫁者則爲之服，以其有撫育之恩故也。此不别其爲父後與否者，以從乎繼母而嫁，必其幼弱不能自存者也。受恩既同，持服豈得而異？故無分乎適庶也。禮「婦人不貳斬」，而經乃有繼母嫁之文者，著其變也。由是而推，則繼母被出與其嫁而不從者，皆不爲之服可知矣。報，謂繼母答此子之服也。上文出母不云報者，以出母于其子骨肉至親，自有應服之義，不因報施而然，故空其文也。敖氏以此兼出母言，非。

其從祖伯父母、叔父母小功者，乃正服之不加者耳。

汪氏琬曰：或問：禮與律有繼母而無繼祖母之文，然則繼祖母不當服與？曰：非也。言祖母則繼祖母統其中矣。蓋繼祖母與庶祖母有辨。繼祖母之殁也，祔於廟，而庶祖母不祔。夫既祔於廟，爲之孫者，方歲時饗祀之，而可以無服乎？故曰「言祖母則繼祖母統其中矣」。

欽定義疏：上經言「繼母如母」，此不言繼祖母者，古文簡約，已包于祖母中也。若庶祖母則無服。妾母不世祭，則庶子之子無服矣。祖父在而祖母先殁，祖父與父服杖期，孫服不杖期，父服四升，祖孫皆服五升，此降正精麤之別也。注疏以父在爲母之降服四升作正服五升，非也。

傳曰：何以期也？至尊也。

敖氏繼公曰：謂不可以大功之服服至尊，故加而爲期也。

郝氏敬曰：祖父母之親不及父母，而論分則父所尊也。父所尊，故亦曰至尊。又曰此有父在之正禮，父没，適孫爲其祖三年以代父也。禮各舉其正者，斬衰首父，齊衰首母，不杖期首祖父母，舉其正，而凡不備者皆可義推矣。

世父母、叔父母。注：爲姑在室亦如之。疏：世叔既卑于祖，故次之。伯言世者，欲見繼世也。爲昆弟之子亦期，不言報者，以昆弟之子猶子，若言報爲疏，故不言也。云「爲姑在室亦如之」者，「大功」章云「爲姑嫁大功」，明未嫁在此「期」章。

姜氏兆錫曰：案本傳有「不足加尊，故報之也」之文，則此兩列相爲之服而不言報，蓋變文也。夫爲人後者爲其父母期，而其父母亦報之，豈嫌言報爲疏而不言報乎？

高氏愈曰：世母叔母，原其始而言，則塗人也。以其來配世父、叔父，而服亦同之，初無降殺，何也？蓋人之死喪無常，有不幸而遺其孤子孤女者，非世母、叔母爲之慇懃教育必不能成立，而其世母、叔母之老寡無子者，非依其兄弟之子，則亦莫之相養而相葬也。苟不重其服制，則將視如路人，而幼孤老寡之人，其顛連而失所者必多矣。是故先王引而近之，非母也，而以爲世母、叔母；非子也，而以爲猶子，欲其顧名思義，使之彼此相收恤，而無顛連無告之患也。于以厚期民而善風俗，豈細故哉？

盛氏世佐曰：此謂昆弟之男子爲之也，其女子子未成人者，爲此四人服亦如之。成人已後，逆降在「大功」章，與出嫁者同。爾雅云：「父之晜弟，先生爲世父，後生爲叔父。」注云：「世有爲嫡者，嗣世統故也。」父之先生者，不皆世嫡，而爲祖後者亦存焉，故謂之世。此亦論其常耳。若父是庶出，或有廢疾，不堪主宗廟，而爲祖後者，乃其後生，則此庶兄子亦謂之叔父而已。世叔之稱，要以其年之先後生于父爲斷也。說者謂父之晜，惟繼世一人稱世父，第二以下皆稱叔父，非。

傳曰：世父、叔父何以期也？與尊者一體也。

陳氏詮曰：尊者，父也，所謂昆弟一體也。

雷氏曰：非父之所尊，嫌服重，故問也。

黄氏榦曰：世叔父者，父之兄弟。若據祖期，則世叔父母宜九月，而世叔父是父一體，故加至期。從世叔父母既疏，加所不及，據期而殺，是以五月。族世叔父母疏，故緦。

敖氏繼公曰：世叔父本是大功之服，以其與父一體，故當加一等也。以五服差之，族之親爲四，緦麻；從祖之親爲三，小功；則從父之親宜爲二，大功也。而禮，爲從父昆弟大功，世叔父期。以此傳考之，則世叔父之期乃是加服，從父昆弟之大功則其正服也。此釋經文「爲世父、叔父期」之意。

郝氏敬曰：伯叔父母非尊于祖父母，何以與祖父母同服？雖不尊于祖父母，而實與祖爲一體，父至尊，又與父爲一體，惟其一體，所以同服。

然則昆弟之子何以亦期也？旁尊也。不足以加尊焉，故報之也。疏：世叔父與二尊爲體，故加期。昆弟之子無此義，何以亦期？故怪而致問也。凡得降者，皆由己尊也，故降之。世叔非正尊，故生報也。

敖氏繼公曰：加尊者，謂以其尊加之也。昆弟之子本服亦大功，世叔父不以本服服之，而報之，以其爲己加隆之服者，以己非正尊，不足以尊加之故也。加尊而不報者，如父于衆子、祖于庶孫之類是也。昆弟之子雖不在此條，然以其即爲世叔父之服者，而世叔父亦以此服之，義有不同，故并釋之也。

張氏爾岐曰：以其爲旁尊，不足以加尊于人，故爲昆弟之子，亦如其服以報之。若祖之正尊，則孫爲祖期，而祖但爲孫大功矣。

欽定義疏：案檀弓：「兄弟之子猶子也，蓋引而進之也。」此爲昆弟子服期之義也。以其爲己服也而服之，又有報義焉。昆弟子于世叔父之服，爲其與尊者一體，則亦兼有引而進之之義。凡此，所以敦一本之愛而勸篤親也。

父子一體也，夫妻一體也，昆弟一體也。故父子，首足也；夫妻，牉合也；昆弟，四體也。疏：「父子一體」以下，傳又廣明一體之義。云「父子一體」者，見世叔父與祖亦爲一體也。「夫妻一體」者，亦見世叔母與世叔父爲一體也。「昆弟一體」者，又見世叔父與父亦爲一體也。人身首足爲上下，父子亦是尊卑之上下，故父子比于首足。郊特牲云「天地合而后萬物興焉」，是夫婦牉合，子胤生焉，是胖合爲一體也。四體謂二手二足，在身之旁，昆弟亦在父之旁，故云「四體」。

敖氏繼公曰：言首足、胖合、四體者，皆所以釋其一體也。此又申言與尊者一體之義，雖以三者並言，而其旨則唯主于昆弟。蓋世叔父乃其父之昆弟，所謂與尊者一體也。

盛氏世佐曰：胖與判通，半也。周禮媒氏職云：「掌萬民之判。」鄭注引此傳文亦作「判」。判合者，陰陽各半，合之乃成夫婦也。

欽定義疏：胖者，半也，分也。集韻：「胖合，合其半以成夫婦也。」

故昆弟之義無分。然而有分者，則辟子之私也。子不私其父，則不成爲子。故有東宮，有西宮，有南宮，有北宮，異居而同財，有餘則歸之宗，不足則資之宗。注：宗者，世父爲小宗典宗事者也。資，取也。疏：「昆弟之義無分」者，以手足四體本在一身，不可分別，是昆弟之義不合分也。「然而分者，則辟子之私也」，使昆弟之子各自私其父，故須分也。若兄弟同在一宮，則不成爲人子之法。案内則云：「命士以上，父子異宮。」不命之士，父子同宮。縱同宮，亦有隔别，爲四方之宫也。

張子曰：子不私其父，則不成爲子。古之人曲盡人情如此。若同宮，有伯父、叔父，則爲子者何以獨厚於其父？爲父者又烏得而當之？

敖氏繼公曰：此承上文而言，父子、夫妻、昆弟俱是一體，然父子、夫妻不分，而昆弟則分，似乖于一體之義，故言其理之不容不分者以釋之。東宮、西宮、南宮、北宮，蓋古者有此稱，亦或有以之爲氏者，故傳引之，以證古之昆弟亦有分而不同宮者焉。異居而同財，則其所以分之意可見矣。

郝氏敬曰：辟，避同。子各事其父，故昆弟不得不避之，是以分耳。宮謂父子各居別宮，各事其所尊。宗，小宗，即世父母之宮。

張氏爾岐曰：言有餘、不足皆統于宗，仍以明一體之義。

盛氏世佐曰：東宮、西宮、南宮、北宮，皆古者兄弟異居之宮名也。有餘、不足，謂支子之私財。支庶之贏餘匱乏，皆宗子總攬其大綱而爲之裒益于其間，故宗法立而天下無貧富不平之患矣。

欽定義疏：古者大功，同門同財。縱有異門者，亦同財。蓋以祖統孫，凡同祖者，則皆不私其財也。曰同財，則固不必同爨矣。小功以下，人滋蕃而情漸疏，勢難久合，蓋理一分殊之道然也。注云：「宗事，謂同宗之人冠昏嫁喪祭諸事。」

世母、叔母，何以亦期也？以名服也。疏：以配世叔父而生母名，則當隨世叔父而服之。

敖氏繼公曰：此釋經文也。言以名服，見其恩疏。

張氏爾岐曰：二母本是路人，以牉合于世叔父，故有母名，因而服之，即上所云「夫妻一體」也。

大夫之適子爲妻。疏：大夫之適子爲妻，在此「不杖」章，則上「杖」章爲妻者，是庶子爲妻。父没後，適子亦爲妻杖，亦在彼章也。

敖氏繼公曰：傳曰「父在則爲妻不杖」，則是凡父在爲妻而非有所降者，其服皆然，不别適庶也。此乃特見大夫之適子，蓋謂大夫庶子爲妻則異于是。唯其適子爲妻如邦人，故特舉以明之。凡大夫之子之服，例在正服後，今序于昆弟之上者，蓋以此包上下而言，故舉衆人爲妻之處。若重出者，乃在正服後也。

張氏爾岐曰：案下經大夫庶子爲妻大功，不知注疏何以云當杖。

盛氏世佐曰：爲妻不杖，尊者在，不敢盡禮於私喪也。一云以父爲之主也。大夫之適子，有父之辭也。不云「父在爲妻」而云「大夫之適子」者，見此禮之通乎上下也。嫌大夫以上爲尊者所壓，或不得伸其私服，故言此以明之。小記云：「世子不降妻之父母；其爲妻也，與大夫之適子同。」則天子、諸侯之適子皆然，而士以下更不待言矣。適子爲父後者也，特言適者，見庶子之異于是也。自天子以至于士，其庶子父在爲妻之服各異，即父没之後亦有不能盡同者，此當以上章「妻」，「大功」章「公之庶昆弟大夫之庶子爲妻」，及記「公子爲其妻」參看，其義自見。

欽定義疏：小記：「世子爲妻，與大夫之適子同。」是天子、諸侯之適子亦然也。君于庶子、庶婦有降殺，而于適子、適婦無異同，故敖云「包上下」。

傳曰：何以期也？父之所不降，子亦不敢降也。何以不杖也？父在，則爲妻不杖。注：大夫不以尊降適婦者，重適也。凡不降者，謂如其親服服之。降有四品：君、大夫以尊降，公子、大夫之子以厭降，公之昆弟以旁尊降，爲人後者、女子子嫁者以出降。疏：「父之所不降」者，「大功」章有適婦，是父不降適婦也。「子亦不敢降」者，謂不敢降至大功與庶子同也。「父在爲妻不杖」者，父爲適子之婦爲喪主，故適子不敢伸而杖也。若然，適子爲妻，通貴賤，今唯據大夫者，以五十始爵，爲降服之始，嫌降適婦，其子亦降其妻，故明舉大夫不降，天子、諸侯雖尊，不降可知。注云「降有四品」者，總解喪服上下降服之義。「君、大夫以尊降」者，天子諸侯爲正統之親后、夫人與長子、長子之妻等不降，餘親則絶。天子、諸侯絶者，大夫降一等，即大夫爲衆子大功之等是也。「公子、大夫之子以厭降」者，此非身自尊，受父之厭屈以降，下記云「公子爲其母，練冠，麻，麻衣縓緣；爲其妻，縓冠，葛絰，帶，麻衣」，父卒乃大功是也。大夫之子，即「小功」章云「大夫之子爲從父昆弟」在小功皆是也。「公之昆弟以旁尊降」者，此亦非己尊旁及昆弟，故亦降其諸親，即「小功」章云「公之昆弟爲從父母昆弟」是也。案「大功」章云「公之庶昆弟爲母、妻、昆弟」，傳曰：「先君餘尊之所厭，不得過大功。」若然，公之昆弟有兩義，既以旁尊，又爲餘尊厭也。「爲人後者、女子子嫁者以出降」者，此章云「爲人後者爲其父母報」，又下文云「女子適人者爲其父母、昆弟爲父後者」，此二者是出也。大夫之服，例在正服後，今在昆弟上者，以其妻本在杖期，直以父爲主，故降入「不杖」章，是以進之在昆弟上也。

敖氏繼公曰：「父之所不降」，謂大夫爲適婦亦大功如衆人，故子亦爲之不杖期如衆人也。若大夫于庶婦降之而至于不服，其子亦降之而至于大功，所謂「大夫之子則從乎大夫而降也」。「父在則爲妻不杖」者，不敢同于父在爲母之服也，故父没爲母三年，乃得爲妻杖，是其差也。降有三品：大夫以尊而降，公之昆弟、大夫之子以其父之所厭而降，爲人後者、女子子適人者以其出而降。子亦不敢降之説見後。

郝氏敬曰：夫爲妻杖期，舅爲適婦大功，常也。大夫適子妻仍期不降，何也？大夫不以貴降適，其于適子婦大功，仍大功也。父不降，而子又安可降乎？所以大夫適子仍得爲妻期。然不杖何也？父在，適婦之喪父主之，父爲主，子杖，是奪其父主，不敢也。然則大夫庶子爲妻宜如何？曰：宜大功。是父所降也，欲爲期，不可得也。然則大夫庶婦喪亦爲主乎？曰：否。則大夫以上降其妻乎？曰：否。則何以獨言大夫？期降自大夫始。又曰：降服四品，以尊降者爲辨分，以出降者爲情殺，可也。若夫厭降者，已非諸侯、大夫，而徒以父之所降，已亦降。旁尊降者，已非君公，而徒以爲公昆弟，于所親降，則似迂矣。故縣子曰：「古者無降，上下各以其親。」世運有隆替，親有不得不殺，恩有不得不窮，非古也，權其通者，唯達人乎？

張氏爾岐曰：下經適婦在「大功」章，庶婦在「小功」章，父之所不降，謂不降在小功也，子亦不敢降。大夫衆子爲妻皆大功，今適子爲妻期，是亦不敢降也。前章注云「父在，子爲妻，以杖即位，謂庶子」者，蓋士禮也。若大夫之庶子，父在僅得服大功，何得以杖即位乎？

欽定義疏：「小功」章「庶婦」，士之本服也，非由大夫尊降而然，疏謂「大夫爲庶子之婦小功」，誤矣。大夫以尊降，當緦麻，而大夫無緦麻，故至于不服。父爲適子之婦，爲喪主，九月而除，子則祥而除之，不禫，故不杖。

昆弟。注：昆，兄也。爲姊妹在室亦如之。疏：昆弟卑于世叔，故次之。昆，明也，以其次長，故以明爲稱。弟，第也，以其小，故以次第爲名。

郝氏敬曰：昆，同也，同本曰昆。凡親族，齒相若稱兄弟，同父稱昆弟。後倣此。

爲衆子。注：衆子者，長子之弟及妾子。女子子在室亦如之。士謂之衆子，未能遠别也。大夫則謂之庶子，降之爲大功。天子、國君不服之。内則曰：「冢子未食而見，必執其右手。適子、庶子已食而見，必循其首。」疏：衆子卑于昆弟，故次之。士謂之衆子，大夫之子皆云庶子。天子、國君絶旁親，故不服也。引内則者，證言庶子别于適長者也。

敖氏繼公曰：衆子，即庶子也。對長子立文，故曰衆子。庶則對適之稱也，實則一耳。父母爲衆子乃期者，以尊加之也，士妻爲妾子亦期。凡適而非長，父母爲之，亦與衆子同。

盛氏世佐曰：衆子謂適妻所生第二已下及妾子皆是。變庶言衆者，庶是對適之稱，衆則適而非長者亦存焉。注引内則者，明父待子之禮，自第二已下，雖適妻所生，亦無異于庶也。但内則所謂適子與此經小異。此經適子指適長而言，内則謂之冢子，彼所謂適子、庶子，則此之衆子也。

昆弟之子。疏：昆弟子疏于親子，故次之。世叔父爲之。

敖氏繼公曰：其女子子在室者亦如之。

姜氏兆錫曰：子蓋該男子子、女子子在其中矣。

傳曰：何以期也？報之也。注：檀弓曰：「喪服，兄弟之子猶子也，蓋引而進之。」

盛氏世佐曰：爲子期，則爲昆弟之子當大功，今乃同之于子者，以其爲己服期，故亦以是報之。上傳曰：「旁尊也，不足以加尊焉，故報之也。」與此相發明。檀弓說又自一義，蓋各記所聞耳。

欽定義疏：此兩相爲服，傳言「報」者，著其實也。經不言報者，欲以倫類爲次而兩見之也。世叔父次于祖父之下，則見其爲祖父一體之所分，而親之當如父矣。昆弟之子次于昆弟、衆子之下，則見昆弟與吾一體，而親昆弟之子當如子矣。

大夫之庶子爲適昆弟。注：兩言之者，適子或爲兄，或爲弟。疏：此大夫之妾子，故言庶。若適妻所生第二已下〔一〕，當直云昆弟，不言庶也。

敖氏繼公曰：大夫之庶子爲昆弟大功，嫌于適亦然，故以明之。不言適子者，嫌自爲其子也。

盛氏世佐曰：庶子猶衆子。言庶者，對適立文也。適昆弟，謂其爲父後者一人也，立子以適不以長，故容有弟而爲父後者，其庶兄爲之亦如斯例也。若適妻所生第二以下則否矣。適妻所生第二已

〔一〕「已」，諸本脱，據儀禮注疏卷三〇補。

下，爲其兄之爲父後者，與妾子爲宗子同。

傳曰：何以期也？父之所不降，子亦不敢降也。注：大夫雖尊，不敢降其適，重之也。適子爲庶昆弟，庶昆弟相爲，亦如大夫爲之。疏：云「父之所不降」者，即「斬」章「父爲長子」是也。云「子亦不敢降」者，于此服期是也。案後經，大夫爲庶子降服大功，適子爲庶昆弟、庶昆弟相爲並大功，故注曰「如大夫爲之」。

敖氏繼公曰：大夫之子于昆弟之屬，或有所降者，以從乎其父而不得不降之耳。若爲其父之適及尊同者，乃其父之所不降者，故己亦得遂其服焉，非謂以其父不降之故欲降之而不敢降也。凡後傳之言若此者，不復見之。

盛氏世佐曰：父于長子三年、庶子期，昆弟相爲亦期，服之正也。大夫以尊，故降庶子于大功，而于長子自若三年，是父之所不降也。大夫之庶子厭于父，降其庶昆弟于大功，而于適昆弟自若期，是子亦不敢降也。庶昆弟爲適昆弟之服如此，而適昆弟之所以服之者亦大功，則以大夫之適子得行大夫禮故也。且父之所降，子亦不敢不降也。

欽定義疏：此服亦通上下。天子、諸侯爲長子服斬，則天子、諸侯之庶子于適昆弟亦服其本服可知。專言大夫者，以下經爲君之長子自有本條，且義例可於大夫之適子爲妻通之也。公之庶子，父在爲庶昆弟無服，父卒乃服大功。天子之庶子相爲當亦然。若俱出封爲諸侯，則各如其服服之。父厭庶子，而天子不厭諸侯始封之君，不臣昆弟，故得服之也。惟長子于庶昆弟皆不服之，以家適有君道，不但爲父尊所厭而已。大夫之適子于庶昆弟則降之。自天子以下至于士，皆加隆于適，而庶則或降焉，或絶焉，此宗法也。大夫士之宗法，本自天子、諸侯而推也。然則謂不可以大夫士之宗法通于天子者，其繆矣乎！賈氏大夫之子得降庶，庶又自相降者，宗法自大夫以上彌隆，而適彌重，故子不得不從乎父也。父爲大夫，子爲士，葬以大夫，祭以士，則知大夫之子不得直用大夫禮矣。

適孫。疏：孫卑于昆弟，故次之。此謂適子死，其適孫承重者，祖爲之期。

傳曰：何以期也？不敢降其適也。有適子者無適孫。孫婦亦如之。注：周之道，適子死，則立適孫，是適孫將上爲祖後者也。長子在，則皆爲庶孫耳。孫婦亦如之。適婦在，亦爲庶孫之婦。凡父于將爲後者，非長子，皆期也。疏：云「周道」者，以其殷道適子死，弟乃當先立，故言周道也。

喪服小記云：「適婦不爲舅後者，則姑爲之小功。」注云：「謂夫有廢疾他故，若死而無子，不受重者。小功，庶婦之服也。凡父母於子，舅姑於婦，將不傳重于適，及將傳重者非適，服之皆如衆子、庶婦也。」然長子爲父斬，父亦爲斬，適孫承重爲祖斬，祖爲之期。不報之斬者，父子一體，本有三年之情，故特爲祖斬；

祖爲孫，本非一體，但以報期，故不得斬也。

敖氏繼公曰：祖於孫，宜降於子一等而大功，此期者，亦異其爲適，加隆焉爾，非不降之謂也。「有適子者無適孫，孫婦亦如之」，皆謂適不可二也。案注云「凡父於將爲後者，非長子，皆期」者，蓋以「斬衰」章唯言父爲長子故也。鄭言此者，爲適子死而無適孫者見之，且明爲適孫亦期之意也。適孫爲祖父後，服與子同。

顧氏炎武曰：冢子，身之副也。家無二主，亦無二副，故有適子者無適孫。唐高宗有太子而復立太孫，非矣。

盛氏世佐曰：云「有適子者無適孫」者，謂適子在，則適子之子雖屬適長，而祖視之無殊于庶孫也，服之皆大功。云「孫婦亦如之」者，如其有適婦者，無適孫婦也。適子婦皆没，以孫爲後，則其爲婦小功，殊之于庶也。適子婦有一在，則爲孫婦緦，無適庶之别也。

華氏學泉曰：或問：夫爲祖、曾、高承重者，姑在，妻從服歟？曰：然。孫爲祖、曾、高後稱承重，承宗廟之重也。其夫主宗廟之重，則其婦當同主宗廟而助祭。夫爲祖、曾、高服斬，妻安得不從服？

萬氏斯大承重妻從服説：晉賀循曰：「夫爲祖、曾、高祖後者，妻從服如舅姑。」此從喪服傳「父卒然後爲祖後者服斬」之文而推之也，故家禮及今制妻爲夫黨服圖，于凡承重皆云「並從夫服」。而世俗承重者，母在則妻不從，其誤實始于虞喜。孔瑚問喜曰：「玄孫爲後者，其妻從服姑，止服緦。近輕遠重，情實有疑。」喜荅以「有嫡子者無嫡孫。又，若宗子之母在，則不服宗子妻。推此知玄孫爲後，姑在婦猶爲庶，不得傳重。傳重之服，理當在姑」。宋庾蔚之更推之曰：「有適婦，無適孫婦。祖服，自以姑爲適。」由是世俗相沿，姑在婦不從服，迄于今不變。愚謂宗子母在，而族人不服其妻，蓋體宗子不死其父之心，而尊其所尊，且以婦壓于姑，故不爲之服，非以重在姑也。夫承重而妻從服，爲喪禮之内主也。兩者義别，各不相蒙。内則云：「舅没則姑老，冢婦所祭祀、賓客，每事必請于姑。」觀此則知宗子母雖存，而凡吉凶内主之重，皆其妻承之。故喪服傳云：「有適子者無適孫，孫婦亦如之。」「亦如」云者，就嫡孫而言，無適孫亦無適孫婦也。適子死而立適，已娶即爲適孫婦，于其祖之喪也，母在則服婦服之常，孫婦主喪者，則進服婦爲舅姑之服，各盡其道，並行不悖。虞喜之言，抑何據所非據乎？且古來吉凶之禮，率成于夫婦。故國君取夫人之辭曰：「請君之玉女與寡人共有敝邑，事宗廟社稷。」昏禮父命子親迎，曰：「往迎爾相，承我宗事。」故凡儀禮喪祭稱爲主人者，皆宗子也；稱爲主婦者，皆宗子之妻也。此之謂夫婦親之，安有宗子既娶妻而母尚主重之事哉？賈氏不察，于宗子母在，族人不爲其妻服，援王制「八十齊喪不及」，謂宗子未七十，母自與祭，不知王制指男子爲言，婦人舅没姑老，則固不以年記也。蔚之又云「舅没姑老，授祭事于子婦」，是既知孫承重者妻承重，已乃其云「有適婦，無適孫婦，祖服自以姑爲適」，何也？如其言，是一孫婦之身，主祭則爲適，服祖則爲庶，義無一定。若謂雖主祭亦庶也，吾未聞庶孫婦而可以主祭，亦未聞夫既爲適孫而妻不得爲適孫婦者也。故夫父死，母爲内主者，唯子幼未娶者耳，已娶，未有不主重者也；主重，未有不從服者也。即玄孫爲後，妻主姑存者，重存爲主，不論遠近，縱姑緦婦服，主得其常，豈近輕遠重之謂乎？若必如虞説，將古禮無曾玄婦服者，其夫服斬而其妻吉服以爲主，可乎？故曰「婦人從夫」。

欽定義疏：案父于將爲後者，非長子皆期，是適子之統，亦不貳也。適子死，若廢疾而立適孫，死則爲之服期，固已若庶子將爲後者死亦爲之服期。此謂士耳。天子、諸侯爲庶子無服。大夫爲庶子大功，雖將爲後，死亦不爲之加服。注云「服之皆如衆子、庶婦」，明不異于其本也。賀循曰：「其夫爲祖、曾祖、高祖後者，妻從服如舅姑。」案父喪母在，則母爲主婦，以其服則斬衰，拜則稽顙，自宜爲主。適婦從夫服期，不爲主而拜賓，是則主婦不必主人之妻，當從服制之重者也。其母先不在者，婦服期，拜不稽顙，而適婦則爲主矣。承祖父之重者，祖母在，祖母自爲主，母服期，孫婦服大功，若從夫而服期，則嫌于母喪，且不爲主，無庸加服也。若祖母與母俱不在，孫婦自當服期而爲主矣。若祖母不在而母在，不應舍服期之母而加孫婦之服以代之也。承曾祖父之重者，曾祖母在，自爲主，祖母服期，母服大功，曾孫婦服緦，曾祖母爲主，不嫌于夫斬而婦緦也。若從夫服期，不但姑輕婦重，亦嫌于二主矣。若曾祖母、祖母俱不在而母在，緣亡夫之義，母能不服期乎？母服期，則曾孫婦緦自若可也。曾孫婦服期而姑大功，不疑自居于適而以姑爲庶乎？賀循之説似是而非，不可用也。

蕙田案：宋庾蔚之云「舅没則姑老，是授祭事于子婦。至于祖服，自以姑爲嫡」，義疏「主婦不必主人之妻」是也。然與華氏、萬氏異義，宜參之。

爲人後者，爲其父母，報。疏：此謂其子後人，反來爲父母在者，欲其厚于所後，薄于本親，抑之，故次在孫後也。若然，既爲本生不降斬，至「禫杖」章者，亦是深抑而厚于大宗也。言報者，既深抑之，使同本疏往來相報之法故也。

雷氏次宗曰：據無所厭屈，則期爲輕。言報者，明子于彼，則名判于此，故推之于無尊，遠之以報服。女雖受族于人，猶在父子之名，故得加尊而降之。

程子曰：既爲人後，便須將所後者呼之以爲父、以爲母，不如是則不正也。後之立疑義者，見禮有「爲其父母，報」，便道須是稱親。禮文蓋言出爲人後，則本生父母反呼之以爲叔父、伯父，故須著道「爲其父母」以别之，非謂將本生父母亦稱爲父母也。

張子曰：爲其父母，不論其族遠近，並以期服服之。

朱子語録：問：「常安習故」是如何？曰：如親生父母，子合當安之。到得立爲伯叔父後，疑于伯叔父有不安者，這也是理合當如此。然而自古却有大宗無子，則小宗之子爲之後。這道理又却重，只得安于伯叔父母，而不可安於所生父母。喪服則爲所後父母服三年，所生父母只齊衰不杖期。有問濮議。曰：「歐公説不是，韓公、曾公亮和之。温公、王珪議是。范鎮、吕誨、范純仁、吕大防皆彈歐公，但温公又於濮安懿王邊禮數太薄，須於中自有斟酌，可也。歐公之説，斷然不可。且如今有人爲人後者，一日所後之父與所生之父相對坐，其子來喚所後父爲父，終不成又喚所生父爲父？這自是道理不如此。試坐仁宗於此，亦坐濮王於此，英宗過焉，終不成都喚兩人爲父？只緣衆人道是死後爲鬼神不可考，胡亂喚都不妨，都不思道理不可如此。先時仁宗有詔云：『朕皇兄濮安懿王之子猶朕之子也。』此甚分明，當時只以此爲據足矣。

黄氏震曰：歐公被陰私之謗，皆激於當日主濮議之力。公集濮議四卷，又設爲或問以發明之，滔滔數萬言，皆以禮經「爲其父母」一語，謂未嘗因降服而不稱父母耳。然既明言所後者三年，而於所生者降服，則尊無二上明矣。謂所生父母者，蓋本其初而名之，非有兩父母也。未爲人後之時，以生我者爲父母也；爲人後，則以命我者爲父母。立言者於既命之後而追本生之稱，自宜因其舊以父母稱，未必其人一時並稱兩父母也。公亦何苦力辨而至於困辱危身哉？況帝王正統，相傳有自，非可常人比邪！

顧氏炎武曰：「爲人後者，爲其父母」，此臨文之不得不然，隋書劉子翊云「其者，因彼之辭」是也。後儒謂以所後爲父母，而所生爲伯叔父母，於經未有所考，亦自尊無二上之義而推之也。經文言「其父母」、「其昆弟」者，大抵皆私親之辭。觀先朝嘉靖之事，至於入廟稱宗，而後知聖人制禮，別嫌明微之至也。永叔博聞之儒，而未見及此。學者所以貴務乎格物。報謂所生之父母報之，亦爲之服期也。重其繼大宗也，故不以出降。

欽定義疏：不杖期而報，世叔父母與昆弟子相爲之服也。稱情以立名，緣名以制服，程、朱之言，萬世人倫之準也。或有疑于此者，盍取聖人正名之説而三復之乎？古人世叔父于昆弟之子亦直稱父子。漢疏廣謂兄子受曰：「宦成名立，懼有後悔，豈如父子相隨出關？」蔡邕與叔父質爲程璜所陷，邕自陳曰：「如臣父子，欲相傷陷。」則爲人後者，呼其本生爲父母，亦自可通。然此乃泛稱之辭。要其上承祖宗，旁治昆弟，則必以世叔父母視之，非直以爲父母也。若直以爲父母，則二本也，名不正言不順矣。議禮者乃呶呶于此，不亦末乎？朱子謂所後父與所生父並在，不可並稱爲父。此猶爲大夫士言之。若爲天子、諸侯後者，則于君前當名其所生父矣，伯叔父且不可稱也，而況稱父乎？惑于此者，可以解矣。又案爲人後者，若係親昆弟之子則不杖期，其本服也；其他，則自小功以至于無服。而皆爲之不杖期，以其本生親之也，是則隆于大宗，亦未嘗薄于本生。大宗至重，以正尊尊之。本生次重，以旁親之首尊者尊之。聖人之度量權衡，夫豈苟哉？

傳曰：何以期也？不貳斬也。何以不貳斬也？持重于大宗者，降其小宗也。疏：此問雖兼母，荅專據父，故以斬而言。案喪服小記云：「別子爲祖，繼別爲大宗。」謂若魯桓公適夫人文姜生太子，名同，後爲君，次子慶父、叔牙、季友，此三子謂之別子。別子者，皆以臣道事君，無兄弟相宗之法，與太子有別，又與後世爲始，故稱別子也。大宗有一，小宗有四。大宗一者，別子之子，適者爲弟來宗之，即謂之大宗。自此以下，適適相承，謂之百世不遷之宗。五服之內，親者月筭如邦人，五服之外，皆來宗之，爲之齊衰，「齊衰三月」章「爲宗子之母、妻」是也。小宗有四者，謂大宗之後生者，謂別子之弟。小記注云：「别子之世長子，兄弟宗之。」第二已下長者，親弟來宗之，爲繼禰小宗。更一世長者，非直親兄弟，又從父昆弟亦來宗之，爲繼祖小宗。更一世長者，非直親昆弟、從父昆弟，又有從祖昆弟來宗之，爲繼曾祖小宗。更一世長者，非直有親昆弟、從父昆弟、從祖昆弟來宗之，又有從曾祖昆弟來宗之，爲繼高祖小宗也。更一世絶服，不復來事，以彼自事，五服内繼高祖已下者也。四者皆是小宗，則家家皆有兄弟相事長者之小宗。雖家家盡有小宗，仍世事繼高祖已下之小宗也。是以上傳云「有餘則歸之宗」，亦謂當家之長爲小宗者也。

敖氏繼公曰：此一節釋所以服期之意，爲父固當斬衰，然父不可二，斬不並行。既爲所後之父斬，則於所生之父不得不降而爲期。蓋一重則一輕，禮宜然也。大宗者，繼别子之後者也。小宗者，凡庶子之長子、適孫之屬皆是也。此爲大宗子矣，乃復謂所生之家爲小宗者，以其本爲支子故也。持猶主也。

盛氏世佐曰：持猶守也。重，謂宗祀。大宗，謂其所後小宗，則其本宗也。爲人後者，爲其本宗父母、昆弟之屬皆降一等，是降其小宗矣。所以然者，喪三年，不祭。既爲大宗守宗廟，祭祀之重，則不得舍是而復以尊服服其所生也。

欽定義疏：不二斬者，不二父也，一語得其宗矣。歐陽紛紛，昧此耳。

蕙田案：不二斬是正義，非止以喪三年不祭之故而降之也。

爲人後者孰後？後大宗也。曷爲後大宗？大宗者，尊之統也。禽獸知母而不知父，野人曰：父母何算焉？都邑之士則知尊禰矣。大夫及學士則知尊祖矣。諸侯及其大祖，天子及其始祖之所自出，尊者尊統上，卑者尊統下。大宗者，尊之統也。大宗者，收族者也，不可以絶，故族人以支子後大宗也。適子不得後大宗。注：都邑之士則知尊禰，近政化也。大祖，始封之君。始祖者，感神靈而生，若稷、契也。自，由也。及始祖之所由出，謂祭天也。上猶遠也，下猶近也。收族者，謂別親疏，序昭穆。大傳曰：「繫之以姓而弗別。綴之以食而弗殊。雖百世婚姻不通者，周道然也。」疏：「後大宗」者，案何休云「小宗無後當絶」，故知後大宗也。「大宗，尊之統」者，明宗子尊，統領族人，不可絶也。「禽獸」已下，因上尊宗子，遂廣申尊祖以及宗子之事也。學士，謂鄉庠序及國大學、小學之學士，雖未有官爵，以其習知四術，閑之六藝，知祖義父仁之禮，故敬父遂尊祖，得與大夫之貴同也。諸侯及其大祖，天子及其始祖，皆是爵尊者，其德所及遠也。「大宗收族」以下，論大宗立後之意。「適子不得後大宗」者，以其自當主家事并承重祭祀之事故也。天子始祖，諸侯及大祖，並于親廟外祭之，是尊統遠。大夫三廟，適士二廟，中下士一廟，是卑者尊統近也。若然，此論大宗子，而言天子、諸侯、大夫、士之等者，欲見大宗子統領百世而不遷，又上祭大祖而不易，亦是尊統遠；小宗子惟統五服之内，是尊統近。故傳言尊統遠近而云大宗統遠之事也。

敖氏繼公曰：此一節承上文言所以後大宗之意。尊之統，爲尊者之統也。小宗者，族人之所尊，而大宗又統乎小宗，故言尊之統，見其至尊也。大宗爲尊者之統而收族人，故族人不得不爲之立後。諸侯言太祖，天子言始祖，則始祖、太祖異矣。周祖后稷，又祖文王。白虎通義云「后稷爲始祖，文王爲太祖」，此其徵也。及，謂祭及之也。及其始祖之所自出，謂禘也。始祖之所自出，若殷、周之帝嚳也。諸侯之太祖，世世祭之。天子不唯世世祭其太祖，又祭其始祖，又祭其始祖之所自出，蓋所祭者之尊不同故也。尊者天子，卑者諸侯。此尊統，謂爲祖禰之統者也。尊統上，天子始祖之所自出者也；尊統下，諸侯之太祖也。此與大宗爲族人之尊統者義不相關，意略相類，故假此以發明之。適子不得後大宗，則大宗亦有時而絶矣。

蕙田案：適子不得後大宗，蓋以申言支子爲後之義，並非謂大宗可絶也。既有大宗小宗，則支子之可爲後者，自近及遠，必有其人。豈有舉皆適子而不可爲人後之事？如果無之，則寧以適子後大宗，大宗不可絶也。敖氏此言，頗爲害理。

觀承案：適子不得後大宗，正以申言支子爲後之義，並非謂大宗可絶。敖氏「大宗亦有時而絶」之説，誠非矣。然適子所以不得後大宗者，固以明大宗之不可絶，并以明小宗亦不可絶云爾。蓋大宗所統者遠，既已無子，則俱非親子，而凡在同宗，皆可爲後，何必適子？若小宗，則所統者近，人少，不必皆有衆子，乃本有適子以出後大宗，則本宗反有時絶矣。此義向似未發，須并詳之。注以始祖所自出爲祭天者，蓋混禘與郊爲一。此是康成謬解之必不可從者。

汪氏琬曰：公子有宗道，大夫亦然。庶姓而起爲大夫，則得別于族人之不仕者。禮：「別子爲祖，繼別爲宗。」大夫獨非大宗與？然則大夫與公子若是班乎？曰：然。公子不敢援諸侯，故公子爲別子，大夫之族不敢援大夫，故大夫亦爲別子也。如之何其可無後也？子夏曰：「適子不得後大宗。」然則莫尚于大宗矣，奚爲不使適子後之也？曰：以其傳重也。古人敬宗而尊祖禰，適子者，繼祖禰者也，故不可以爲人後也。然則無宗支適庶而皆爲之置後，今人之所行，古人之所禁也，不亦大悖于禮與？曰：此禮之變也。蓋自宗法廢而宗子不能收族矣。宗子不能收族，則無後者求祔食而無所，其毋乃驅之爲厲乎？故不得已爲之置後也，變也。然則今之置後者，必親昆弟之子，次則從父昆弟之子，則于古有合與？曰：不然也。禮，同宗皆可爲之後也。大夫有適子則後適子，有庶子而無適子，則卜所以爲後者，如衛之石祁子是也。況無子而爲之置後，其有不聽于神乎？吾是以知其不然也。卜之則勿問其孰爲親、孰爲疏可也，是可行于古亦可行于今者也。

華氏學泉曰：或問：爲人後者，不皆親昆弟之子，或小功、緦麻及族人之無服者爲之，于其本生父母之服何如？曰：禮：「爲人後者，爲其父母期。」不聞以所後者之親疏異也。「爲人後者，爲其兄弟大功」，亦不聞以所後者之親疏異也。蓋人子不得已而爲人後，降其親一等，以伸所後之尊足矣，不容計所後之親疏遠近而異其服也。其所以必降其親者，何也？隆于所後也。其所以不計其親疏者，何王子即位，是爲英宗。治平二年四月，詔議崇奉濮典禮。天章閣待制司馬光等議曰：「禮，爲人後者，不敢顧私親。聖人制禮，尊無二上。自漢以來，帝王有自旁支入繼大統，或推尊父母以爲帝后，皆見非當時，取譏後世。今日崇奉典禮，宜準先朝封贈期親尊屬故事，高官大國，極其尊崇。濮王于仁宗爲兄，陛下宜稱皇伯父而不名。」歐陽脩著濮議曰：「爲人後者爲其父母期，謂之降服。親不可降，降其外物爾，喪服是也。聖人降三年爲期，而不没其父母之名，以見服可降而名不可没也。議者欲以爲人後之故，使一旦視父母若未嘗生我者，其絶之也甚矣。」程子代侍御史彭思永疏曰：「陛下嗣承祖宗大統，則仁廟，陛下之皇考；陛下，仁廟之適子。濮王，陛下所生之父，於屬爲伯；陛下，濮王出繼之子，於屬爲姪。此天地大義，生人大倫，不可變易者也。苟亂大倫，人理滅矣。更稱濮王爲親，是有二親。是非之理，昭然明也。設如仁皇在位，濮王居藩，陛下既爲冢嗣，復以親稱濮王，則仁皇豈不震怒？濮王豈不側懼？君臣兄弟，立致釁隙，其視陛下當如何也？神靈如在，亦豈不然？」明史：世宗厚熜，憲宗孫也。父興獻王，國安陸，正德十四年薨。帝年十三，以世子理國事。十六年三月襲封。武宗崩，無嗣，慈壽皇太后與大學士楊廷和定策，以遺詔迎王于興邸，即皇帝位。秋七月，進士張璁言，繼統不繼嗣，請追崇所生，立興獻王廟于京師。初，禮臣議考孝宗，改稱興獻王皇叔父，援宋程頤議濮王禮以進，不允。至是，下璁奏，命廷臣集議。楊廷和等抗疏力爭，皆不聽。冬十月己卯朔，追尊父興獻王爲興獻帝，祖母憲宗貴妃邵氏爲皇太后，母妃爲興獻后。嘉靖元年正月，命稱孝宗皇考、興獻帝后爲本生父母。三月，上慈壽皇太后尊號曰昭聖慈壽皇太后，武宗后曰莊肅皇后，上皇太后尊號曰壽安皇太后，興獻后曰興國太后。三年正月，南京刑部主事桂萼請改稱孝宗皇伯考。夏四月，上興國太后尊號曰本生聖母章聖皇太后，追尊興獻帝爲本生皇考恭穆獻皇帝。九月丙寅，定稱孝宗爲皇伯考，昭聖皇太后爲皇伯母，獻皇帝爲皇考，章聖皇太后爲聖母，武宗爲皇兄，武宗后爲皇嫂。　案張璁以世宗入繼爲繼統不繼嗣，直抉爲人後之藩籬，乃俾世宗得以恣行其私而無忌，計誠狡矣。夫繼統不繼嗣者，舜之受堯，禹之受舜，則然。或更如光武之中興，昭烈之存漢，則亦可云爾。興王非異姓之禪受也，未有力征之經營也，受武宗遺詔而踐帝位，何云非繼嗣乎？苟非嗣，何有統？統與嗣可相離乎？析統與嗣而二之，璁之創論，前古所未有也。若質言之，不過取其天下而絶其嗣云爾，而飾辭曰「繼統不繼嗣」，豈非掩耳盜鈴之術乎？且夫統者，自太祖而下至于高、曾、祖、禰以相屬者也。統承武宗，嗣繼孝宗，繼孝宗，猶之繼武宗也，此則兄終弟及之道也。今不考孝宗而考興獻王，興獻王固不得禰憲宗也。如是則不但孝宗、武宗之統絶，即憲宗以上至太祖之統胥絶矣，何繼之有？論者謂士大夫之宗法，不可施于天子，故與爲人後之禮別。然則士大夫大宗不可絶，可絶者獨天子也，有是理乎？璁既顯言不繼嗣，則固決意絶孝宗之嗣矣。孝宗何士大夫之不若乎？論者謂有武宗，故不得考孝宗，若考孝宗，則置武宗于何地？故不得考孝宗也。然則無武宗乃考孝宗，孝宗轉以有武宗而致絶也。不知考孝宗，則孝宗有二子，兄終而弟及。孝宗有子，而武宗有弟，則武宗亦不絶矣。不考孝宗，則孝宗終無子，而武宗則無弟，兩世不胥絶乎？且其興國則承之于獻王，天位則受之于先帝，不考孝宗則無所承受，律以春秋之義，不可謂得國之正也。當武宗荒淫，倉卒棄世，江彬、錢寧輩肘腋可虞，天下岌岌，諸大臣欲急定危疑，故遺詔草率爾。興王獨子，不可以後人，固當立他藩之支子以爲武宗嗣，斯應經義設爾，興王敢執辭以爭乎？即執辭以爭，亦必曰「吾以倫序當爲孝宗後」，必不敢曰「吾當受天下，不願爲後」也。倫序當立之說，經傳所無，同宗則可爲之後，何必興王耶？設遺詔中不曰「倫序當立」，但云「立某爲皇太弟，繼孝宗皇帝後」，彼雖無良，其敢顯然而悖之耶？抑能篤于所生，決然舍去而就藩耶？夫不以天下易親者，人倫之至也。不肯後人，即當辟位，大枋在手，箝天下之口，而以狠愎暴戾行之，此豈棄天下如敝屣者乎？璁、萼諸人迎合希寵，與冷褒、段猶心事如一，不但人倫之辠人，亦經學之蟊蠹也，議禮者無爲簧舌所惑。又案歐陽謂濮王宜稱親，尚考仁宗也，固賢于璁、萼之不考孝宗者。然解經實繆，其拘牽字句，正所謂以文害辭、以辭害意者。乃撓千古之公論，助姦匪之聲援；且若預作璁、萼之嵎者，其爲禍亦烈矣。天之生物，聖人之制禮，使之一本，而脩使之二本，其爲白圭之玷，不既多乎？

蕙田案：自古小人逢君，每緣飾經義以文奸言，未有如璁、萼之滅裂經義以肆其邪說者。儀禮言「爲人後」，即爲子之說也。然言「爲子」則尚輕，而「爲後」則尤重，蓋有爲子而不爲後者矣，未有爲後而不爲子者也。而璁、萼乃爲繼統不繼嗣之說。夫嗣在斯統在，不繼嗣，何以偏繼統耶？當時薛蕙辨之云：「不爲後則不成子也，若不成子，安所得統而繼之？故爲後也者，成子也。成子而後繼統，又將以絶同宗覬覦之心焉。」徐氏乾學曰：「爲人後者爲之子，自天子至于庶人一也。曰爲人後，則不言爲之子，而分定矣，猶適子、衆子，或稱爲父後，或不爲父後，或爲母後，或不爲母後，或孫爲祖後。爲後者，子之尤重者也。」可謂一語破的矣。義疏稱「璁、萼所言，不過取其天下而絶其嗣，律以春秋之義，不可謂得國之正」，義正詞嚴，千秋定案。餘詳「私親廟」門。

盛氏世佐曰：此皆論大宗不可絶族，人當以支子後之之義。蓋爲小宗之支子者，一旦棄其本宗而爲大宗後，人子之心，或有所不安于此，故以大義斷之。而曰「後大宗」者，即所以尊祖也。則族人皆知義之無所逃，而不得以親疎易位爲嫌矣。尊，謂别子之爲祖者也。「大宗者，尊之統也」者，謂祖之正統在大宗也。以母比父，則父尊，父在爲母期是也。以禰比祖，則祖又尊，不以父命辭王父命是也。推而上之，至别子之爲祖者而尊止矣。大夫不得祖諸侯，諸侯不得祖天子，故諸侯宗廟之祭得及其始受封之太祖，天子禘祭得及其始祖之所自出之帝。祭之所及，統之所自起也。德有厚薄，爵有尊卑，統亦有遠近，要爲不可絶，其義一也。「適子不得後大宗」者，重絶人之祀也。族人多矣，寧必以其適爲後哉？言此者，亦所以杜爭繼之釁也。

女子子適人者，爲其父母、昆弟之爲父後者。疏：女子卑于男子，故次男子後。

敖氏繼公曰：此昆弟不言報，是亦爲之大功耳。

張氏爾岐曰：出嫁之女爲本宗期者三，父一，母一，昆弟爲父後者一。

盛氏世佐曰：爲其父母期，以出降也。爲其昆弟之爲父後者亦期，不敢降其宗也。

傳曰：爲父何以期也？婦人不貳斬也。婦人不貳斬者何也？婦人有三從之義，無專用之道，故未嫁從父，出嫁從夫，夫死從子。故父者，子之天也。夫者，妻之天也。婦人不貳斬者，猶曰不貳天也。婦人不能貳尊也。注：從者，從其教令。疏：經兼言父母，傳特問父不問母者，家無二尊，故父在爲母期，今出嫁仍期，但不杖禫而已。未多懸絶，故不問。案雜記云：「與諸侯爲兄弟者服斬。」是婦人爲夫并爲君，得二斬，此云「婦人不貳斬」者，在家爲父斬，出嫁爲夫斬，此其常事〔一〕。彼爲君不可以輕服，服君非常之事，不得決此也。婦人有三從，所從即爲之斬。夫死從子，不爲子斬者，子爲母齊衰，母爲子不得過齊衰也。

敖氏繼公曰：此一節釋「爲其父母」也。從者，順其所爲而不違之，所謂以順爲正者也。天者，取其尊大之義。人所尊大者無如天，故以之爲比。

欽定義疏：案李氏如圭曰：「所謂『與諸侯爲兄弟者服斬』者，自主男子言之。婦人不貳斬，何義而以斬服服君乎？爲夫之君應服期。」案李氏所辨最析，且不獨

〔一〕「常事」，諸本誤倒，據儀禮注疏卷三〇乙正。

内宗外宗，即王姬之已降者亦然也。曰：敢以輕服服至尊乎？曰：大功已下爲輕，齊衰則猶重也。既嫁天夫，父不奪之，君豈奪之乎？

爲昆弟之爲父後者，何以亦期也？婦人雖在外，必有歸宗，曰小宗，故服期也。

注：歸宗者，父雖卒，猶自歸宗。其爲父後服重者，不自絶於其族類也。「曰小宗」者，言是乃小宗也。小宗明非一也，小宗有四。丈夫婦人之爲小宗，各如其親之服，避大宗。疏：云「小宗，故服期」者，欲見大宗子百世不遷，宗内丈夫婦人爲之齊衰三月。小宗，父之適長者爲之，婦人所歸，不歸大宗，歸此小宗，遂爲之期，與大宗别。傳恐人疑爲大宗，故辨之。注云「父雖卒，猶自歸宗」者，若父母在，嫁女自當歸寧父母，何須歸宗子〔一〕？傳言「婦人雖在外，必歸宗」，明是據父母卒者而言。若然，天子諸侯夫人父母卒，不得歸宗，以其人君絶宗。故許穆夫人，衛侯之女，父死不得歸，賦載馳詩是也。云「丈夫婦人爲小宗，各如其親之服」者，謂各如五服尊卑服之，無所加減。大宗則丈夫婦人五服外，皆齊衰三月；五服内，月算如邦人，亦皆齊衰，無大功、小功、緦麻，故云避大宗也。

馬氏融曰：歸宗者，歸父母之宗也。昆弟之爲父後者曰小宗。

王氏肅曰：嫌所宗者唯大宗，故曰小宗，明各自宗其爲父後者也。

〔一〕「子」，原作「乎」，據味經窩本、乾隆本、光緒本、儀禮注疏卷三〇改。

敖氏繼公曰：此一節釋「爲其昆弟之爲父後者」也。歸宗者，所歸之宗也。婦人雖外成，然終不可忘其所由生，故以本宗爲歸宗也。歸云者，若曰婦人或不安于夫家，必以此爲歸然也。其于爲父後者特重，以其爲宗子也，以私親言之，故曰小宗。其昆弟雖繼別，猶謂之小，所以別于夫家之宗也。

張氏爾岐曰：婦人雖已嫁在外，必有所歸之宗。此昆弟之爲父後者，即繼禰之小宗，故爲之服期也。

盛氏世佐曰：案女子子適人者謂其宗子爲歸宗，所以別于夫家之宗也。爾雅云「謂姪之子爲歸孫」，亦是此意。由繼禰之小宗推之，則繼祖以上之小宗及繼別之大宗，此女服之，亦與在室者同，可知矣。

欽定義疏：案此小宗直指昆弟之爲父後者，不但非繼別之宗，亦并非繼高、繼曾、繼祖之宗也。婦人已嫁而反，父在則歸于父，父不在則歸于昆弟之爲父後者。如昆弟之爲父後者又不在，則所謂「有所取無所歸」者，而夫亦不去之矣。以其不可歸于從父昆弟，亦不可歸于庶昆弟與昆弟之子也。古者婦人，父母亡，無歸寧之法，惟見出乃歸宗爾。云「必有」者，歸宗雖或然之事，而必有可歸之宗。他年或歸，則歸此昆弟之爲父後者，故不降而爲之期也。以此見婦人在家，恒凜凜乎有不克終之戒焉。

繼父同居者。疏：繼父本非骨肉，故次在女子子之下。案郊特牲云：「夫死不嫁，終身不改。」詩共姜自誓，不許再歸。此得有婦人將子嫁而有繼父者，彼不嫁者，自是貞女守志；亦有嫁者，雖不如不嫁，而聖人許之。

敖氏繼公曰：繼父，因母之後夫也。其或從繼母而嫁者，若爲其夫服，亦宜如之。

郝氏敬曰：前夫子謂母再嫁之夫曰繼父。同居則恩猶父也，雖非血屬，死亦爲期。又曰：婦人二夫，女德虧矣。喪服有繼父，叔季委巷之禮，非古聖經制，議禮者不可不思。

盛氏世佐曰：案俗之薄也，柏舟之節，未可概諸凡人；凱風之嘆，時或興于孝子。聖人慮後世失節之婦必有棄其遺孤而莫之恤者，故于「齊衰杖期」章爲制繼母嫁從之服，而于此章又著繼父同居之文，使之相收相養，而六尺之孤，庶不至轉于溝壑焉。此聖人之微權也。疏以爲許婦人改嫁，誤矣。郝又因是而訾聖經，是烏知禮意哉！

傳曰：何以期也？傳曰：夫死，妻穉，子幼，子無大功之親，與之適人。而所適者，亦無大功之親。所適者以其貨財爲之築宫廟，歲時使之祀焉，妻不敢與焉。若是，則繼父之道也。同居則服齊衰期，異居則服齊衰三月。必嘗同居然後爲異居，未同居則不爲異居。注：妻穉，謂年未滿五十。子幼，謂年十五已下。子無大功之親，謂同財者也。爲之築宫廟于家門之外，神不歆非族。妻不敢與焉，恩雖至親，族已絶矣，夫不可二。此以恩服爾。未嘗同居，則不服之。　疏：子家無大功之内親，繼父家亦無大功之内親，繼父以財貨爲此子築宫廟，使此子四時祭祀不絶，三者皆具，即爲同居，子爲之期，恩深故也。三者若闕一事，則爲異居。假令前三者皆具，後或繼父有子，即是繼父有大功内親，亦爲異居矣，如此則爲之齊衰三月而已。若初與母往繼父家時，或繼父有大功内親，或己有大功内親，或繼父不爲己築宫廟，三者一事闕，雖同在繼父家，亦名不同居，繼父全不服之矣。「爲之築宫廟于家門之外」者，以其中門外有己宗廟，則知此在大門外築之也。隨母嫁得有廟者，非必正廟，但是鬼神所居曰廟，若祭法云「庶人祭于寢也」。

杜氏佑曰：大唐聖曆元年，太子左庶子王方慶嘗書問太子文學徐堅曰：「女子年幼小而早孤，其母貧窶，不能守志，攜以適人，爲後夫之鞠養，及長出嫁，不復同居。今母後夫亡，欲制繼父服，不知可不？人間此例甚衆，至于服紀，有何等差？前代通儒，若何議論？」堅荅曰：「儀禮喪服經『繼父同居齊衰，所謂子無大功之親，與之適人，所適亦無大功之親，而所適者以貨財爲之築宫廟，歲時使之祀焉者也。』鄭康成曰：『大功之親，同財者也，築宫廟者于家之門外，神不歆非族也，以恩服耳。未嘗同居，即不服也。』小戴禮記『繼父服』並有明文，斯禮經之正説也。至于馬融、王肅、賀循等，並稱大儒達禮，更無異文。惟傅玄著書以爲父無可繼之理，不當制服。此禮，焚書之後，俗儒妄造也。袁準作論亦以爲：『此則自制父也，亂名之大者。』竊以父猶天也，愛敬斯極，豈宜靦貌繼以他人哉？然而藐爾窮孤，不能自立，既隨其母託命他宗，本族無養之人，因託得存其繼嗣，在生也實賴其長育，及其死也頓同之行路，重其生而輕其死，篤其始而薄其終，稱情立文，豈應如是？故袁、傅之駁，不可爲同居者施焉。昔朋友之死，同爨之喪，並制緦麻，詳諸經典，比之于此，蓋亦何嫌？繼父之服，宜依正禮。今女子母攜重適人，寄養他門，所適慈流，情均膝下，長而出嫁，始不同居。此則笄總之儀，無不畢備，與築宮立廟無異焉，蓋有繼父之道也。戴德喪服記曰：『女子子適人者，爲繼父服齊衰三月。』不分別同居異居。梁氏集説亦云：『女子子適人者，服繼父與不同居者服同。』今爲齊衰三月，竊爲折衷。」方慶深善此答。

敖氏繼公曰：傳之言若此，則是子于繼父本無服，特以三者具且同居，故爲服此服。若先同居後異居，則降而三月。是又于三者之外，以居之同異爲恩之深淺而定服之重輕也。然則三者或闕其一，雖同居亦無服矣。小記言「同居異居者」與此異，更詳之。

蕙田案：小記以「皆無主後，同財而祭其祖禰爲同居，有主後者爲異居」，是即以三者具爲同居也。敖氏「三者具且同居」，似同居又在三者之外，故言小記與此異，恐未然。

郝氏敬曰：傳引舊傳明同居之義，見所以爲服，非苟也。妻穉，夫死，子幼，無親，與子再適人，非得已也。子稱其人爲同居繼父，非泛然同居也。設使子有大功之親，則不得依他人爲父。使其人有大功之親，則亦不得養他人爲子，或私其財貨不與同利，易其宗姓使不得自奉其先祀，或私其妻預既絶之禮，使鬼神不享，有一于此，則恩誼薄，烏得稱父？必是數者兼備，又獨父孤子，終身相依，如此，真繼父矣，然後可爲齊衰期年。若三者備，始同居而後異居，則但可爲齊衰三月。若初未嘗同居于前，數者無一焉，路人耳，三月不可，況期年乎？

顧氏炎武曰：夫物之不齊，物之情也。雖三王之世，不能使天下無孤寡之人，亦不能使天下無再適人之婦，且有前後家、東西家而爲喪主者矣。假令婦年尚少，夫死而有三五歲之子，則其本宗大功之親自當爲之收恤，又無大功之親，而不許之從其嫁母，則轉于溝壑而已。于是其母所嫁之夫視之如子，而撫之以至于成人。此子之于若人也名之爲何？不得不稱爲繼父矣。長而同居，則爲之服齊衰期。先同居而後別居，則齊衰三月，以其撫育之恩次于生我也。爲此制者，所以寓恤孤之仁，而勸天下之人不獨子其子也。若曰「以其貨財爲之築宮廟」，此後儒不得其説而爲之辭。

張氏爾岐曰：必嘗同居然後爲異居者，前時三者具，爲同居；後三者一事闕，即爲異居，乃爲齊衰三月。若初往繼父家時，三者即不具，是未嘗同居，全不爲之服。

姜氏兆錫曰：穉，當謂年未滿三十。

盛氏世佐曰：案同居則服齊衰期，謂始終同居者也。異居則服齊衰三月，謂始同終異者也。小記云「繼父不同居也者，必嘗同居。皆無主後，同財而祭其祖禰爲同居，有主後者爲異居。」正與此傳相發明。皆無主後，即傳所謂「子無大功之親，所適者亦無大功之親」也。同財而祭其祖禰，即傳所謂「以其貨則爲之築宮廟，歲時使之祀焉」也。三者具爲同居，一不具即爲異居。云「有主後者爲異居」，舉一以例其餘耳。

華氏學泉曰：或問：儀禮有繼父之服，父何繼乎？絶族無施服，母出嫁，與廟絶，而繼父爲之齊衰乎？曰：此以恩服也。聖人所以通人道之窮，使鰥寡孤獨各得其所，舉天下無顛連無告之民者也。夫夫死，妻穉，子幼，無大功之親，真天下之窮民而無告者也。婦人不二夫，禮之常也。夫死，妻穉，子幼，遇之變也。而又無大功之親以相周恤，則此煢煢孤子，係祖父再世之血食，設一旦轉死溝壑，棄兩世之孤，斬先人之祀，聖人之所大不忍也。是故既立宗子之法以收族，而又恐窮鄉庶姓，或吾德之所不能及〔一〕，且恐宗子之法久而不能無廢墜也，不得已爲通其窮，制同居繼父之服，而傳爲之申明其制曰：「夫死，妻穉，子幼，無大功之親，與之適人，而所適者亦無大功之親，所適者以其貨財爲之築宮廟，歲時使之祀焉，妻不敢與焉。若是，則繼父之道也。」嗚呼！傳之言盡之矣。失其所以適人，而所適亦無大功之親，此其孤單獨立，年老無倚，與穉妻幼子窮相埒耳。是故兩人之窮，常兩相恤，兩相倚，聖人之所以不禁也。而第爲之教曰：所適者能以其貨財爲若子築宮廟，不絕其先祖之血食，而又爲之不悖于禮，恩莫隆焉，是則有繼父之道矣。聖人固許之爲父子矣。許之爲父子，而後天下之爲繼父者，能盡其心以相卹，亦惟命之爲父子，而後天下之待繼父者，不背其恩以相棄，使所適者幸而他日有子，則若子歸其本宗而爲異居，繼父仍不敢忘其前日之恩，爲制齊衰三月之服以報之。若不幸而所適者終于無子，則以恩相終始而爲同居，繼父生則爲之養，死則爲之齊衰期。此亦情之不容諉，義之無可辭者也。然必妻穉，子幼，無大功之親，而後許之適人，非是不得藉口以適人矣。必所適者，以其貨財爲之

〔一〕「德」，諸本作「法」，據禮經本義卷一一改。

築宮廟，以存其先祀，而後謂之繼父，非是，不得託名于繼父矣。必兩無大功之親，同財而祭其祖禰，而後謂之同居繼父，非是，不得比恩于同居矣。且其所以必爲之築宮廟于家門之外者，神不歆非族，而不敢以非禮瀆也。其所以妻不敢與焉者，婦人不二夫，而不敢以非禮干也。其所以專舉築宮廟歲祀爲繼父之道者，恩莫隆于崇其先，美莫重于尊其祖，而不敢以私恩混也。此禮之作，所謂仁至義盡，非聖人莫之能定者也。俗儒不知推求聖人之制，顧謂周立宗子之法以收族，安有顛連而入繼父之家者？疑其非周公之舊。夫宗子之法，所以仁一世也。然其法不能不廢。故繼父之服，以通人道之窮，所以仁萬世也。禮之作，合經權常變，以垂則于萬世，而豈拘拘守一法以爲盡善而不爲法外之慮哉？嗟乎！三禮惟儀禮最古，而又從而疑之，奮其拘曲之説以詆毀之，則是天下舉無可信之書也。甚矣，其妄也！

欽定義疏：繼父之有服，所謂「亡于禮者之禮」也。義生于恩之服也。俱無大功親，兩煢若相依爲命者。然又慮其亡父之餒也，而別爲之所，使孤兒得以伸其孝敬，此于生者死者兩有恩焉。雖非父也，而可方諸伯叔父之倫，是以爲之服期也。父無可繼之理，聖人寧不知之，而必制此者，所以備時事之窮而周其變也。然必三者具，又始終同居，然後服之，則其法嚴矣。世之合此者僅矣，異姓亂宗之端亦可以弭矣。注謂「妻穉，年未滿五十」，言其極爾，其實，未滿二十、三十、四十者並賅焉。又案築宮廟，非必備廟制也，略爲之所而已。其祭未必有尸也，稷饋而已。子未成人，未必三獻也，陰厭而已。然則，此禮蓋爲庶人設與？抑士之單微者亦偶有之與？又案小記「有主後者爲異居」，謂繼父他年自有子者也。然則爲之服者，不獨以其恩，亦憐其無主。彼若有主，則此之情殺矣。合小記觀之尤備。

爲夫之君。疏：此以從服，故次繼父下。但臣之妻皆稟命于君之夫人，不從服小君者，欲明夫人命亦由君來，故臣妻于夫人無服也。

盛氏世佐曰：案雜記云：「外宗爲君夫人，猶內宗也。」鄭注云：「皆謂嫁于國中者也。爲君服斬，夫人衰[一]，不敢以其親服服至尊也。外宗，謂姑、姊妹之女及舅之女及從母皆是也。內宗，五屬之女也。其無服而嫁于諸臣者，從爲夫之君。嫁于庶人，從爲國君。」然則爲夫之君在此章者，謂諸臣之妻本與君無服者耳，不服斬，又不服夫人，是其異于外宗、內宗者也。

欽定義疏：諸侯夫人、畿內公卿大夫士之妻爲天子，侯國公卿大夫士之妻爲國君，凡公卿大夫士之臣之妻爲其君，皆是也。　臣妻不服君夫人者，以從服直一從而已，不累從也。

〔一〕「衰」上，禮記正義卷四三有「齊」字。

傳曰：何以期也？從服也。疏：「從服」者，以夫爲君斬，故妻從之服期也。

郝氏敬曰：臣爲君斬，臣妻爲君期。夫之所尊，妻從服也。凡從服，降正服一等。

姑、姊妹、女子子適人無主者，姑、姊妹報。疏：此等親出適，已降在大功，雖矜之服期，不絶于夫氏，故次義服之下。女子子不言報者，女子子出適大功，反爲父母，自然猶期，不須言報。姑對姪，姊妹對兄弟，出適，反爲姪與兄弟大功，姪與兄弟爲之降至大功，今還相爲期，故言報也。

敖氏繼公曰：爲姑、姊妹、女子子出適者，降爲大功。今以其無主，乃加于降服一等而爲之期。其姑、姊妹于昆弟、姪，亦不容不以其所加者服之。云「報」者，服期之義生于己而不在彼故也。女子子適人者，爲父母自當期，固不必言報矣。然父母爲己加一等，而己于父母不復加者，其亦以婦人不能貳斬也與？

郝氏敬曰：姑于姪，姊妹于昆弟，女子子于父母，適人死，父母、昆弟、姪爲大功，常也。若無後爲主則爲期，加憐也。姑、姊妹于姪、昆弟死無主亦然，以報也。有主，姑姊妹適人者爲大功。

盛氏世佐曰：案此等皆期親，因出而降于大功，復因無主而升于期者。無主，謂死而無主其喪者也。凡因出而降者，爲其有受我而厚之者也。既無主，則無受我而厚之者矣，故不忍降也。報，謂姑、姊妹之無主者，亦以期服報其姪與昆弟也。由是推之，則姪與昆弟之無主者，姑、姊妹其亦爲之服期而相報與？又案適人無主，與被出而反在室者大略相似，惟女子子之爲父母服則異。子嫁反在室，爲父在「斬衰」章，其無主者，仍爲父母期而已。

欽定義疏：女子子適人無主者，父爲之期，而彼不爲父斬者，彼已爲夫斬故也。父母之于女服可加者，仁之通；女之于父母服不可加者，義之限也。服過于期，則疑于見出而去夫之室者矣。然則于姪與昆弟何以報也？期，其本服也，憐我而厚我，不可以徒受也。此主，謂大夫士小宗不立後者。若大宗立後，則無無主者矣。

杜佑謂天子爲姑、姊妹、女子子嫁于王者後及無主者服〔一〕，與此同。君夫人雖無後，不應無祭主，果有之，其在季世與？

傳曰：無主者，謂其無祭主者也。何以期也？爲其無祭主故也。注：無主後者，人之所哀憐，不忍降之。疏：無主有二，謂喪主、祭主。傳不言喪主者，喪有無後，無無主者。若當家無喪主，或取五服之内親；又無五服親，則取東西家；若無，則里尹主之。今無主者，謂無祭主也。注云「人之所哀憐」者，謂行路之人見此無夫復無子而不嫁，猶生哀愍，況姪與兄弟及父母，故不忍降之也。除此之外，餘人爲之服者〔二〕，仍依出降之服而不加，以其恩疏故也。不言嫁而言適人者，言適人即謂士，若言嫁，乃嫁于大夫，于本親又以尊降，不得言報矣。

〔一〕「及」，諸本脱，據通典卷九九補。
〔二〕「之」，諸本脱，據儀禮注疏卷三一補。

敖氏繼公曰：祭主者，夫若子若孫也。死而無祭主，尤可哀憐，故加一等。得加一等者，以其本服如是也。

欽定義疏：婦人無祭主，以其夫無祭主也。其夫無祭主，猶得祔食于宗子之家，婦人則竟已矣，故父母、昆弟、姪尤矜之也。曰：不從夫而祔食乎？適子自祭其祖禰，尚有吉祭未配者，無後者與殤者等，禮從其略，焉得配耶？然則父、昆弟爲之加服而不爲之祭者，何也？曰：婦人外成，分有所限，則氣亦不屬也。

爲君之父、母、妻、長子、祖父母。疏：此亦從服，輕于夫之君及姑姊妹女子子無主，故次之。

敖氏繼公曰：祖父母，尊也，乃在下者，見其爲變服也。孫與祖父母，其正服期。

郝氏敬曰：君，凡有地者之通稱。臣爲君之父母與妻與長子與祖父母皆期。六者皆君至親，君服，臣從服。

盛氏世佐曰：案此君之父與祖父，皆謂未嘗爲君者也。若既爲君而薨，則臣當爲之服斬，不在此例矣。君之母，謂卒于君之父之後者也；君之祖母，則又卒于君之父若祖之後者也，故君皆爲之齊衰三年，而臣從服期。若君之父在而母與祖母卒，及父卒祖在而祖母卒，則君但爲之期，而臣不從服矣。君先言君之父、母、妻、長子，而後言祖父母者，蓋君爲祖父母三年而臣從服期，必其君之父先卒者也。君之妻、長子之喪則不因君之父之存没而異，故其立言之次如此。又案服問云：「大夫之適子爲君夫人、太子，如士服。」然則君之妻、長子之喪，其服及于大夫之適子，而君之父母與祖父母則否矣，是亦其異也。所以異者，以小君、儲君，臣下自應有服，其他則從君服而已，見爲臣則從，未爲臣則否。

傳曰：何以期也？從服也。父、母、長子，君服斬。妻，則小君也。父卒，然後爲祖後者服斬。注：此爲君矣，而有父若祖之喪者，謂始封之君也。若是繼體，則其父若祖有廢疾不立者。父卒者，父爲君之孫，宜嗣位而早卒。今君受國于曾祖。疏：云「父、母、長子，君服斬」者，欲見臣從君服期。君之母當齊衰，而言斬者，以母亦有三年之服，故并言之。云「妻則小君也」者，欲見臣爲小君期是常，非從服之例。注云「謂始封之君也」者，始封之君非繼體，容有祖父不爲君而死，君爲之斬，臣亦從服期也。若是繼體，則其父若祖合立，爲廢疾不立，己當立，是受國于曾祖。若今君受國于祖，祖薨，則群臣爲之斬，何得從服期？故鄭以新君受國于曾祖。若然，曾祖爲君，薨，群臣自當服斬；若君之祖薨，君爲之服斬，則臣從服期也。趙商問：「己爲諸侯，父有廢疾，不任國政，不任喪事，而爲其祖服，制度之宜，年月之斷，云何？」答云：「父卒爲祖後者三年斬，何疑？」趙商又問：「父卒爲祖後者三年，已聞命矣〔一〕。所問者，父在爲祖如何？欲言三年，則父在；欲言期，復無主。斬杖之宜，主喪之制，未知所定。」答曰：「天子、諸侯之喪，皆斬衰，無期。」彼志與此注相兼乃具也。

〔一〕「命」，諸本脫，據儀禮注疏卷三一補。

朱子曰：孫爲祖承重，頃在朝，檢此條不見，後歸家檢儀禮疏，説得甚詳，正與今日之事一般，乃知書多看不徧。舊來有明經科，便有人去讀這般書，注疏都讀過。自王介甫新經出，廢明經學究科，人更不讀書。卒有禮文之變，更無人曉得，爲害不細。準五服年月格：「斬衰三年，嫡孫爲祖。」謂承重者。法意甚明，而禮經無文。但傳云「父没而爲祖後者服斬」，然而不見本經，未詳何據。但小記云「祖父没，而爲祖母後者三年」，可以旁照。至「爲祖後」者條下，疏中所引鄭志，乃有「諸侯父有廢疾，不任國政，不任喪事」之問，而鄭答以「天子、諸侯之服皆斬」之文，方見父在而承國於祖服。向來入此文字時，無文字可檢，又無朋友可問，故大約且以禮律言之。亦有疑父在不當承重者，時無明白證驗，但以禮律人情大意答之，心常不安。歸來稽考，始見此説，方得無疑，乃知學之不講，其害如此。而禮經之文，誠有闕略，不無待於後人。向使無鄭康成，則此事終未有斷決。不可直謂古經定制，一字之不可增損也。

黄氏榦曰：晉蔣萬問范宣：「嫡孫亡，無後，次子之後可得傳祖重不？」宣答曰：「禮，爲祖後者三年，不言適庶，則通之矣。無後猶取繼，況見有孫而不承之耶？庶孫之異於適者，但父不爲之三年，祖不爲之周，而孫服父、祖不得殊也。」

本朝皇祐元年十一月三日，大理評事石祖仁言：「先於八月十五日祖父太子太傅致仕中立身亡，叔國子博士從簡成服後於十月十五日身亡，祖仁是適長孫，欲乞下太常禮院定奪合與不合承祖父重服。」詔禮院詳定。博士宋敏求議曰：「案子在父喪而亡，嫡孫承重，禮令無文。通典：晉或人問徐邈〔一〕：『嫡孫承重，在喪中亡，其從弟已孤，未有子姪相繼，疑於祭事。』邈答曰：『今見有諸孫，而事同無後，甚非禮意。禮，宗子在外，則庶子攝祭。可使一孫攝主而服本服。』『期除則當應服三年不？』何承天答曰：『既有次孫，不得無服，但次孫先已制齊衰，今不得更易服，當須中祥乃服練。』裴松之曰：『次孫本無三年之道，無緣忽於中祥重制。如應爲後者，次孫宜爲喪主終三年，不得服三年之服。』而司馬操駁之，謂二說無明據，其服宜三年也。自開元禮以前，嫡孫卒則次孫承重，況從簡爲中子已卒，而祖仁爲嫡孫乎？大凡外襄終事〔二〕，内奉靈席，有練祭、祥祭、禫祭，可無主之者乎？今中立之

〔一〕「或」、「問」，諸本脱，據通典卷八八補。
〔二〕「終」，原作「中」，據光緒本、儀禮集編卷二三改。

喪，未有主之者。祖仁名嫡孫而不承其重，乃曰從簡已當之矣而可乎？且三年之喪，必以日月之久而服之有變也。今中立未及葬，未卒哭，從簡已卒，是日月未久而服未經變也，焉可無所承哉？或謂已服期，今不當接服斬而更爲重制。案儀禮『子嫁，反在父之室，爲父三年』，鄭康成注謂：『遭喪而出者，始服齊衰期，出而虞，則以三年之喪受。』杜佑號通儒，引其義，附前問答之次。況徐邈、范宣之説，已爲操駁之，是服可再制明矣。又舉葬必有服，今祖仁宜解官，因其葬而制斬衰，其服三年。後有如其類而已葬者，用再制服，通歷代之闕，折衷禮文，以沿人情。謂當如是，請著爲定式。」詔如敏求議。熙寧八年閏四月，集賢校理、同知太常禮院李清臣言：「檢會五服年月敕『斬衰三年加服』條，『嫡孫爲祖』，注：『謂承重者。爲曾祖、高祖後者，亦如之。』又『祖爲嫡孫正服』條，注云：『有適子則無適孫。』又準封爵令，公侯伯子男，皆子孫承適者傳襲。若無適子及有罪疾，立適孫。無適孫，以次立適子同母弟。無母弟，立庶子。無庶子，立嫡孫同母弟。無母弟，立庶孫。曾孫以下準此。究尋禮令之意，明是嫡子先死而祖亡，以適孫承重，則體無庶叔，不繫諸叔存亡，其適孫自當服三年之服，而衆子亦服爲父之服。若無適孫爲祖承重，則須依封爵令，適庶遠近，以次推之。而五服年月敕『不立庶孫承重本』條，故四方士民，尚疑爲祖承重之服。或不及上稟朝廷，則多致差誤。欲乞特降朝旨，諸祖亡無適孫承重，依封爵令『傳襲』條，子孫各服本服。如此，則明示天下，人知禮制，祖得繼傳，統緒不絶，聖主之澤也。」事下太常禮院詳定，於是禮房看詳：「古者封建國邑而立宗子，故周禮適子死，雖有諸子，猶令適孫傳重，所以一本統、明尊尊之義也〔一〕。至于商禮，則適子死，立衆子，然後立孫。今既不立宗子，又不常封建國邑，則不宜純用周禮。欲於五服年月敕『適孫爲祖』條，脩定注詞云：『謂承重者。爲高祖、曾祖後亦如之。適子死，無衆子，然後適孫承重。即適孫傳襲封爵者，雖有衆子，猶承重。』」從之。今服制令：「諸適子死，無兄弟，則嫡孫承重。若適子兄弟未終喪而亡者，適孫亦承重。其亡在小祥前者，則於小祥受服。在小祥後者，則申心喪，並通三年而除。無適孫，則適孫同母弟。無同母弟，則衆長孫承重。即傳襲封爵者，不以適庶長幼，雖有適子，兄弟皆承重。曾孫、玄孫亦

〔一〕「尊尊」，原作「遵」，據光緒本、宋史禮志二十八改。

如之。」

蕙田案：石祖仁祖死，無父，身爲適孫，自應承重，不待叔父死而後請承重也。宋法，有伯叔者嫡孫皆不承重，於禮不合。至立嫡之法，以李清臣所引封爵令「無嫡子，立嫡孫。無嫡孫，以次立嫡子同母弟。無母弟，立庶子。無庶子，立嫡孫同母弟。無母弟，立庶孫」，其説爲的。襲爵如是，重服如是，條理井然，禮之所以定親疎、決嫌疑也。

又案：熙寧八年所定傳襲封爵者皆承重，此即鄭志「天子、諸侯之喪皆斬衰，無期」之旨，所謂「一言而爲萬世法」者與？

敖氏繼公曰：此先總言「從服」，則夫人之服亦在其中矣。以其非從斬而期，故復以小君别言之。爲小君亦謂之從服者，謂其德配于君，乃有小君之稱故也。爲母齊衰亦云斬者，以皆三年，而略從其文耳。父卒然後爲祖後者服斬，則是父在而祖之不爲君者卒，君雖爲之後，亦唯服期，以父在故爾。惟祖後于父而卒者，君乃爲之斬也。蓋其斬與期，惟以父之存没爲制，君服斬然後臣從服期也。又此言爲君之母與其祖母，皆指其卒于夫死之後者也。其夫若在，君爲之期，則臣無服也。

郝氏敬曰：凡孫爲祖期，以有父爲後也。若孫無父後祖，亦服斬。故君有以適孫繼祖服斬者，臣亦從服期。凡從服，降一等。又曰：鄭謂此「始封之君，其祖與父未嘗爲君，故臣無服，從君之服」，是也。又謂「父卒者，爲君之孫，宜嗣位，早卒，今君受國于曾祖」，非也。父卒，爲祖後，服斬。此禮不專爲君設，凡孫于祖皆然。此因臣從服君祖父母期，明君所以服斬之故。衛輒繼祖援此禮，但此祖父未嘗爲君，嘗爲君，則臣亦服斬矣。

汪氏琬曰：禮「父在爲祖期，父卒爲祖後者，服斬」，此喪服傳之明文也。後儒若賀循、徐廣之徒，乃言父亡未殯而祖亡，適孫不敢服祖重，謂父屍尚在，不忍變于父在也。愚竊以爲不然。禮，殯而後成服。父既前卒，則先成父服而後成祖服。當其成祖服之時，父屍已殯矣，夫何不敢服重之有？祖無適子，而猥云「不忍」，不忍于父而忍于其祖，則父之心能安，父之目能瞑耶？爲長子，傳曰：「正體于上，又乃將所傳重也。」是父生成已許其子傳祖父之重矣。及其殁也，適孫顧不敢申祖服，然則主祖之喪者當誰屬乎？將遂無主乎？抑別立支子爲之主也？其于「傳重」之義，失之遠矣。小記：「父母之喪偕，先葬者不虞，待後事。」雜記：「有父之喪，如未殁喪而母死，其除父之喪也，服其除服。卒事，反喪服。如三年之喪，則既頻，其練、祥皆行。」由是言之，父卒尚不得以餘尊厭母，安有適孫爲祖而不敢服重者哉？然後知賀、徐皆妄説也。庾蔚之言「賀循所記，謂大夫士」，又非也。爲祖後者，自天子達士庶皆同，則其服不得有異。

盛氏世佐曰：案父卒然後爲祖後者服斬，此適孫承重之通例也。言于此者，明此爲君之祖期者，以君之父先卒故也。若君之父在，君雖爲祖後，亦服期，而臣無服矣。然此但指祖之不爲君者而言耳。若祖爲君而薨，父雖在，有廢疾，不任喪事，則後祖而爲君者，當與其臣同服斬也，宋之寧宗，是其例矣。

注云「今君受國于曾祖」者，見其父若祖二世皆不爲君也。又案天子、諸侯之禮，宜與士大夫家異。士大夫之禮，孫爲祖期而已。若天子、諸侯，則祖也而兼有君之尊，孫也而兼有臣之義。禮，族人不敢以其戚戚君。内宗、外宗之女猶爲其君服斬，而況于孫乎？以此斷之，孫爲祖之爲君者，無論承重與否，皆當服斬，不得以父在爲嫌。而父在爲祖斬之義，不待趙商之問而自明矣，曾、玄以下皆然。

欽定義疏：如宋孝宗之喪，光宗雖在，寧宗嗣位，既受重，則必服斬。蓋未有群臣皆服重而嗣君反可以輕服者也。以此推之于大夫士，凡祖父之喪，父有廢疾不能受重，則適孫受重而服斬，禮亦同之。或云父雖廢疾，可以斬衰被之，而孫則仍以期服攝主喪之事，非也。重必有所傳，有所受。子不能受于父，則孫受之于祖矣。受重者有輕服乎？若光宗之喪，則寧宗自爲父斬衰，群臣當從君降一等而爲之服期，以其未成乎君也。堯老，舜攝，堯尚爲君，若堯時舜先没，則諸侯不爲舜三年喪。唐之肅、代，宋之高、孝，當從此例。若光宗與明之光宗，則但可從春秋王子猛之例。又案：祖没于父後，而曾祖尚存，如之何？子爲父斬，不以祖之存没異也，則承父之重而爲祖斬，不以曾祖之存没異可知矣。父祖没母在而有祖母之喪，如之何？父卒爲祖斬，不以母之存没異也，則祖父卒而爲祖母三年，不以母之存没異可知矣。孫爲祖承重，而曾祖尚存，則不以杖即位，以曾祖服斬，爲之喪主也。曾祖存，重在曾祖，孫爲祖服斬者，亦可以稱承重乎？曰：重雖在曾祖，年既老，則亦可傳矣。舍承重則無他稱，是亦「宗子不孤」之類也。又案：承重之服，經無正條，于此傳見之。間有附見于「斬齊三年」并「杖期」章者，讀者互考之可也。

妾爲女君。疏：妾事女君，使與臣事君同，故次之。

敖氏繼公曰：此服期與臣爲小君之義相類。

盛氏世佐曰：案妾以夫爲君，故名夫之適妻爲女君，以其與夫體敵故也。

傳曰：何以期也？妾之事女君，與婦之事舅姑等。注：女君，君適妻也。女君于妾無服，報之則重，降之則嫌。疏：婦之事舅姑亦期，故云「等」。但並后匹適，傾覆之階，故抑之。雖或姪娣，使如子之妻，與婦事舅姑同也。諸經傳無女君服妾之文，故云「無服」。云「報之則重，降之則嫌」者，還報以期，無尊卑降殺則太重。若降之大功、小功，則似舅姑爲適婦、庶婦之嫌，故使女君爲妾無服也。

敖氏繼公曰：禮，夫妻體敵，妾爲君斬衰三年而爲女君期，嫌其服輕，故發問也。妾之至尊者，君也，而女君次之；婦之至尊者，夫也，而舅姑次之。二事相類，故以爲況。妾之事女君，既與婦之事舅姑等，則其爲女君服，亦不宜過于婦爲舅姑服，但當期而已。然妾于女君，其有親者，或大功，或小功、緦麻，乃皆不敢以其服服之，而必爲之期，又所以見其尊之也。女君于妾不著其服者，親疏不同，則其服亦異故也。唯「緦麻」章見貴妾之服，彼蓋主于士也。若以士之妻言之，乃爲其無親者耳。若有親者，則宜以出降一等者服之。

郝氏敬曰：鄭謂「女君于妾無服」，非也。既云「妾事女君，如婦事舅姑」，則女君視妾如舅姑視婦可知。舅姑于適婦大功、庶婦小功，女君于妾亦然。

張氏爾岐曰：注「報之則重」二句，解女君于妾無服之故。嫌，謂嫌若姑爲婦也。

姜氏兆錫曰：小君與妾，猶君與臣，臣雖無服，蓋亦有錫衰、緦衰、疑衰，弔服加麻之屬矣。舊謂「降之則嫌」者，非。

欽定義疏：案報之則誠重也，降之果何嫌乎？豈其姊妹、姪本有功緦之服者，以共事一人之故，而反不爲之服乎？注說非也。「緦」章貴妾之服，夫君服之也。敖氏引之，蓋謂夫妻同服耳。爲妾之有子者，當亦同之。唯無子又賤者，則無服耳。大夫之内子無緦服，其在大功者，降一等服之。王后、國君夫人于妾並無服。

婦爲舅姑。疏：文在此者，既欲抑妾事女君，使如事舅姑，故婦爲舅姑在下，欲使妾情先于婦，故婦文在後也。

劉系之問：「子婦爲姑既周，綵衣耶？」荀訥答曰〔一〕：「子婦爲姑既周，除服時，人以夫家有喪，猶白衣。」

張子曰：古者爲舅姑齊衰期，正服也。今斬衰三年，從夫也。

黄氏榦曰：本朝乾德三年十一月，秘書監、大理寺汝陰尹拙等言：「案律，婦爲舅姑服期，儀禮喪服傳、開元禮義纂、五禮精義、續會要、三禮圖等所載婦爲舅姑服期，後唐劉岳書儀稱『婦爲舅姑服三年』，與禮、律不同，然亦集敕行用，請別裁定之。」詔百官集議。尚書省左僕射魏仁浦等二十一人奏議曰：「謹案内則云：『婦事舅姑，如事父母。』則舅姑與父母一也。古禮有期年之説，雖于義可稽；書儀著三年之文，實在禮爲當。蓋五服制度，前代損益已多。只如嫂叔無服，唐太宗令服小功；曾祖父母舊服三月，增爲五月；適子婦大功，增爲期；衆子婦小功，增爲大功；父在爲母服周，高宗增爲三年；婦人爲夫之姨舅無服，明皇令從夫而服；又增舅母服緦麻，又堂姨舅服袒免。訖今遵行，遂爲典制。又況三年之内，几筵尚存，豈可夫衣麤衰，婦襲紈綺？夫婦齊體，哀樂不同，求之人情，實傷至治。況婦人爲夫有三年之服，于舅姑而止服周，是尊夫而卑舅姑也。且昭憲皇太后喪，孝明皇后親行三年之服，可以爲萬代法矣。」十二月丁酉，始令婦爲舅姑三年，齊衰，一從其夫。今服制令：「婦爲舅斬衰三

〔一〕「荀訥」，原作「荀納」，據光緒本、通典卷九〇改。

年。夫爲祖、曾、高祖後者，其妻從服亦如之。婦爲姑齊衰三年，嫡孫爲祖、曾、高祖後者，其妻從服亦如之〔二〕。」

吴氏澄曰：女子子在室爲父斬，既嫁則爲夫斬，而爲父母期。蓋曰子之所天者父，妻之所天者夫。嫁而移所天于夫，則降其父。婦人不貳斬者，不二天也。降己之父母而期，爲夫之父母亦期。期之後，夫未除服，婦已除服，而居喪之實如其夫。是舅姑之服期而實三年也，豈必從夫服斬而後爲三年哉？

顧氏炎武曰：婦事舅姑，如事父母，而服止于期，不貳斬也。然而心喪則未嘗不三年矣，故曰「與更三年喪，不去」。何孟春餘冬序録引唐李涪論曰：「喪服傳婦爲舅姑齊衰，五升布，十一月而練，十三月而祥，十五月而禫。禫後，門庭尚素，婦服青縑衣以俟夫之終喪。習俗以婦之服青縑，謂其尚在喪制，故因循亦同夫之喪紀，再周而後吉。」貞元十一年，河中府倉曹參軍蕭據狀稱：「堂兄至女適李氏壻，見居喪。今時俗，婦爲舅姑服三年，恐爲非禮，請禮院詳定。」下詳定，判官、前太常博士李岧議曰：「開元禮五服制度，婦爲舅姑及女子適人爲其父母，皆齊衰不杖期。蓋以爲婦之道專一，不得自達，必繫于人。故女子適人，服夫以斬，而降其父母。喪服篇曰：『女子子適人者，爲其父母。』傳曰：『爲父何以期也？婦人不貳斬也。婦人不貳斬者何也？婦人有三從之義，無專用之道，故未嫁從父，既嫁從

〔二〕「婦爲姑齊衰三年嫡孫爲祖曾高祖後者其妻從服亦如之」二十三字，原脱，據光緒本補。

夫，夫死從子。故父者，子之天也。夫者，妻之天也。婦人不貳斬者，猶曰不貳天也。』先聖格言，歷代不敢易。以此論之，父母之喪，尚止周歲，舅姑之服，無容三年。今之學者不本其義，輕重紊亂，寖以成俗。開元禮玄宗所修，布在有司，頒行天下。伏請正牒，以明典章。」李岩之論，可謂正矣。宋朝詒謀録：乾德三年，詔：「舅姑之喪，婦從其夫，齊斬三年。」遂爲定制。宋人蓋未講服青縑之制故也。

汪氏琬曰：或問：禮，爲舅姑齊衰期，故爲本生舅姑大功。今律文既易期爲三年斬矣，而獨于夫本生如故，其降等不太甚與？曰：不然也。兄弟之子服伯叔父母期，則爲人後者服本生父母如之。兄弟之子之父服夫之諸父諸母大功，則夫爲人後者服夫本生亦如之。此固相準而制服者也。律文未嘗與禮異也，何降等太甚之有？或問：禮無繼姑之服，何也？曰：非無服也。先儒謂子當以父服爲正，父若服以爲妻，則子亦應服之，此可類而推也。傳曰：「婦人既嫁從夫。夫者，婦之天也。」夫既以爲母矣。其敢不以爲姑乎？然則從夫而服，又何惑哉？

高氏愈曰：古人婦爲舅姑服齊衰期，蓋引而與己之親父母同，則亦恩義之盡矣。夫婦人之義，以夫爲天，不容有二，故雖以舅姑之尊，不得並于其夫，傳所謂「婦人不二斬」者也。

華氏學泉曰：或問：儀禮「婦爲舅姑齊衰期」，何也？曰：先王之制禮，稱情而立文，弗敢過也，弗敢不及也。至親以期斷，天地則已易矣，四時則已變矣，其在天地之中者，莫不更始焉。期而除，禮之中，情之節也。孫爲其祖父母期，至尊也。婦之于舅姑，其尊如孫之于祖，斯已矣。子爲母齊衰，母至親也。婦之于舅姑，其親如子之于母，斯已矣。夫喪服非以爲名也，必稱其實焉。斬者，斬也。三年之喪如斬，所以爲至痛極也。斬衰，貌若苴，色容稱其情也。惻怛之心，痛疾之意，傷腎、乾肝、焦肺，身病體羸；其哭也，往而不返，其思慕而不得見也，若將從之，此人情之至極也。先王以爲惟妻之于其夫，孝子之于其親，其情爾矣，非可以責婦之于舅姑也。先王約人情之中而爲之節，使之不敢過，不敢不及，是故以期爲斷也。或曰：女子在室，爲父母三年，出則降而期，以事父母者事舅姑，故降父母之服以服舅姑，使知舅姑之尊，所以專其情而不敢二也。曰：此後王改禮之意則然矣。先王之制禮，不如是也。禮「女子適人而降其父期」，傳曰：「不二斬也。不二斬者，不二天也。」婦人之于其夫也，臣之于其君也，子之于其父也，三綱也。臣以君爲天，子以父爲天，婦人以夫爲天，一也。臣爲君服斬，而爲君之父母期；子爲父服斬，而爲父之父母期；妻爲夫服斬，而爲夫之父母期。稱情而爲之，弗可易也。且古之視斬也重，今之視斬也輕。古不二斬，雖以母之尊，不敢上同于父，而女子一適人，則爲之降其父以尊其夫，尊其夫，烏有不尊其夫之父母者？雖僅爲之服齊衰期，而其情有降焉者矣。後世易舅姑之齊衰而加之以斬，則于先王制服之意，所謂「稱情而爲之文」，有不可問者矣。

欽定義疏：臣之于其君，子之于其父，婦之于其夫，三綱也。臣以君爲天，子以父爲天，婦以夫爲天，一也。臣爲君服斬，而爲君之父母期；子爲父服斬，而爲父之父母期；妻爲夫服斬，而爲夫之父母期。稱情而爲之，聖人之權度審矣。舅不可以爲天，則雖不爲之斬也，不亦宜乎？婦事舅姑，如事父母，而服止于期。然夫必三年而復寢，則猶是三年也，故曰「與更三年喪，不去」。　又案：妾爲君之黨服，得與女君同，則妾雖不得正名之曰舅姑，而服亦期矣。　繼母如母，則繼母如姑可知。　夫之慈母，亦當同服。　又案：子爲父母，再期大祥，中月而禫。　婦必從其夫，未及祥禫之月，婦安得别有祥禫？且虞、練丈夫兩番受服亦彌輕，婦人既練除要帶，則服盡除而即吉可知矣。　其父在爲母者，雖期服，祥禫，婦亦既練除服，不俟祥禫也。若俟祥禫，則姑服反重于舅服也，而可乎？　涪蓋未詳考經傳，而意其或然，故誤也。婦既練除服，則十五升吉布可也，有禮事而服禮服亦可也。　后、夫人、内子各以等衰爲之法服，豈白縑、青縑云爾乎？　士妻居常，白縑、青縑，無所不可。　然縑乃織絲，白非凶服，未見其異于紈綺也。　取必于縑，或反華于吉布矣，是白縑、青縑亦非也。　然則，夫在喪而妻以吉服與祭，可乎？曰：可。　虞之祭，賓弔服。　練之祭，賓吉服。　凡齊衰者，皆除矣。　祥、禫之祭，婦吉服，諸孫昆弟、昆弟之子並同，奚爲而不可乎？

傳曰：何以期也？從服也。　疏：本是路人，與子牉合，得體其子爲親，故重服，爲其舅姑也。

敖氏繼公曰：子爲父母三年，加隆之服也。　妻從其加服，故降一等而爲期。　然則從服者，惟順所從者之重輕而爲之，固不辨其加與正也。餘不見者放此。

郝氏敬曰：夫所至尊至親，妻從夫服也。匪夫，則路人耳。誼雖戚，不得不謂從。

夫之昆弟之子。注：男女皆是。疏：檀弓云：「兄弟之子猶子也，蓋引而進之。」進同己子，故二母爲之，亦如己子服期也。義服情輕，故次在下。

敖氏繼公曰：世母、叔母服之也。其女子子在室亦如之。

盛氏世佐曰：案此唯謂男子也，女子子則異于是。其未成人者，以殤降；成人而未嫁者，逆降其旁親，旁親亦當逆降之矣。女子嫁者、未嫁者爲世叔母在「大功」章。

傳曰：何以期也？報之也。疏：二母與子，本是路人，爲配二父，而有母名，爲之服期，故二母報子還服期。

欽定義疏：陳氏詮曰：「從于夫，宜服大功，今乃期者，報之也。」案婦人爲夫黨之卑行與夫同，陳說未的。此服夫妻同，皆報也。

公妾、大夫之妾爲其子。疏：二妾爲其子，應降而不降，重出此文，故次之。

敖氏繼公曰：二妾之子爲母之服，異于衆人，嫌母爲其子亦然，故以明之。公，國君也。

傳曰：何以期也？妾不得體君，爲其子得遂也。注：此言二妾不得從于女君尊降其子也。女君與君一體，唯爲長子三年，其餘以尊降之，與妾子同也。疏：諸侯絶旁期，爲衆子無服。大夫降一等，爲衆子大功。其妻體君，皆從夫而降之。至于二妾，賤，皆不得體君，君不厭妾，故自爲其子得伸遂而服期也。

雷氏次宗曰：夫人與君同體，以尊降其子也。公子與君同體，以厭其親也。妾無夫人之尊，故不降其子，無公子之厭，故得遂其親也。而事鄰于體君，迹幾于不遂，故每以不體、得遂爲言也。

敖氏繼公曰：公與大夫于其子，有以正服服之者，有以尊降之若絶之者。其妻與夫爲一體而從之，故不問己子與妾子，其爲服若不服，亦然。二妾于君之子亦從乎其君而爲之，其爲服若不服，皆與女君同，唯爲其子得遂，獨與女君異者，則以不得體君故也。蓋母之于子，本有期服，初非因君而有之，故不得體君，則此服無從君之義，是以得遂也。

欽定義疏：父在且服，父没可知。子之于母，或在五服之外，或降而大功。而母之于子，乃以本服服之者，子在外，則父之所厭者，不得不屈；妾在内，則君之所厭于己之子者，可得而伸。且婦人以有出爲榮，亦使得伸其情于所出也。此與公子之妻服其皇姑之意相類。　案：大夫之妾爲君之庶子大功，公之妾無服可知。此與公是妾爲君之黨服，得與女君同。然己之子，君與女君，或絶或降，而己則服之如衆人。此非不以尊降之例也。傳得經意，亦以敖氏推勘而明。

女子子爲祖父母。疏：章首已言「爲祖父母」，兼男女。彼女據成人之女，此言「女子子」，謂十五許嫁者，亦以重出其文，故次在此也。

馬氏融曰：不言女孫，言女子子者，婦質者親親，故繫父言之。出入服同，故不言在室、適人也。

敖氏繼公曰：「斬衰」章曰「女子子在室爲父」，對適人者言之也，此惟云「女子子」而已，所以見其在室、適人同也。然章首已見「祖父母」，則是服亦在其中可知矣。必復著之者，嫌出則亦或降之，如其爲父母然也。

郝氏敬曰：前爲祖父母，則男女包舉矣。此復舉爲女子子有適人者也。不言適人，何也？嫌異于在室者也。專言女子子，明適人、在室同也。

姜氏兆錫曰：章首云「祖父母」，據男子子，此言女子子也。

傳曰：何以期也？不敢降其祖也。 注：經似在室，傳似已嫁，明雖有出道，猶不降。疏：祖父母，正期也。已嫁之女，可降旁親，祖父母正期，故不敢降也。經直云「女子子」，無嫁文，故云「似在室」；傳言「不敢」，是雖嫁而不敢降祖，故似「已嫁」。經、傳互言之，欲見在室、出嫁同不降也。

陳氏詮曰：言雖已嫁，猶不敢降也。駁鄭康成曰「經似在室」，失其旨也。在室之女則與男同，已見章首，何爲重出？言「不敢降」者，明其已嫁。

敖氏繼公曰：傳以經意爲主于適人者而發，故云然。女子子適人不降其祖者，不敢以兄弟之服服至尊也。

郝氏敬曰：祖至尊也，以適人，降則大功，與昆弟等。昆弟可降，祖不可降也。然則父母何以降？父母降與祖同，猶可；祖降與昆弟同，不可。

盛氏世佐曰：案女子子在室與男子同爲祖父母期，其理易明，故傳唯據已嫁者釋之。

大夫之子爲世父母、叔父母、子、昆弟、昆弟之子，姑、姊妹、女子子無主者，爲大夫命婦者。惟子不報。注：命者，加爵服之名。自士至上公，凡九等。君命其夫，則后夫人亦命其妻矣。此所爲者，凡六大夫、六命婦〔一〕。疏：此言大夫之子爲此六大夫、六命婦服期不降之事。其中雖有子女重出其文，其餘並是應降而不降，故次在女子爲祖下。但大夫尊，降旁親一等，此男女皆合降至大功，爲作大夫與己尊同，故不降，還服期。若姑、姊妹、女子子，若出嫁，大功；適士，又降至小功。今嫁大夫，雖降至大功，爲無祭主，哀憐之，不忍降，還服期也。注云命爵九等者，大宗伯及典命文。六命夫，謂世父一也，叔父二也，子三也，昆四也，弟五也，昆弟之子六也。「六命婦」者，世母一也，叔母二也，姑三也，姊四也，妹五也，女子子六也。

敖氏繼公曰：大夫之子從其父，亦降旁親一等。世叔父母、子、昆弟、昆弟之子爲大夫命婦，與其父尊同，故不降而服期。若姑、姊妹、女子子服，亦本期也。其在室者，則以大夫之尊厭降爲大功；若

〔一〕「六大夫」，諸本作「六命夫」，據儀禮注疏卷三一改，下同。

適士，則又以出降爲小功。今以其爲命婦，故不復以尊降，唯以出嫁爲大功。若又無祭主，乃加一等而爲期。大夫之妻謂之命婦者，君命其夫爲大夫，則亦命其妻矣。此于其子，不别適庶，以父在故爾，傳曰「有適子者無適孫」是也。是章有大夫爲適孫爲士者之服，則此昆弟之子爲其父之適孫者，雖不爲大夫，己亦不降之也。又姑、姊妹、女子子云「無主」，則是夫先卒也。夫爲大夫而先卒，其妻猶用命婦之禮焉。以是推之，則嘗爲大夫而已者，亦用大夫之禮可知。

郝氏敬曰：大夫之子厭于父，凡旁期以下，不得自遂，父所降，子不得不降。至于父所不降，子安敢降也？然則，何不直言大夫，言大夫子？蓋子之世叔亦即父之昆弟也，其世叔父之子亦即父之昆弟子也，其昆弟即父之衆子也，其姑即父之姊妹也，其姊妹即父之女子子也，其倫同，其爲服可互見也。禮，爲世叔父母、昆弟、昆弟子皆期，大夫降爲大功。而死者皆大夫，貴敵，則皆從期。其世叔父母之子，己謂從兄弟，大功常也。在父謂昆弟之子，以彼爲大夫，父既爲期矣，子之昆弟子貴者不降，又可降父之昆弟子貴者乎？故亦爲期。父爲衆子期，己昆弟即父衆子，以彼其貴，父且不降，子、兄弟貴同者又可降乎？此傳所謂「男子之爲大夫，父所不降，子亦不敢降也」。其婦人之爲命婦者，世母、叔母見前，父之姊妹曰姑，女兄曰姊，女弟曰妹，與己所生女子子，四婦者，適人死，爲大功，常也。大夫降爲小功，以彼爲命婦，貴敵，則仍大功。又以其無後，加隆爲期。大夫姑、姊妹、女子如此，大夫子于姑、姊妹、女子亦然，此傳所謂「婦人之爲大夫妻者，父不降，子亦不敢降也」。凡服人而人以其服反服之曰報。世叔父母與子、昆弟、昆弟子、姑、姊妹皆以此服報之，爵同，親同，無後同，則其當降不降加等同也。唯女子既適人者，于父母不杖期，定禮不論貴賤，有後無後，不在報例。

張氏爾岐曰：大夫之子得行大夫禮，降其旁親一等。此十二人皆合降至大功，以其爲大夫、爲命婦，尊與己同，故不降。唯子不報者，子爲父母三年，女子適人自當服期，不得言報，餘人則皆報也。

盛氏世佐曰：案大夫之子，兼適庶而言也。言大夫之子，則大夫可知矣。此等皆厭于父當降者，以其尊同，故仍服期。世叔父，父之庶昆弟也。若父之適昆弟，雖不爲大夫，亦不降。子，衆子也，不言衆，文省。若適長，雖不爲大夫，而大夫之適子服之當斬，上「斬」章云「父爲長子」是也。父以子在，無適孫；子不以父在，無適子。敖云「此于其子，不別適庶，以父在故」，非。郝以是爲世叔父之子，尤非。世叔父之子，禮經謂之從父昆弟，在「大功」章。大夫之子當降服小功，若以尊同不降，大功可矣〔一〕，豈及增之爲服期乎？昆弟，亦謂庶昆弟也。適昆弟本當服期，不必其爲大夫也。昆弟之子，父之庶孫也。姑、姊妹、女子子無主者，服見上。此亦以其爲命婦，故不降也。若爲士妻而無主，及爲命婦而有主者，則皆服大功與？凡此應降不降之意與父同，而服則各視其親疏，不必同也。世叔父與父爲昆弟，昆弟于父爲衆子，姑于父爲姊妹，姊妹于父爲女子子，此四命夫、三命婦，父子皆服期。子、昆弟之子，于父皆爲庶孫，服大功。世叔母于父爲兄弟之妻，無服。女子子于父爲女孫，出適者，降服小功。若適士，又當降爲緦，而卿大夫無緦，是無服也。今以尊同不降，仍服小功，不以其無主而加服者，祖與女孫之

〔一〕「大功」，原作「期」，據禮書通故喪服通故二改。

情疎也。此二命夫、三命婦，父子服之各異也。自子而外，彼十人者，于此大夫之子本當服期。必云「報」者，嫌其或以命夫、命婦，故降此大夫之子也。大夫之庶子相爲大功，今亦報以期者，尊與父同，故得遂也。

欽定義疏：案此著其不降者，明乎非此則皆降也。大夫以尊降其期親可也。大夫之子有何尊而亦降之乎？凡喪事，父子皆有列焉。世叔父、昆弟已與父服同。哭踊之儀，子不可有加于父；變除之節，子不可獨後于父也。故父降之，子亦降之也。此既從父而降，則世叔母雖父之所不服，及子、昆弟之子、女子子，父服降于己一等者，不得不于己之常服而降之，不則參差錯雜而不可以行矣。又案：父爲大夫，而己之子、弟之子又有爲大夫者，可見「五十命爲大夫」之法不可執也。祖孫同爲大夫，又見一國之大夫不止五也。其或老而致事，又見致事者之同于見爲大夫者也。

傳曰：大夫者，其男子之爲大夫者也。命婦者，其婦人之爲大夫妻者也。無主者，命婦之無祭主者也。何以言唯子不報也？女子子適人者，爲其父母期，故言不報也。言其餘皆報也。何以期也？父之所不降，子亦不敢降也。大夫曷爲不降命婦也？夫尊於朝，妻貴於室矣。注：無主者，命婦之無祭主，謂姑、姊妹、女子子也。其有祭主者，如衆人。惟子不報，男女同不報爾。傳唯據女子子，似失之矣。大夫曷爲不降命婦？據大夫于姑、姊妹、女子子，既已出降大功，其適士者又以尊降在小功也。夫尊于朝，與己同，婦貴于室，從夫爵也。疏：注云「無主者，命婦之無祭主，謂姑、姊妹、女子子」者，經六命婦中，有世母、叔母，故鄭辨之。以其世母、叔母無主有主皆爲之期，故知惟據此四人而言。其有祭主者，自爲大功矣。云「唯子不報，男女同不報」者，以其男女俱爲父母三年，父母唯爲長子斬，其餘降，何得言報？故知子中兼男女，傳惟據女子子，失之矣。案曲禮云：「四十强而仕。五十艾，服官政。」爲大夫，何得大夫子又爲大夫，又何得有弟之子爲大夫者？五十命爲大夫，自是常法。大夫之子有德行茂盛者，豈待五十乃命之乎？是以殤小功有大夫爲其昆弟之長殤，大夫既爲兄弟殤，明是幼爲大夫。舉此一隅，不得以常法相難也。

敖氏繼公曰：世父母、叔父母、昆弟、昆弟之子爲大夫、命婦，乃于大夫之子亦報之者，蓋以其父之故，不敢以降等者服之，亦貴貴之意也。唯父卒乃如衆人。「大夫曷爲不降命婦」，承父之所不降者而問也。此不降命婦，據大夫于其子之姑、姊妹、女子子也。大夫爲此四命婦，或大功，或小功，皆不以尊降之，唯以出降耳。問者蓋怪命婦之無爵而不降之，夫尊于朝，則妻貴于室，言其夫妻一體，同尊卑也，是以不降之。尊于朝，謂爲大夫。貴于室，謂爲内子。

盛氏世佐曰：案唯子不報，經兼男女，傳唯據女子子言者，以男子爲父斬，不在報中明矣。女子子適人者爲其父之服，與其餘十人同，嫌亦在報中，故辨之。鄭譏傳失，蓋未達斯意也。上經云「姑、姊妹、女子子適人無主者，姑、姊妹報」，而不及女子子，是女子子不在報中之證。「大夫曷爲不降命婦」以下，泛論夫妻體敵，命婦得與大夫尊同之義。凡親屬中有爲命婦者，大夫皆不得以尊降之，而爲命婦者亦得降其旁親也。注唯據姑、姊妹、女子子言，敖唯據子之姑、姊妹、女子子言，皆爲未備。

大夫爲祖父母、適孫爲士者。疏：祖與孫爲士，卑，故次在此也。

敖氏繼公曰：此祖父、適孫爲士也，乃合祖母言之，所謂妻從夫爵者也。上已見祖父母、適孫矣，此復著大夫之禮，則經凡不見爲服之人者，雖曰通上下言之，而實則主于士也，明矣。

盛氏世佐曰：案大夫爲祖父母，謂父在者也；父卒而不爲祖後者，亦存焉。父卒爲祖後者服斬，祖父卒爲祖母後者三年，此禮通乎上下。適孫，謂適子早卒者也。必云「爲士」者，見其雖賤不降也。

傳曰：何以期也？大夫不敢降其祖與適也。注：不敢降其祖與適，則可降其旁親也。

敖氏繼公曰：大夫于爲士者之服則降之，此亦爲士也，乃不降者，以其爲祖與適也。大夫所以降其旁親而不降祖與適者，聖人制禮使之然也，非謂大夫之意亦欲降此親，但以其爲祖與適故不敢降之也。此傳之言，似有害于義理。

盛氏世佐曰：案凡傳所云「不敢降」者，皆原制禮之故。禮緣人情而制者也，人情所不敢降者而故降之，則是强世而行，不可以久，故聖人于此權其輕重之宜，定爲隆殺之等，而無一毫造作于其間也。敖氏之言，失傳意矣。

公妾以及士妾爲其父母。疏：以出嫁爲其父母，亦重出其文，故次在此。

馬氏融曰：公謂諸侯，其間有卿大夫妾，故言「以及士妾」。

敖氏繼公曰：上云「女子子適人者爲其父母」，則是服已在其中矣。復言此者，嫌爲人妾者屈于其君，則爲其私親，或與爲人妻者異，故以明之。云「公妾以及士妾」，又以見是服不以其君之尊卑而異也。

郝氏敬曰：此與前章妾爲子期義同。舉國君及士，見凡爲妾者，皆得爲父母期也。

欽定義疏：案戴記婦人奔喪，不別妻妾，則妾亦奔父母之喪與？

傳曰：何以期也？妾不得體君，得爲其父母遂也。注：然則女君有以尊降其父母者與？春秋之義，「雖爲天王后，猶曰吾季姜」，是言子尊不加于父母，此傳似誤矣。禮，妾從女君而服其黨服，是嫌不自服其父母，故以明之。疏：傳以公子爲君厭，爲己母不在五服，又爲己母黨無服。公妾既不得體君，君不厭，故妾爲其父母得伸遂而服期也。鄭欲破傳義，故據傳云「妾不得體君，得爲其父母遂也」，然則女君體君，有以尊降其父母者與？言「與」，猶不正執之辭也。云「春秋之義」者，桓九年傳文云「禮，妾從女君而服其黨服」者，雜記文也。鄭既以傳爲誤，故自解之。一則以女君不可降其父母，二則經文兼有卿大夫士，何得專據公子以決父母乎？是以傳爲誤也。

陳氏銓曰：以妾卑賤不得體君，又嫌君之尊不得服其父母，故傳明之，卑賤不得體君。

雷氏次宗曰：今明妾以卑賤不得體君，厭所不及，故得爲其父母遂也。

敖氏繼公曰：傳意蓋謂妾于其父母亦本自有服，非因君而服之，故不得體君，則爲之得遂。然妾以不得體君之故而遂其服者，唯自爲其子耳。若其私親，則無與于不體君之義。蓋女君雖體君，亦未見有重降其私親者，傳義似誤也。

郝氏敬曰：鄭謂父母期，雖女君不得降，以傳「體君」之説爲誤，非也。傳未嘗謂女君可降其父母也，謂妾之父母，君同凡人，妾自爲重服。違君自遂，似乎不可耳。今以國君之貴尚不厭妾，此父母之喪所以爲重，傳安得誤？

盛氏世佐曰：案經重出此條，嫌其或在厭降之例也。傳之此言，所以明君不厭妾之義，與經合。後儒皆錯會其意，故指爲誤耳。士妾亦有厭降之嫌者，妾謂夫爲君，通上下之辭也。

欽定義疏：鄭、敖二義，相兼乃備，一則嫌爲妾者屈于其君，或不得服其私親；一則嫌爲女君之黨服，則不爲己之黨服也。禮所以決嫌疑、定猶豫，其此類乎？

右齊衰不杖期